Siegfried Kettling

Wer bist du, Adam?

Gottes Geschichte mit den Menschen

W0035249

R. BROCKHAUS VERLAG WUPPERTAL

Bücher, die dieses Zeichen tragen, wollen die Botschaft von Jesus Christus in unserer Zeit glaubhaft bezeugen.

Das ABCteam-Programm umfaßt:
— ABCteam-Taschenbücher
— ABCteam-Paperbacks mit den Sonderreihen:
  Glauben und Denken (G + D) und Werkbücher (W)
— ABCteam-Jugendbücher (J)
— ABCteam-Geschenkbände

ABCteam-Bücher erscheinen in folgenden Verlagen:
Aussaat Verlag Wuppertal / R. Brockhaus Verlag Wuppertal
Brunnen Verlag Gießen / Bundes-Verlag Witten
Christliches Verlagshaus Stuttgart / Oncken Verlag Wuppertal
Schriftenmissions-Verlag Gladbeck

ABCteam-Bücher kann jede Buchhandlung besorgen.

© 1978 by R. Brockhaus Verlag Wuppertal
Umschlaggestaltung: Ralf Rudolph, Ratingen
Druck: Herm. Weck Sohn, Solingen

ISBN 3-417-12163-9

VORWORT

Die folgenden Kapitel, die einen Bogen schlagen von der Schöpfung der Welt bis zu ihrer Neuschöpfung, sind fast alle aus der Tagungsarbeit beim MBK (Bad Salzuflen) erwachsen. Die Titel der Veranstaltungsreihen dort — »Bibel aktuell«, »Theologie für Nicht-Theologen«, »Lehrgänge für ehrenamtliche Mitarbeiter« — beschreiben zugleich treffend das Ziel des Buches.

Die einzelnen Kapitel stellen überarbeitete Tonbandnachschriften dar. Der »Schreibe« wird die »Rede« noch anzumerken sein. Für die Hilfe bei der Redaktionsarbeit danke ich Herrn Lektor W. Steinseifer vom Brockhaus Verlag herzlich.

Einige der Vorträge wurden beim »Christival 76« gehalten sowie bei verschiedenen Rüsttagen, die Reihe als ganze dann als Seminar in zwei Land- und einer Stadtgemeinde. Auffällig war überall die starke Nachfrage nach dem, was das Neue Testament mit verschiedenen Vokabeln »Lehre« nennt. Diesem »didaktischen« Ziel dienen die eingefügten Graphiken, die Exkurse sowie die jeweilige Zusammenfassung am Kapitelschluß.

Das Buch möchte weder inhaltlich Neues (»Originales«) noch methodisch Besonderes (»Originelles«) bieten. Es möchte — hoffentlich ein wenig unterhaltsam und behältlich — weitersagen von dem, der uns hält.

Unterweissach, im Mai 1978   Siegfried Kettling

INHALT

I. Der Mensch — Gottes Geschöpf

Wer bin ich?

In meiner Kindheit erfreute sich in Deutschland ein Schlager großer Beliebtheit, der mit den Worten begann: »Ein Regenwurm hat's gut, ein Regenwurm hat's fein, ach könnt ich doch, ach dürft ich doch ein Regenwurm mal sein.«

Ich weiß nicht, ob wir diesen Wunsch heute noch nachempfinden können, aber damals erlebten wir Kriegsjahre, Jahre des Hungers, in denen man schon denken konnte: Da hat's ein Regenwurm doch leichter.

Ein Regenwurm steht nicht vor der Frage: Wovon lebe ich morgen? Er steht auch nicht vor dem Problem: Was wird aus unserer Welt? Noch nie hat ein Regenwurm einen Selbstmordversuch unternommen oder sich an der Frage aufgerieben: Wer bin ich eigentlich?

Diese Frage — *wer bin ich?* — ist zutiefst menschlich. Kein anderes Lebewesen stellt sie, doch der Mensch kann sich ihr nicht entziehen.

Staubkorn im Weltall

Wer bin ich? Diese Frage kann man zunächst einmal *statistisch* beantworten.

Im Weltall, so sagen uns die Naturwissenschaftler, gibt es Hunderte von Milliarden von Milchstraßen. »Unsere« Milchstraße ist eine davon, und sie besteht aus zweihundert Milliarden Sonnen. »Unsere« Sonne ist eine davon. Um diese Sonne bewegen sich Planeten, und einer der Planeten, die um eine der zweihundert Milliarden Sonnen unserer Milchstraße kreisen, ist unser blauer Planet, genannt Erde.

Auf dieser Erde gibt es eine unendliche Fülle von Lebewesen, von Gattungen und Arten, Pflanzen und Tieren, darunter auch jene merkwürdige Art mit dem lateinischen Namen Homo sapiens — der Mensch. Von dieser einen Art unter Millionen Arten gibt es wieder einige Milliarden Exemplare. Und eines von diesen Exemplaren bin ich.

Statistisch gesehen, bin ich weniger als ein Staubkorn. Statistisch gesehen bin ich im Grunde gar nicht vorhanden.

Leben ist Einsamsein

Ich kann diese Frage aber auch *existentiell, persönlich* angehen: Da gibt es ein Erlebnis, das man ganz schwer in Worte fassen kann, das sich auch nicht herbeiführen läßt, sondern das einen plötzlich überfällt. Das kann bei einem Spaziergang geschehen, es kann sich aber auch mitten im Rummel eines Kaufhauses oder am Arbeitsplatz ereignen. Plötzlich, wie ein Schock, trifft mich die Erkenntnis: »Ich bin ich!« Die Menschen ringsum, die ich liebhabe, die Familie, in der ich mich geborgen fühle, das bin ich nicht. Das Häuschen, das ich mir gebaut habe und auf das ich stolz bin, das bin ich nicht. Mein Arbeitsplatz, an dem ich mit Freude tätig bin, das bin ich auch nicht. Ich bin nicht einmal mein Körper, denn ich bin immer noch ich, auch wenn man mir einige Glieder amputiert.

Ich bin das alles nicht. Aber wer bin ich denn eigentlich?

Wer einmal ein solches Erlebnis gehabt hat, weiß, wie merkwürdig das ist. So als wenn die ganze Welt plötzlich nach allen Seiten auseinanderliefe. Ein Schwindel erfaßt mich. Nichts ist mehr da, woran ich mich halten könnte.

Es gibt eine ganze Philosophie, den Existentialismus, der bei diesem Urerlebnis ansetzt: »Ich bin ich.«

Wer bin ich? Statistisch gesehen, ein Staubkorn in einem unendlichen Raum. Existentiell gesehen, ein Wesen, ein Ich, dem alles andere fremd gegenübersteht. Nichts ist da, was mich bergen könnte.

Der Dichter Hermann Hesse hat das einmal in einem eindrücklichen Naturbild geschildert. Da heißt es:

> Seltsam, im Nebel zu wandern!
> Einsam ist jeder Busch und Stein,
> Kein Baum sieht den andern,
> Jeder ist allein.

Aus dem Naturbild wird dann ein »Menschenbild«:

> Seltsam, im Nebel zu wandern!
> Leben ist Einsamsein.
> Keiner kennt den andern,
> Jeder ist allein.

Wer bin ich? Ein einsames Wesen in einem Nebel, in dem alles ertrinkt. Ich werde, wie ein Philosoph sagt, ins Nichts hineingehalten, und um mich herum ist alles leer.

»Was ist der Mensch, daß DU seiner gedenkst?«

Die Frage: »Wer bin ich?« läßt sich aber auch noch von einer ganz anderen Warte her beantworten, nämlich anhand der *Bibel*.

Auf ihren ersten Blättern erfahren wir, wie das mit dem Menschen überhaupt angefangen hat. Was war denn damals? Der Erzähler räumt sozusagen die Welt ab und beschreibt zunächst immer wieder, was noch nicht war: »Es war zu der Zeit, da Gott der Herr Erde und Himmel machte. Und alle die Sträucher auf dem Felde waren noch nicht auf Erden, und all das Kraut auf dem Felde war noch nicht gewachsen; denn Gott der Herr hatte noch nicht regnen lassen auf Erden, und kein Mensch war da, der das Land bebaute; aber ein Nebel stieg auf von der Erde und feuchtete alles Land« (1. Mo. 2, 4b—6).

Und nun begegnet uns in diesem Text Gott, und zwar nicht als der ferne und weltüberlegene, sondern als ein ganz naher Gott. Er ist ein Gott, der die Ärmel hochkrempelt und plötzlich ein Handwerk ausübt, nämlich das Handwerk eines Töpfers. Der Erzähler schildert sehr plastisch, wie er sich die Hände schmutzig macht und in den Lehm greift. »Da machte Gott der Herr den Menschen aus Erde vom Acker« (V. 7).

Der Mensch als Erdwesen

Damit haben wir die erste Antwort auf unsere Frage: Was ist der Mensch? *Erdwesen* ist er!

Wer sich für die Ursprache der Bibel ein wenig interessiert, der weiß, daß der Mensch Adam heißt. Adam ist eigentlich kein Eigenname wie Fritz oder Hans, sondern Adam heißt: der Mensch. Und die Ackererde heißt im Hebräischen adama. Adam hat also seinen Namen von der Erde.

Auch der ausgekochte Materialist kann auf die Frage nach dem Wesen des Menschen keine radikalere Antwort geben als die: Der Mensch ist eben Erde. Das stimmt. Er ist aus ihr geformt (1. Mo. 2, 7) und kehrt zu ihr zurück (1. Mo. 3, 19). Das heißt auch: Der Mensch ist ein endliches Wesen.

Man hat einmal ausgerechnet, wie hoch der reine Materialwert des Menschen sei. Wir bestehen ja in erster Linie aus Wasser, Kalk, Phosphor und einigen anderen chemischen Elementen, und das alles ergibt zusammen einen Wert von ein paar Mark.

Erdwesen Mensch! Verwandt dem Felsen, dem Fluß, dem Regen, der Luft ... Materie!

Ist das der Mensch? Zweifellos. Aber ist das alles?

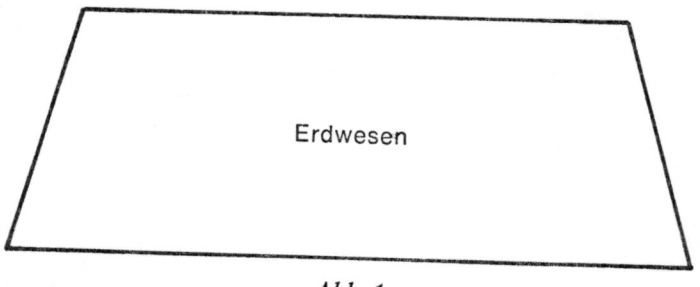

Abb. 1

Der Mensch als Lebewesen

Wir kennen jenes großartige Gemälde von Michelangelo in der Sixtinischen Kapelle in Rom. Da sieht man den Adam auf der Erde ausgestreckt. Er ist noch ganz an die Erde angeschmiegt, ist gewissermaßen selbst noch Erde. Sein linker Arm ist ein wenig ausgereckt, aber noch hängt er schlaff herunter. Doch von der anderen Seite, mit ungeheurer Dynamik, fährt Gott auf ihn zu. Auch er hat den Arm ausgereckt, aber dieser rechte Arm Gottes ist voller Energie. Hier wird gewissermaßen der Augenblick geschildert, in dem der Funke überspringt. Was geschieht jetzt mit dem Menschen?

»Da machte Gott der Herr den Menschen aus Erde vom Acker und blies ihm den Odem des Lebens in seine Nase. Und so ward der Mensch ein lebendiges Wesen« (1. Mo. 2, 7).

Man hat diese Stelle manchmal mißverstanden, nämlich im griechischen Sinne, und hat gesagt: Da ist einmal der Körper, also Materie, Atome, chemische Elemente; und dann kommt hier etwas völlig anderes, nämlich der Geist, das göttliche Prinzip, der Urfunke von oben.

Aber das steht hier nicht. Das, was hier vom Menschen gesagt wird, daß er nämlich ein *Lebewesen* (hebr. näphäsch hajah) wurde, dasselbe Wort wird auf den ersten Blättern der Bibel ganz genauso für das Tier benutzt (vgl. 1. Mo. 1, 20. 24. 30; 2, 19).

Im Menschen gibt es also eine Schicht, in der er dem Tier ganz verwandt ist. Auch der Mensch ist ein von Trieben und Hormonen ge-

steuertes Wesen. Er ist ganz solidarisch mit den Lebewesen ringsum, hungert, dürstet mit ihnen.

Ich glaube nicht, daß für Christen jener Kampf viel austrägt, der immer das Ziel hat, den Menschen möglichst weit von den Tieren zu distanzieren. Die entscheidende Frage ist: Wo ist die wesentliche Grenze? Diese verläuft für die Bibel zwischen dem Schöpfer und seinen Geschöpfen. Wenn ich diese Grenze ernst nehme, dann stehen alle Geschöpfe miteinander in einer ganz großen Solidarität. Ob das die Pflanzen sind oder die Tiere, die Schnecken und Maulwürfe, die viel umstrittenen Affen oder der Mensch, sie alle stehen Gott gegenüber in der großen Solidarität der Kreatur. Sie kommt zum Beispiel zum Ausdruck, wenn es im Alten Testament heißt, daß auch die Tiere den Sabbat feiern sollen und daß sich der Gerechte seines Viehs erbarmt.

Ein Christ verachtet kein Wesen, das Gott geschaffen hat.

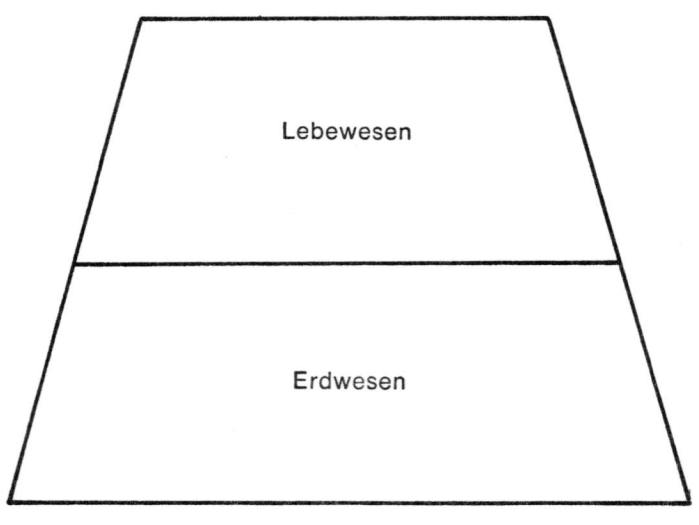

Abb. 2

Wenn der Mensch die Grenze verrücken möchte, wenn er den Schöpfer durchstreicht und sich selbst an dessen Stelle rückt, dann konstruiert er allerdings einen großen Abstand zwischen sich und allen anderen Lebewesen. Dann kommt es zur Verachtung der übrigen

11

Schöpfung und zu ihrer Ausbeutung. Das geschieht aber erst, wenn sich der Mensch an den Platz Gottes setzen will.

Die Bibel denkt sehr realistisch. Für sie gehört der Mensch jedenfalls auch ins Biologiebuch.

Lebewesen wie die Tiere! Ist das der Mensch? Zweifellos. Aber ist das alles?

Der Mensch als weltgestaltendes Wesen

Die Bibel nennt eine weitere Schicht des Menschen: »Und Gott der Herr pflanzte einen Garten in Eden gegen Osten hin ... Und Gott der Herr nahm den Menschen und setzte ihn in den Garten Eden, daß er ihn bebaute und bewahrte« (1. Mo. 2, 8.15).

Wenn ein Archäologe Ausgrabungen macht und dabei auf Stellen stößt, bei denen man genau erkennen kann: Hier wurde Feuer bewußt angelegt, bewußt umhegt, vielleicht auch bewußt gelöscht, dann schließt er daraus bündig: Hier hat ein Mensch gelebt. Der Mensch ist als einziges Lebewesen imstande, mit dem Feuer umzugehen und damit etwas zu gestalten, zum Beispiel zu kochen.

Der Mensch ist also nicht nur ein Erdwesen — mit H_2O und Kalk —, nicht nur ein Lebewesen — wie die Kuh —, sondern er ist ein *weltgestaltendes, weltveränderndes, weltbewahrendes Wesen*. Er wird als »Gartenarchitekt« eingesetzt.

Der Mensch formt und prägt die Welt, die ihn umgibt.

Im ersten Kapitel der Bibel gibt es einen Satz, den man geradezu den Kulturbefehl nennen kann: »Machet euch die Erde untertan!« (1. Mo. 1, 28). Dieser Befehl hängt wiederum zusammen mit der entscheidenden Grenze zwischen Schöpfer und Geschöpf. Diese Grenze begründet zum einen die Solidarität der Geschöpfe, zum anderen bedeutet sie, daß Gott seiner Schöpfung gegenübersteht, die Schöpfung also nicht göttlich ist. Erst diese »weltliche« Welt ist Boden für Kultur.

Als Bonifatius, der Apostel der Germanen, die berühmte Donareiche fällte, da wurde aus diesem Holz Brennmaterial und Baumaterial. Bis zu jenem Tage hatte man gesagt: Der Baum darf nicht angerührt werden. Der Baum ist tabu. Wer ihn anrührt, stirbt. Als Bonifatius ihn fällte, wurde Werkstoff daraus. Das heißt: in dem Augenblick, wo wir von Gott her entdecken: alles übrige ist eben »nur« Geschöpf, nur Welt, nur Material, das gestaltet und geformt

werden kann, da beginnt die Möglichkeit für Wissenschaft und Technik.

Indem wir die Grenze zwischen Schöpfer und Schöpfung anerkennen, entmythologisieren wir gewissermaßen die Welt. Und aus diesem Grunde kann der Mensch weltgestaltendes Wesen sein.

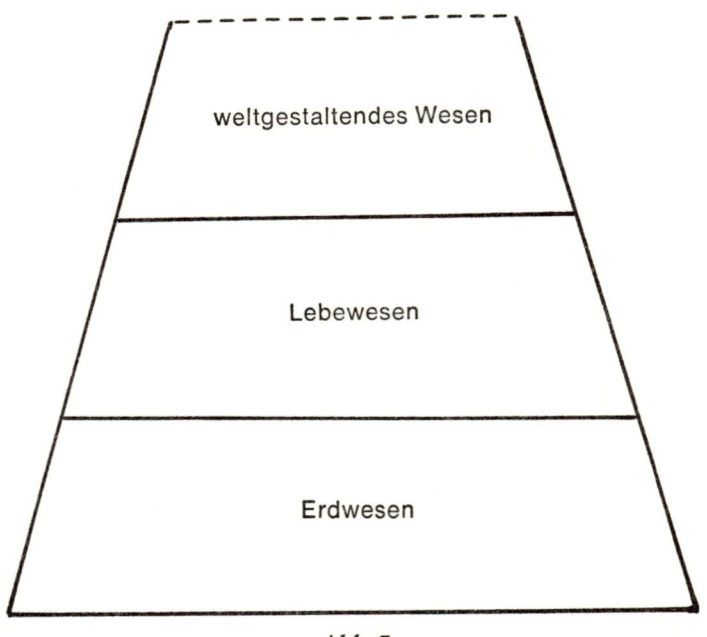

Abb. 3

Der Mensch als denkendes Wesen

Eine weitere Schicht des Menschen legt die Bibel frei. Es wird sehr anschaulich erzählt, daß Gott Tiere schafft, und diese Tiere läßt er an Adam vorbeimarschieren. Adam hat dabei eine wichtige Aufgabe: Er gibt allen einen Namen (1. Mo. 2, 18—20).

Was wird damit gesagt? Was passiert, wenn der Mensch einem Wesen ein Etikett aufklebt und sagt: Kuh ist dein Name; und du bist ab heute ein Pferd!?

Im Alten Testament gibt es interessante Beispiele für die Wichtigkeit der Namensgebung. Wenn ein Fremdherrscher ein Gebiet erobert, dann kommt es häufig vor, daß er den ursprünglichen König an der

Regierung läßt, ihn aber umbenennt. Das soll heißen: ab heute ist es meine Sache, über dich zu bestimmen. Namengebung ist also im Alten Testament Herrenrecht (vgl. 2. Kön. 24, 17; Dan. 1, 7).

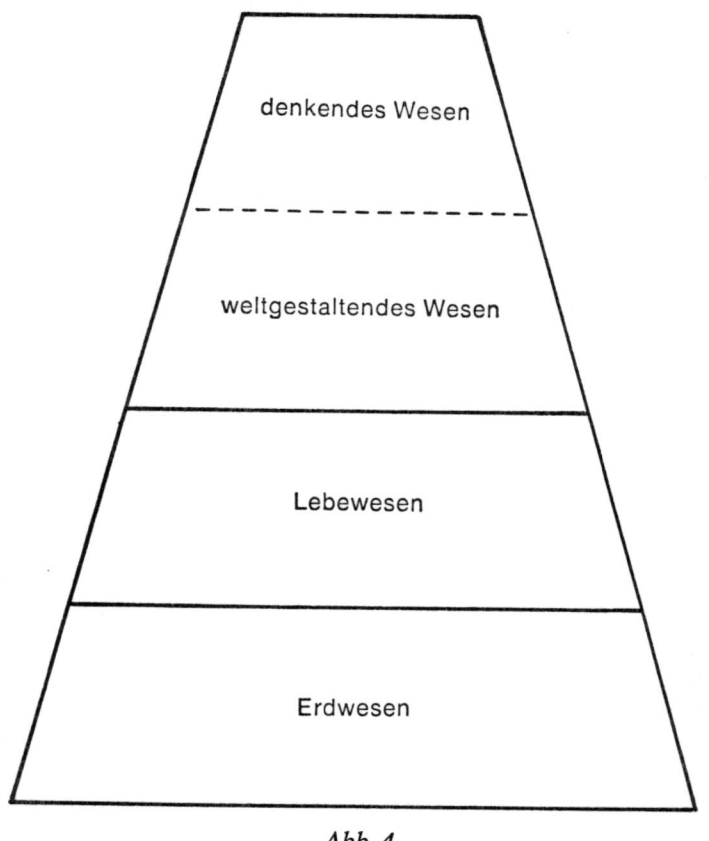

Abb. 4

Aber die Namengebung signalisiert noch ein weiteres. Stellen wir uns vor, wir gehen mit einem kleinen Kind spazieren, und dabei begegnen wir einer Reihe von vierbeinigen Wesen — das eine ist ein kleiner verhätschelter Pudel, das andere eine seltsame Promenadenmischung, dann kommt ein deutscher Schäferhund und schließlich ein ausgewachsener Bernhardiner. Das sind ja sehr unterschiedliche Gestalten. Aber von einem bestimmten Lebensalter an bekommt das Kind es fertig, zu all den Tieren »Hund« zu sagen. Das ist eine erstaunliche

14

Leistung, denn der Bernhardiner und die Promenadenmischung weisen erhebliche Unterschiede auf. Der Mensch bringt die geistige Leistung zustande, all diese Einzelwesen aufgrund gemeinsamer Merkmale in übergeordnete Gruppen einzuteilen. Das Kind sagt dann: »Was bellt, ist ein Hund.« Das ist noch eine etwas schwache Definition, aber zunächst einmal reicht sie.

Man muß sich nur einmal überlegen, wir Menschen wären nicht imstande, solche Begriffe zu bilden. Dann würden wir alle miteinander in der Fülle von Eindrücken ertrinken, die jeden Tag auf uns einströmen. Wir leben davon, daß wir die Welt um uns herum ordnen, die Dinge »zur Sprache« bringen und zueinander in Beziehung setzen.

Der Mensch ist also weltgestaltendes Wesen und darin auch denkendes Wesen. Er gibt der Welt Namen, gibt ihr Begriffe, ordnet sie geistig.

Noch ein Beispiel: Stellen wir uns vor, ein kleines Kind erlebt zum ersten Mal bewußt ein Gewitter. Was da geschieht, ist für das Kind unfaßlich, ungeheuerlich. Flammendes Licht — und dann gewaltige Schläge dazwischen. Eine Katastrophe!

Nun stellt sich die Mutter neben den Kleinen und sagt: »Keine Angst, das ist ein Gewitter!«

»Ach«, sagt das Kind. »Wie beruhigend: die Mutter hat ein Wort dafür!«

»Sieh mal, dies war ein Blitz. Paß auf, gleich kommt der Donner.«

Indem die Mutter das Geschehen in Wörter einordnet, ist das Kind tief beruhigt. Was man verstehen, einordnen, begreifen kann, das hat seinen Schrecken verloren. Die »namen-lose« Angst ist gebannt.

In der Namengebung, im Bilden von Begriffen und logischen Ordnungsstrukturen, zeigt sich also der Mensch als denkendes Wesen.

Der Mensch als soziales Wesen

Eine nächste Schicht taucht auf. »Es ist nicht gut, daß der Mensch allein sei« (1. Mo. 2, 18), heißt es in unserem Text. Warum das nicht gut ist, kann im Alten Testament sehr plastisch gesagt werden. So heißt es etwa in Pred. 4, 9—11: »Zwei sind besser dran als ein einzelner . . . Wenn der eine fällt, hilft der andere dem Gefährten auf. Wehe aber dem einzelnen, der fällt, und kein zweiter ist da, ihn aufzurichten. Weiter: Liegen zwei zusammen, so wird ihnen warm. Wie aber soll dem einzelnen warm werden?« Es ist nicht gut, daß der Mensch allein sei — das ist also ganz nüchtern und pragmatisch gedacht.

15

In unserer Schöpfungserzählung folgt eine reizende Schilderung: Da werden zunächst die Tiere geschaffen, und diese werden dem Menschen zugeführt. Er darf sie sich daraufhin anschauen, obwohl das für ihn passende Gegenüber dabei wäre. Er sagt stolz: »Du Gans . . . du Kamel . . . du Hund«, gibt jedem seinen Namen, aber am Ende ist er doch enttäuscht. Ein Partner wurde nicht gefunden.

Dann kommt jene schöne Stelle, an der erzählt wird, wie Gott den Menschen in einen tiefen Schlaf sinken läßt. Manche denken, hier sei die erste Vollnarkose der Weltgeschichte beschrieben. Gemeint ist allerdings etwas völlig anderes: Wenn Gott schafft — erst recht, wenn er etwas so Besonderes schafft wie hier —, kann man ihm nicht über die Schulter blicken und sagen: »So macht er das also. Das kann ich nächstens auch.« — Nein, hier ist nur Gott aktiv, und der Mensch kann überhaupt nichts dazutun.

Und die Sache mit der »Rippe« (oder »Seite«) soll ja nur eines deutlich machen: Das Wesen, das dem Menschen nun begegnet, kommt ganz aus ihm selbst, ist wesenseins mit ihm und gehört von Hause aus zu ihm.

Nun kommt also dieses andere Wesen auf ihn zu. Zunächst einmal ertönt ein Begeisterungsschrei. Adam jubelt, klatscht in die Hände: »Endlich Fleisch von meinem Fleisch und Bein von meinem Bein. Endlich was Gescheites!« (Weiteres zum Verhältnis von Mann und Frau im Exkurs auf S. 17 ff.)

Damit sind wir beim nächsten Aspekt des Menschen angelangt: Der Mensch ist ein soziales Wesen. Er ist immer Mit-Mensch.

Wir kennen die Geschichte von Robinson Crusoe, und wir kennen vielleicht auch die von Tarzan. Die eine ist möglich, die andere barer Unsinn. Robinson kommt als erwachsener Mensch auf eine einsame Insel und fängt wie Adam an, seine Welt umzugestalten. Das Faszinierende an der Gestalt des Robinson ist, daß es hier sozusagen noch einmal ganz von vorne losgeht.

Tarzan soll aber angeblich mit den Affen groß geworden und dann ein Mensch geworden sein. Dies ist unmöglich. Jeder weiß: Wenn man mit einem Säugling nicht spricht, stirbt das Kind. Ohne menschliche Zuwendung geht es nicht nur menschlich, seelisch, sondern rein biologisch zugrunde. Ohne den Menschen wird der Mensch nimmermehr Mensch!

Die Begegnung mit dem Menschen gehört also zum Menschsein. Der Mensch ist soziales Wesen, ist immer auf den Mitmenschen angelegt. Das ist Gottes Platzanweisung!

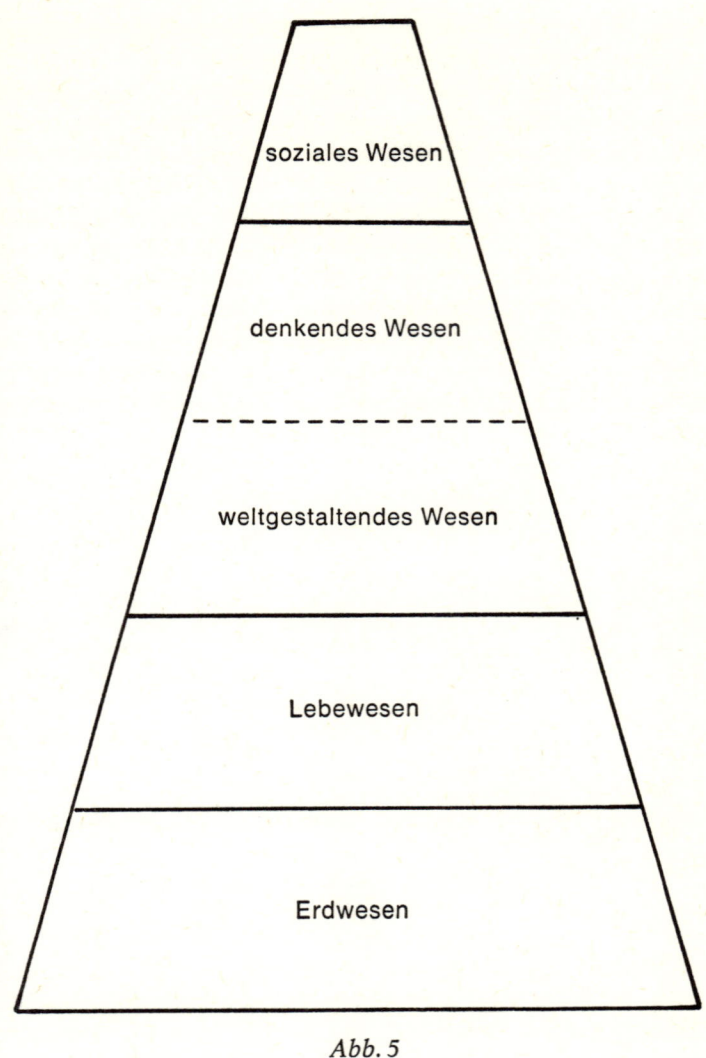

soziales Wesen

denkendes Wesen

weltgestaltendes Wesen

Lebewesen

Erdwesen

Abb. 5

Exkurs: Mann und Frau in der Bibel

Es wird behauptet, die Kirche sei leibfeindlich, geschlechtsfeindlich, frauenfeindlich! Was die Geschichte der Kirche — insbesondere vor der Reformation — angeht, so gibt es dafür tatsächlich manchen

Beleg. Aber hier ist die Kirche eben nicht der Bibel gefolgt, sondern auf die griechische Philosophie hereingefallen.

Besonderen Einfluß hatte der Neuplatonismus: Dort ist allein das Geistige gut; das Körperlich-Materielle zieht nach unten, ist als solches niedrig und böse. Der Mensch ist ein elendes Zwitterwesen. Der geistige Lichtfunke aus der oberen Welt, die »Seele«, ist in das Gefängnis der Körperlichkeit hineingebannt. Sexualität, Kinderzeugen und Gebären bedeuten nach dieser Sicht nicht nur, daß sich hier zwei Wesen in gröbster Weise dem Materiell-Triebhaften hingeben, sondern: Hier verbannen zwei Wesen auch weitere Lebewesen — ihre Kinder nämlich — in das üble Gefängnis der Körperlichkeit hinein. Von daher wird die Ehelosigkeit sittlich höher gewertet als die Ehe, die Jungfräulichkeit gilt als besonderer Ehrenstand.

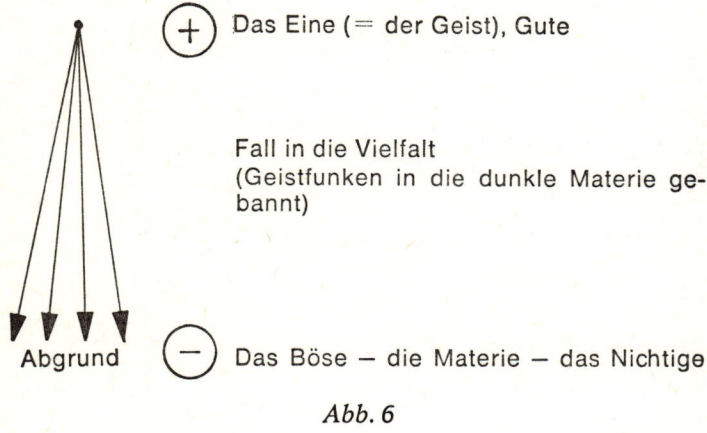

Abb. 6

Das biblische Denken kennt diese Scheidung in Geist und Materie nicht; der Mensch steht als Ganzer — also auch mit seiner Geschlechtlichkeit — unter dem »Es war sehr gut«. Das Gegenüber und Miteinander von Mann und Frau ist ein Geschenk Gottes.

Geschlechtsfeindlichkeit hat es also tatsächlich gegeben; in unserer Gesellschaft heute aber scheint das Pendel in die Gegenrichtung auszuschlagen.

Als das Volk Israel aus der Wüste ins Land Kanaan einwanderte, wurde es dort mit der Baalsreligion konfrontiert. Baal galt als der Herr der Wälder, der Weinberge, der Fruchtbarkeit bei Pflanze,

Mensch und Tier. Wichtig ist, daß zu ihm stets die weibliche Partnerin gehörte — die Göttin Astarte. Baal und Astarte, das Götterpaar, vereinigten sich im Liebesakt. Ihr Zeugen, Empfangen und Gebären bewirken und garantieren Fruchtbarkeit, Blühen und Wachsen.

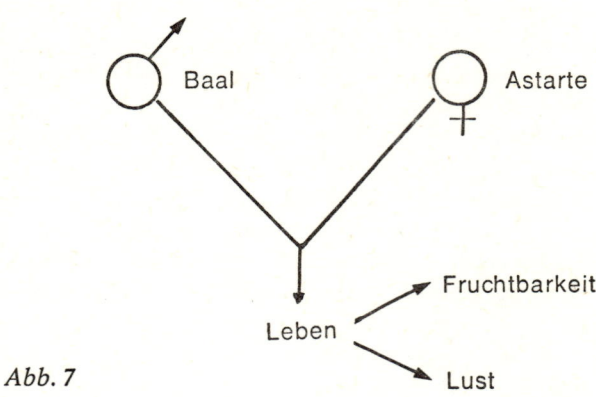

Abb. 7

Hier wird das Geschlechtliche aus dem geschöpflichen Bereich herausgenommen und in die göttliche Sphäre emporgestemmt: die Geschlechtlichkeit wird vergötzt.

Das Volk Israel hat sich oft mit diesem Baalskult eingelassen. Die Propheten kämpfen gegen die »Höhenheiligtümer«, denn dort wird in heidnischen Tempeln eine rauschhaft-sexuelle Verehrung von Baal und Astarte vollzogen. Männer »spielen« dabei den Baal, Mädchen die Astarte; diese Dirnen werden »heilige Mädchen« genannt, und die sexuellen Ausschweifungen heißen »Gottesdienst«.

Hier wird die gute Gabe Gottes vergötzt und damit verdorben. Man erwartet von der Sexualität geradezu Heil, Erlösung, Befreiung von allen Zwängen. Wir kennen das heute unter Schlagwörtern wie »sexuelle Revolution« oder »sexuelle Emanzipation«. Hinter dem »make love« steht ein ideologisches Programm. Damals in Israel war das Ziel Fruchtbarkeit, heute heißt es Lustgewinn.

Die Geschlechtlichkeit ist Gottes gute Schöpfergabe. Sie darf weder verteufelt noch vergötzt werden. Es gilt, Gottes Gabe mit Dank zu gebrauchen, sonst wird ein gefährliches Gift daraus.

1. Mose 2 schildert spannend die Erschaffung der Frau. Gottes Motiv ist dabei: »Es ist nicht gut, daß der Mensch allein sei!« Aus

der Rippe des Mannes — also aus dem Ureigenen — wird Eva. Jauchzend nimmt der Mann sie in Empfang.

Nun kommt das Entscheidende. Wie den Tieren, so gibt der Mann auch der Frau einen Namen. »Namen geben« ist aber — wie wir sahen — Herrenrecht. So hatte der Mensch die Tiere »definiert«, sich dienstbar gemacht. Geht das auch so bei der Frau? Ist der Mann der Patriarch, der Despot, der Pascha?

Luther übersetzt in 1. Mo. 2, 23: »Er nannte sie Männin.« Dabei versucht er, ein hebräisches Wortspiel wiederzugeben. Im Hebräischen heißt der Mann »isch«, die Frau »ischa«.

Was kommt darin zum Ausdruck? Die Tiere ließen sich leicht definieren: »Du Ochse! Du Gans!« Hier aber muß der Mann mehr riskieren. Er muß sich selbst einsetzen, den *isch* in die *ischa* hinein. Billiger geht das nicht. Begegnung zwischen Menschen, erst recht die Begegnung zwischen Mann und Frau, ist nicht billiger zu haben, als daß der eine Partner sich ganz dreingibt, sich dem anderen mit seiner ganzen Person, seinem ganzen Wesen hingibt. Hier werden nicht Herr und Sklave geschaffen, sondern hier entsteht personhafte, ganzheitliche Lebensgemeinschaft. So ist der Mensch von Gott gedacht: gleichwertige Partner begegnen einander.

Die Sünde hat dieses Verhältnis zerstört (wir werden das in Kapitel II näher behandeln), Jesus aber stellt es neu her.

Das Judentum zur Zeit Jesu verachtet die Frau. »Besser das Wort Gottes verbrennen als es einer Frau in die Hand geben«, sagten die Schriftgelehrten, und: »Sprich nicht viel mit einem Weibe!« Beim Tempelgottesdienst müssen Frauen weit draußen bleiben — auf dem Vorhof.

Da geschieht das Überraschende: Jesus hat in seinem weiteren Jüngerkreis Frauen aus Galiläa (Mk. 15, 40.41; Lk. 8, 2.3), sie folgen ihm nach, er schickt sie nicht weg. Maria, der Schwester Marthas in Bethanien, legte er Gottes Wort aus — eine geradezu revolutionäre Szene. Die Frauen halten am Kreuze Jesu aus — als die Jünger längst geflohen sind. Frauen sind es, die als erste am leeren Grabe stehen, und sie empfangen den Auftrag: »Geht hin, sagt es seinen Jüngern und Petrus« (Mk. 16, 7).

Paulus hat die theologischen Konsequenzen scharf formuliert: »Hier gilt nicht Jude oder Grieche, hier gilt nicht Sklave oder Freier, hier gilt nicht Mann oder Frau. Ihr seid alle einer in Christus« (Gal. 3, 28). Alle zwischenmenschlichen Rang- und Wertunterschiede sind hier überholt und ausgelöscht. So befreit Jesus Mann

und Frau wieder zu der Gemeinschaft in Liebe und Ehrfurcht. Sie dürfen sein, wie Gott sie gemeint hat: Wesen, die sich aus Gottes Hand annehmen und dem Schöpfer »danke« sagen.

Wir kommen zum letzten, entscheidenden Aspekt, zur »Krönung« der Pyramide.

Der Mensch als Wesen vor Gott

»Und Gott der Herr gebot dem Menschen und sprach: Du darfst essen von allen Bäumen im Garten, aber von dem Baum der Erkenntnis des Guten und Bösen sollst du nicht essen; denn an dem Tage, da du von ihm issest, mußt du des Todes sterben« (1. Mo. 2, 16.17).

Diese Verse werden uns im nächsten Kapitel noch genauer beschäftigen, aber wir müssen schon an dieser Stelle darauf eingehen. Jetzt geschieht nämlich etwas ganz Entscheidendes. Der »isch« wird angeredet, und derjenige, der hier mit ihm, mit diesem Adam, diesem Erdwesen, diesem Staubkorn, spricht, ist Gott selbst.

Was sagt er ihm? Er gibt ihm zunächst einmal die ganze Welt frei — »du darfst essen von allen Bäumen im Garten«. Da ist also noch einmal der Auftrag, die Welt zu gestalten und in Besitz zu nehmen. Doch dann kommt eine Grenze: »Von dem einen Baum iß nicht.«

Mit diesem Baum ist viel Unfug getrieben worden. Es gibt immer noch einige Leute, die stellen sich dabei einen Apfelbaum vor. So fragt ein Pfarrer im Kindergottesdienst einen Jungen: »Warum wollte Gott nicht, daß die Menschen von diesem Baum aßen?« — worauf der Kleine strahlend antwortet: »Weil Gott die Äpfel selber vermosten wollte.«

Darum geht es in unserem Text natürlich nicht. Dieser Baum steht für etwas ganz anderes. Der Baum der Erkenntnis des Guten und des Bösen markiert die Grenze zwischen Schöpfer und Geschöpf. Auf der einen Seite steht Gott — auf der anderen bei aller Großartigkeit ein Wesen, das nicht Gott ist, das nicht aus sich selber lebt, seine Existenz nicht selbst hervorgebracht hat und sich nicht selbst bewahren kann. Und dieser Baum stellt an den Menschen eine Frage: »Du bist Ge-

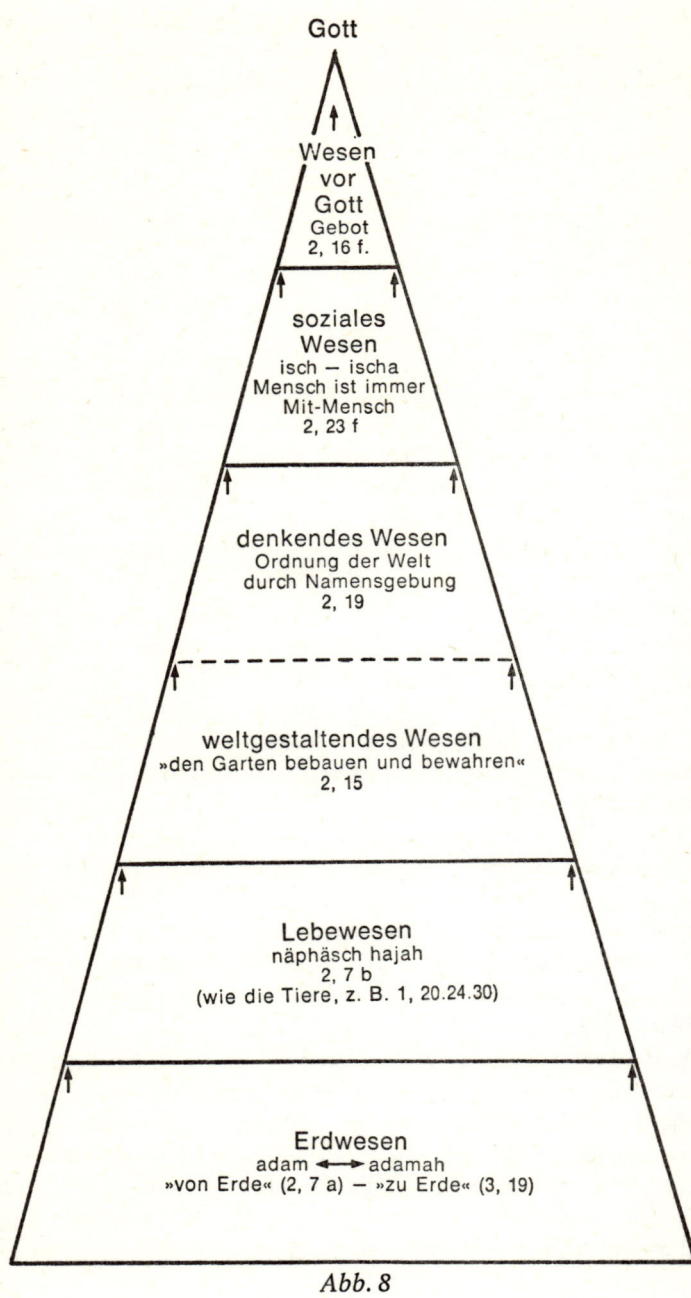

Abb. 8

schöpf — willst du das sein?« Das ist die entscheidende »Grenz-Situation« für den Menschen.

Einen Krokus oder einen Maulwurf, einen Stein oder einen Planeten kann man nicht fragen, ob er sein Geschöpfsein bejahen will. Aber der Mensch wird gefragt: Willst du Geschöpf sein? Willst du ja dazu sagen, in dem Rahmen zu leben, den ich, dein Schöpfer, bestimme?

Insofern geht es hier um die Menschwerdung des Menschen. Der Mensch wird in die Freiheit gerufen, wird vor die Entscheidung gestellt: Willst du vor mir, deinem Schöpfer, als Geschöpf leben?

Damit ist nun das Entscheidende zum Menschen gesagt: Er ist *Wesen vor Gott,* Gott will Gemeinschaft mit ihm.

Wenn wir uns Abbildung 8 genau ansehen, stellen wir allerdings fest, daß sich darin ein schlimmer Fehler eingeschlichen hat. Danach wäre nämlich die Beziehung zu Gott nur eine »Schicht«, nur ein Sektor unter anderen, gewissermaßen das fromme Dachstübchen. So sieht das zwar oft in unserer christlichen Existenz aus, aber so hat Gott den Menschen eben nicht gemeint. So gewiß die Beziehung zu Gott ein eigener Bereich ist (Gebet, Gotteslob usw.), so gewiß ist sie doch gleichzeitig die Klammer, die alle anderen Bereiche umgreift. Das Mitmenschsein, das Denken, das Handeln, der Bereich des Vitalen, all das soll in der Verantwortung vor Gott gelebt sein. Wie der Mensch mit seinen Trieben umgeht, das entscheidet sich daran, wie er zu Gott steht. Wie er mit der ihm anvertrauten Welt umgeht, ob er sie pflegt oder zerstört, das entscheidet sich hier. Wie er seinen Mitmenschen behandelt, das wird von hierher gesteuert (siehe Abb. 9, S. 24).

Es geht also nicht um irgendein frommes Oberstübchen, sondern die Beziehung des Menschen zu Gott soll all seine anderen Beziehungen umfassen. Hier geht es ums Ganze!

Die Weite des biblischen Menschenbildes

Die Bibel zeichnet ein großartiges Menschenbild, weil alle Lebensbereiche, alle Wissenschaft, alles, was der Mensch nur immer denken und treiben kann, schon in dem großen Entwurf Gottes vorgesehen ist.

Machen wir uns das anhand einiger Beispiele klar:

Der Mensch, wie ihn Gott erschaffen hat, kann Physik und Chemie studieren und in diesen Bereichen forschen. Natürlich! Er hat ja als Erdwesen eine ganz enge Beziehung zu der Materie. Sie ist ihm nicht fremd. Und das gilt auch für Bereiche wie Biologie, Medizin oder Ver-

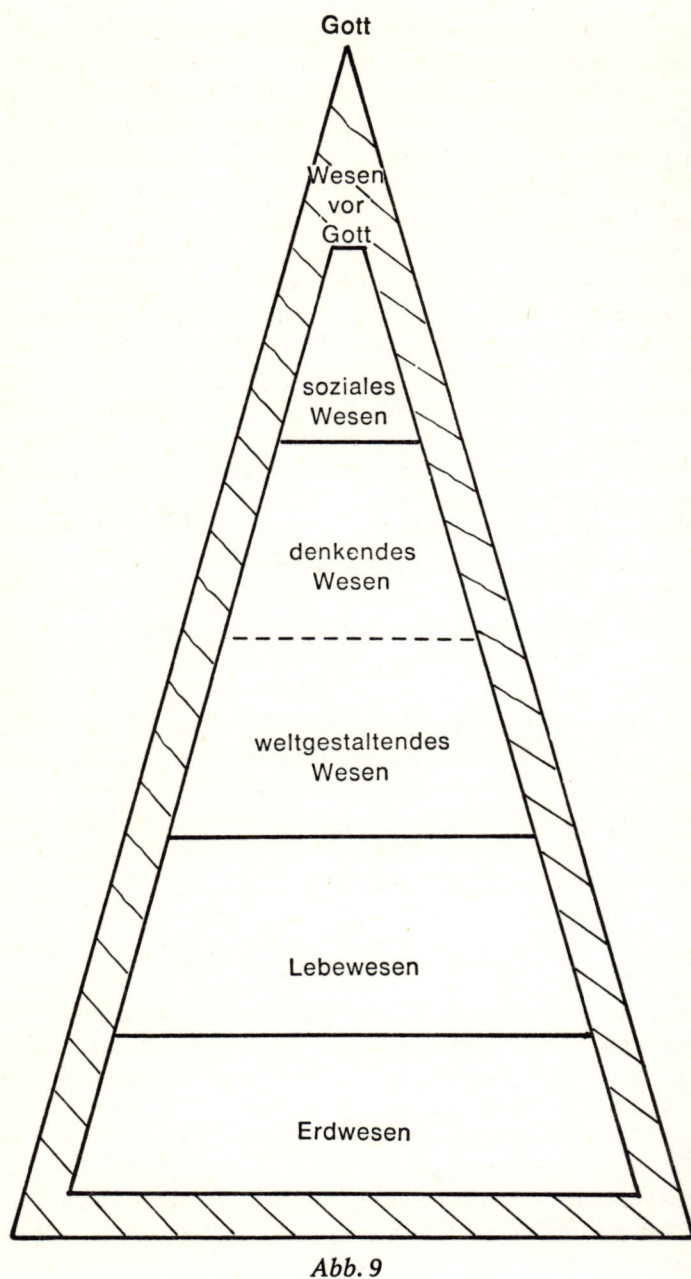

Abb. 9

24

haltensforschung. Es kann einen Christen eigentlich nicht verwundern, wenn man im Blut des Menschen und im Blut des Affen denselben Rhesusfaktor feststellt. Oder wenn die Verhaltensforschung (denken wir etwa an Konrad Lorenz) heute hochinteressante Ergebnisse über die Prägung des Menschen von dieser Stufe her an den Tag bringt. Das alles ist, wenn es recht getan wird, ein Nachdenken der Gedanken Gottes, ein immer größeres Staunen darüber, was er alles im Menschen angelegt hat.

Das biblische Menschenbild liefert ferner den Grund für Kultur. Der Mensch kann durch Naturwissenschaft und Technik die Welt erfassen und formen. Die Geisteswissenschaften, etwa die Sprachwissenschaft oder die Erziehungswissenschaft, sowie die Kunst haben ihren Grund darin, daß der Mensch denkendes, gestaltendes Wesen ist.

Als soziales Wesen kann der Mensch Humanwissenschaften betreiben. Er kann sich mit Sozialwissenschaften beschäftigen und Soziologie, Politologie oder Gruppenpädagogik studieren.

Alle diese Wissens- und Lebensbereiche — und wir könnten noch viele andere nennen —, all das gehört zum Menschen, wie Gott ihn geschaffen und gemeint hat. Und all das ist gut und hell, wenn es von der Beziehung zu Gott umfaßt und gesteuert wird.

Die Ideologisierung und Dämonisierung des Menschenbildes

Nun gibt es aber auch eine sehr gefährliche Verzerrung und Verkürzung des biblischen Menschenbildes. Man kann nämlich eine der Schichten unserer Pyramide herausschneiden und sagen: Das ist alles. »Der Mensch ist *nichts als . . .*«

Da gibt es zum Beispiel Leute, die behaupten, der Mensch sei nichts als Materie, nichts als Mechanik, nichts als ein kybernetisches System.

Was geschieht, wenn Menschen ausschließlich als Erdwesen betrachtet werden, beschreibt Aldous Huxley in seinem Buch »Schöne neue Welt«. »Schöne« ist ironisch gemeint, denn die Welt dieses Buches ist unheimlich, grauenhaft! Da werden die Menschen je nach Bedarf in Traubenzuckerlösung gezüchtet, am Fließband entsprechend bestrahlt und herangebildet. Es gibt einige Alphatypen, das sind die Intelligenten. Von ihnen darf man nicht zuviele haben, denn das wird gefährlich. Die Betatypen bilden die Mittelschicht. Schließlich braucht

man noch Wesen, die Dreckarbeiten erledigen. Denen muß eine gewisse geistige Stumpfheit angezüchtet werden, damit sie das aushalten. Das sind die Gammatypen.

Schöne neue Welt! »Der Mensch ist nichts als Erdwesen.«

Für andere ist der Mensch nichts als Lebewesen. »Hauptsache gesund!« Den Satz haben wir alle schon einmal gehört. Wer einmal ernsthaft krank gewesen ist, der weiß, welchen Wert die Gesundheit hat. Dennoch ist der Satz »Hauptsache gesund« gottlos. Es ist dämonisch, wenn man nur diesen Sektor herausschneidet, den Menschen nur als ein Stück Biologie betrachtet.

Heute gibt es Bewegungen, die sagen: »Hauptsache potent!« — Der Mensch ist das, was er auf sexuellem Gebiet leistet. Auch dahinter steckt wieder diese Verkürzung: Der Mensch ist nichts als ein biologisches Wesen.

»Nur Arbeit war dein Leben, nie dachtest du an dich . . .« Hier wird der Mensch nur als weltgestaltendes Wesen gesehen, das ausschließlich durch seine Leistungen definiert wird. Der Mensch ist soviel wert, wie er leistet.

Danach läßt sich der Wert des Menschen physikalisch berechnen, und zwar nach der Formel: Leistung ist Kraft mal Weg durch Zeit.

$$L = \frac{K \cdot W}{Z}$$

Wenn also jemand in zwei Minuten einen Zentner Kartoffeln fünfzig Meter weit transportiert, hat er eine größere Leistung vollbracht als der, der einen halben Zentner Kartoffeln in drei Minuten fünfundzwanzig Meter weit getragen hat.

Betrachten wir aber nun einen alten und kranken Menschen. Seine Kraft geht immer mehr auf Null zu. Der Weg, den er zurücklegen kann, strebt ebenfalls nach Null, und die Zeit, die er dazu braucht, wird immer größer, strebt, mathematisch gesprochen, nach Unendlich.

$$L = \frac{K \to 0 \cdot W \to 0}{Z \to \infty} = \frac{0}{\infty} = 0$$

Mache ich die Leistung zum Wertmaßstab eines Lebens, so erhalte ich schließlich die Summe Null mal Null durch Unendlich. — Wer

folglich die Leistung des Menschen vergötzt, vernichtet in letzter Konsequenz den Menschen.

Man kann auch das Gehirn des Menschen vergötzen. Es gab eine Zeit, in der man die großen Genies feierte. Man stellte sich morgens vor den Spiegel und fragte: »Bin ich ein Genie?« — dann zögernd: »Bin ich wenigstens ein Talent?« Da war man auch nicht ganz sicher. Wenn man aber weder ein Genie noch ein Talent war, und auch kein »Original«, blieb einem im Grunde nichts anderes übrig, als sich das Leben zu nehmen. Wer den Menschen beim Abitur beginnen läßt, den Intelligenzquotienten zum Kriterium eines Menschen macht bzw. nur Genie, Talent, Originalität als Werte anerkennt, der ist einer Ideologie verfallen, die *einen* Aspekt des biblischen Menschenbildes absolut setzt.

Eine weitere ideologische Verkürzung liegt vor, wenn der Mensch nur als soziales Wesen gesehen wird. Die verheerenden Folgen kennen wir aus dem Dritten Reich, wo nur das Volk, die Nation oder die arische Rasse zählte. Der einzelne war nichts, das Volk alles. In den autoritären Systemen des Ostens heißt das: die Partei hat immer recht. Da ist das Individuum von einem Kollektiv aufgesogen, und es funktioniert nur noch als Rädchen in einer großen Maschinerie.

Selbst die Spitze unserer Pyramide kann sündhaft verzerrt werden. Die Sünde besteht darin, daß der Mensch gewissermaßen alle anderen Bereiche abschneidet und sagt: »Das geht mich alles nichts an, denn ich bin ja fromm.«

In der alten Kirche gab es jene merkwürdigen Gestalten, die sich auf eine hohe Säule stellten. Da standen sie dann, wenn es gut ging, Jahrzehnte, verwitterten ein wenig, ließen gelegentlich einen Strick herunter, an dem sie sich ihr Essen hochzogen. Dies »Hauptsache religiös« ist genauso eine Verfehlung des biblischen Menschenbildes wie die Aussage: »Nur Arbeit war sein Leben« — oder: »Hauptsache gesund.« Es gibt eine Art von Frömmigkeit, der es im Grunde gar nicht um Gott geht, sondern nur um das fromme Ich in seinem rauschhaften Aufstieg in irgendeine schöne Welt.

Die folgende Zeichnung soll zusammenfassend einerseits die ungeheure Weite des biblischen Menschenbildes zeigen und uns zum anderen die ideologische Verkürzung des Menschenbildes vor Augen führen, die uns in bestimmten Zeitströmungen begegnet. Eine Ideologie hat — wie eine Sekte — den Fehler, daß sie ein Stück herausnimmt und für das Ganze erklärt. Diese Verzerrung, die einen Aspekt vergötzt, *dämonisiert* ihn damit. Die Folge ist immer Vernichtung.

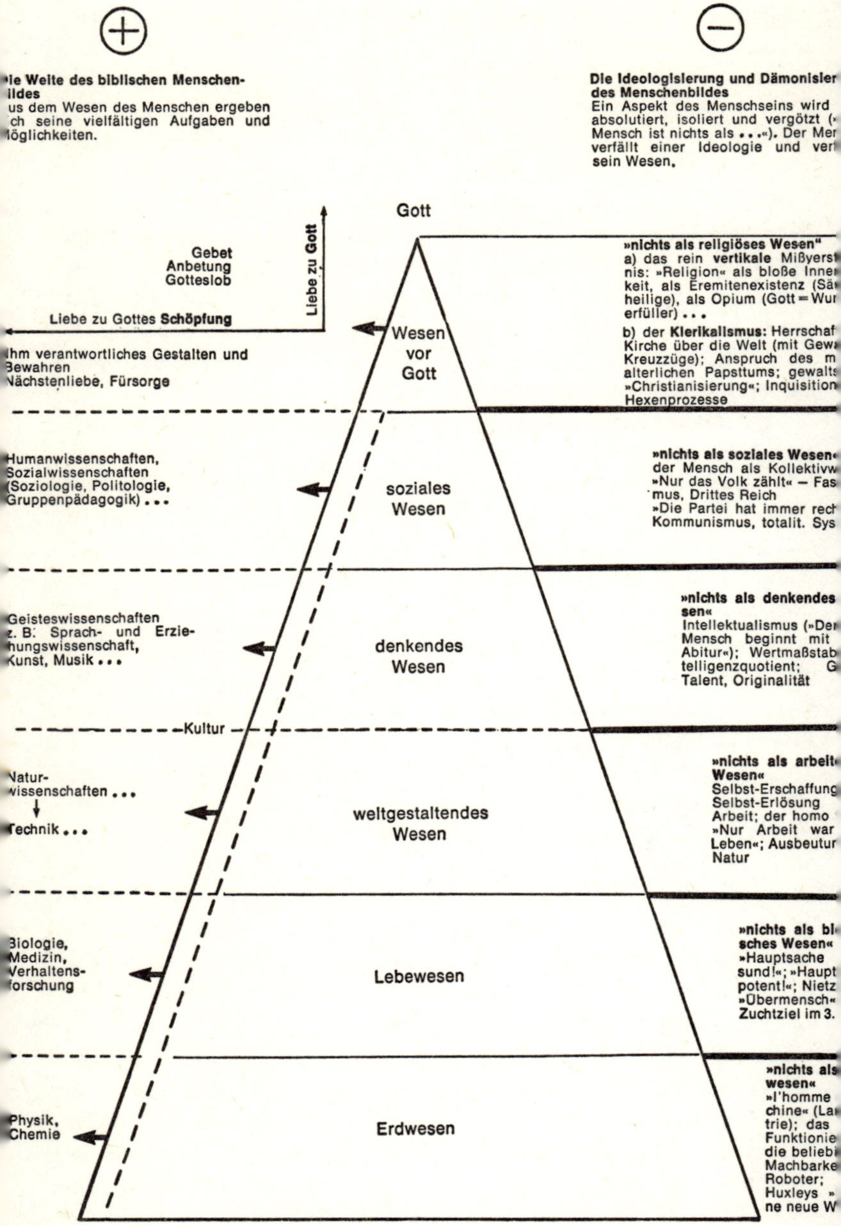

 ⊖

Die Welt des biblischen Menschenbildes
Aus dem Wesen des Menschen ergeben sich seine vielfältigen Aufgaben und Möglichkeiten.

Die Ideologisierung und Dämonisier des Menschenbildes
Ein Aspekt des Menschseins wird absolutiert, isoliert und vergötzt (»Mensch ist nichts als ...«). Der Mer verfällt einer Ideologie und verl sein Wesen.

Gott

Gebet
Anbetung
Gotteslob

Liebe zu Gottes **Schöpfung**

Ihm verantwortliches Gestalten und Bewahren
Nächstenliebe, Fürsorge

Liebe zu Gott

Wesen vor Gott

»nichts als **religiöses Wesen**«
a) das rein **vertikale** Mißverständnis: »Religion« als bloße Innerkeit, als Eremitenexistenz (Säuheilige), als Opium (Gott = Wun erfüller) ...
b) der **Klerikalismus:** Herrschaf Kirche über die Welt (mit Gewa Kreuzzüge); Anspruch des m alterlichen Papsttums; gewalts »Christianisierung«; Inquisition Hexenprozesse

Humanwissenschaften,
Sozialwissenschaften
(Soziologie, Politologie,
Gruppenpädagogik) ...

soziales Wesen

»nichts als **soziales Wesen**«
der Mensch als Kollektivw
»Nur das Volk zählt« — Fas mus, Drittes Reich
»Die Partei hat immer rech Kommunismus, totalit. Sys

Geisteswissenschaften
z. B: Sprach- und Erziehungswissenschaft,
Kunst, Musik ...

denkendes Wesen

»nichts als **denkendes** sen«
Intellektualismus (»Der Mensch beginnt mit Abitur«); Wertmaßstab telligenzquotient; G Talent, Originalität

— Kultur —

Naturwissenschaften ...
↓
Technik ...

weltgestaltendes Wesen

»nichts als **arbeit Wesen**«
Selbst-Erschaffung
Selbst-Erlösung
Arbeit; der homo
»Nur Arbeit war Leben«; Ausbeutur Natur

Biologie,
Medizin,
Verhaltensforschung

Lebewesen

»nichts als **bi sches Wesen**«
»Hauptsache sund!«; »Haupt potenz!«; Nietz »Übermensch« Zuchtziel im 3.

Physik,
Chemie

Erdwesen

»nichts als **wesen**«
»l'homme chine« (La trie); das Funktionie die beliebi Machbarke Roboter; Huxleys » ne neue W

Abb. 10

Der Mensch, Gottes Ebenbild

Wenn wir vom biblischen Menschenbild sprechen, dürfen wir einen ganz wichtigen Punkt nicht übersehen, den die Bibel mit dem schönen Wort beschreibt: »Und Gott schuf den Menschen zu seinem Bilde, zum Bilde Gottes schuf er ihn« (1. Mo. 1, 27). Ich bin Gottes Ebenbild. Was heißt das? Will die Bibel damit ausdrücken, daß Gott so aussieht wie ich? Das wäre ein Mißverständnis.

Ich bin Gottes Ebenbild heißt:

1. *Gott sagt »Du« zu mir*

Indem Gott mich anredet, werde ich im Grunde erst zum Ich. Ich werde aus allen anderen Dingen in der Welt herausgeholt. Ich bin nicht ein Staubkorn, nicht Sache, nicht ein Es, sondern ich stehe vor Gott und habe einen Namen. Und dieser mein kleiner Name wird z. B. in der Taufe mit dem Namen Gottes, des Vaters und des Sohnes und des Heiligen Geistes zusammengesprochen für alle Ewigkeit. »Freut euch, daß eure Namen im Himmel geschrieben sind«, sagt Jesus (Lk. 10, 20).

Ich bin nicht ins Nichts hineingehalten, nicht ins Dasein geworfen, sondern ich bin um Jesu Christi willen bei Gott aufgehoben und für immer geborgen. Das ist das große Wunder, daß Gott seine Welt mit den Milliarden von Lichtjahren nicht haben wollte, ohne mich dabei zu haben; und daß Gott seine neue Welt, den neuen Himmel und die neue Erde, nicht haben möchte, ohne daß ich dabei bin.

Wer bin ich? Ein unverwechselbarer, einmaliger, origineller Gedanke Gottes. »Ich glaube, daß Gott mich geschaffen hat«, daß Gott bei mir ganz persönlich so Hand angelegt hat wie bei Adam. Deshalb kann und soll ich mich Gott jetzt zuwenden und ihn loben.

Weil Gottes Fingerabdruck an mir haftet, kann ich wie Matthias Claudius singen:

> Ich danke Gott und freue mich
> Wie's Kind zur Weihnachtsgabe,
> Daß ich bin, bin! Und daß ich dich,
> Schön menschlich Antlitz, habe.

Wen Gott schuf, der ist schön! —

Gott sucht den Menschen als sein personhaftes Gegenüber, als Partner. Der Gott, der die Welt durch sein Wort ins Leben rief, ist aus auf das Wesen, das ihm lobend die Ant-Wort gibt. Das ist das Herzstück der »Gottesebenbildlichkeit«.

2. *Gott gibt mir Verantwortung für seine Welt*

In den orientalischen Großreichen herrschte der Großkönig über viele Unterreiche, in denen er selbst oft nicht erscheinen konnte. Deshalb goß man Standbilder aus Bronze, die in den Hauptstädten der einzelnen Teilreiche aufgestellt wurden, damit die Untertanen wenigstens eine Ahnung bekamen, wie gewaltig der Großkönig war.

Dies ist auch gemeint, wenn die Bibel davon spricht, daß der Mensch Gottes Ebenbild ist. Gott stellt mich, den Menschen, als sein Abbild der Welt gegenüber. Warum denn? Damit zum Beispiel ein kleiner Vierbeiner, der nicht beten kann, durch mich eine Ahnung davon bekommt, wie die Art Gottes ist. An der Weise, wie ich mit ihm umgehe, soll er eine Ahnung vom Stil Gottes bekommen. Und das gilt natürlich erst recht für meinen Umgang mit meinen Mitmenschen. Damit erhebt sich die Frage an mich: Bin ich Ebenbild oder Karikatur Gottes?

3. *Gott steht immer — verbindend und trennend — dazwischen*

a) Er steht einmal zwischen mir und mir. Der Mensch, so sagt der Philosoph Kierkegaard, ist ein Verhältnis, das sich zu sich selbst verhält. Jeder von uns verhält sich zu sich selbst. So kann es geschehen, daß ich mir abends auf die Schulter klopfe und sage: Heute warst du aber prima. Oder ich sage das Gegenteil. Der Mensch hat also ein Verhältnis zu sich selbst, kann sich selbst loben und tadeln. Manchmal jubelt einer, ganz verliebt in sich: »Ich könnt mich küssen!«, häufiger (und wohl auch einfacher) ist das andere: »Ich könnt mich ohrfeigen, gar umbringen.« So pendle ich zwischen Übermut und Depression.

Nun kommt der biblische Grundgedanke: Ich verkehre nicht direkt mit mir, sondern auf dem (scheinbaren!) Umweg über Gott.

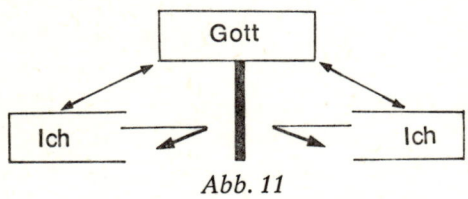

Abb. 11

Was bedeutet das? Es heißt zum Beispiel: Ich habe nicht das Recht, mich beständig zu kritisieren und so zu tun, als sei ich eine Fehlkonstruktion: »Ja, wenn ich die Gaben von XY hätte, wenn ich dies und das könnte, dann wäre ich wer. Aber da ich nun einmal der bin, der ich bin, bin ich nichts.«

Was geschieht hier? Hier lasse ich wütende Aggressionen auf mich selbst los. Menschen stehen in der ungeheuren Gefahr, sich selbst zu zerfleischen, sich selbst zu zerstören und sich selbst nicht annehmen und bejahen zu können. Warum? Weil sie meinen, der nächste Weg sei eben der Direktverkehr; weil sie den »Umweg« über Gott vermeiden.

Wenn ich aber einmal verstanden habe: »Ich bin so, wie ich bin — mit meinen Anlagen, Begabungen und Grenzen —, ein Geschöpf *Gottes*, und Gott schafft nie etwas total Dummes«, dann entdecke ich in mir Gaben und Fähigkeiten, die ich vorher nicht beachtet habe, weil ich immer hinter anderen hergelaufen bin.

Dieser »Umweg« über Gott bewahrt mich gleichzeitig davor, mich hemmungslos zu vergötzen. Ich kann mich dann nicht mehr selbst auf einen Sockel setzen und das Wort vergessen, das Paulus gesagt hat: »Was hast du, das du nicht empfangen hast?« (1. Kor. 4, 7). Meine körperliche Kraft, meine Gesundheit und meine Intelligenz, das alles habe ich von Gott geschenkt bekommen. Wenn ich das weiß, kann ich nicht mehr hochmütig sein.

b) Gott steht nicht nur zwischen mir und mir, er steht auch zwischen mir und meinem *Nächsten*. Es passieren schreckliche Dinge in der Welt, wenn ich nicht verstehe, daß der andere eine unerhörte Würde dadurch hat, daß er nicht mir gehört, sondern ein Geschöpf Gottes ist, das ich zu ehren habe.

Es gibt ja tatsächlich Männer, die meinen, ihre Frauen seien ihr Eigentum, ihr Besitz. Und es gibt Eltern, die haben die absurde und abscheuliche Vorstellung, ihre Kinder gehörten ihnen. Die Väter oder die Mütter haben dann bestimmte Pläne, was aus ihren Kindern einmal werden soll (nach dem scheußlichen Motto: Wir haben ein Auto, und wir leisten uns auch einen Abiturienten).

Wenn mein Weg zum anderen nicht über Gott führt, stehe ich ständig in Gefahr, den anderen in das Bild zu pressen, das ich mir von ihm erträume. Im direkten Losstoßen auf dieses andere Wesen zerstöre ich es.

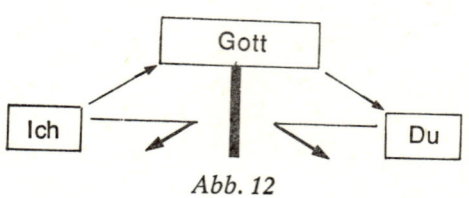

Abb. 12

Das Du gehört mir nicht. Es hat eine eigene, Luther sagt, eine »fremde« Würde. Demnach gibt es auch keinen Menschen, den ich verachten kann. Er mag äußerlich oder innerlich noch so verunstaltet sein, nichts kann ihm die Würde rauben, daß Gott seine Welt ohne ihn nicht gewollt und ihn für die neue Welt vorgesehen hat. Damit wird dieser andere für mich jemand, vor dem ich den Hut ziehen muß, weil er von Gott kommt.

c) Gott steht auch zwischen mir und der *Welt*. Das hat Auswirkungen darauf, wie ich mit der Welt umgehe — ob ich sie mir im biblischen Sinne »untertan« mache oder ob ich sie bloß als Material für meine Zwecke benutze. Nero steckte Rom an, um ein Gedicht darüber zu schreiben. Die Stadt Rom bedeutete ihm nichts anderes als Material für seine Poesie, und die war zudem noch schlecht.

Die Welt gehört mir nicht; sie ist mir anvertraut und hat eine Würde, die von Gott kommt. Die Welt ist mir nicht ausgeliefert, ich habe also kein Recht, die Natur auszurauben; anderseits bin aber auch ich der Welt nicht ausgeliefert.

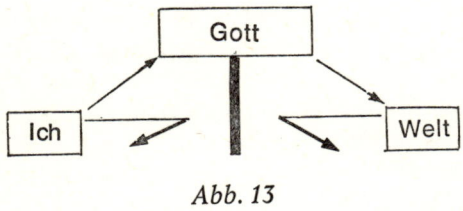

Abb. 13

Gott steht immer dazwischen. Auch das meint »Gottes Ebenbild«. Werner Bergengruen hat das sehr schön in einem Gedicht zusammengefaßt, das im Grunde als Brautlied, als Hochzeitsgesang, gemeint ist:

Zu Lehen

Ich bin nicht mein, du bist nicht dein.
Keiner kann sein eigen sein.

Ich bin nicht dein, du bist nicht mein.
Keiner kann des andern sein.

Hast mich nur zu Lehn genommen,
hab zu Lehn dich überkommen.

Also mags geschehen:
Hilf mir, liebstes Lehen,

daß ich alle meine Tage
treulich dich zu Lehen trage

und dich einstmals vor der letzten Schwelle
unversehrt dem Lehnsherrn wiederstelle.

Ich bin mir nur geliehen, der andere ist mir nur geliehen, die Welt ist
mir nur geliehen. Aber daß mir all das von *Gott* geliehen ist, das macht
die Freude meines Lebens aus. Jetzt brauche ich nicht selbst etwas aus
mir zu machen; ich trage auch nicht mehr die letzte Verantwortung für
den anderen oder für die Welt. Ich darf einfach das tun, was mir anvertraut ist, und dann alles dem überlassen, von dem alles kommt und
dem alles gehört.

Zusammenfassung von Kapitel I

Der alttestamentliche Zeuge zeigt den Menschen unter verschiedenen
Aspekten. Dabei wird sein Wesen nicht in Definitionen festgeschrieben
(»Menschenbild«), sondern in lebendigen **Beziehungen** veranschaulicht.

1. Der »Adam« steht in Beziehung zur »adama« — das **Erd-wesen** ist aus
   ihr geformt: 2, 7; kehrt zu ihr zurück: 3, 19. Zur Geschöpflichkeit des
   Menschen gehört seine Endlichkeit.
2. Der Mensch steht in Beziehung (besonders) zur tierischen Welt — **das
   Lebewesen** (näphäsch hajah — Lebewesen, 2, 19 von den Tieren gebraucht).
3. Der Mensch steht in Beziehung zur außermenschlichen Schöpfung in
   der Rolle des **Herrschenden** und **Bewahrenden;**
   a) er formt, gestaltet, kultiviert seine Umwelt — **das weltgestaltende
      Wesen** (2, 15);
   b) er erfaßt, ordnet sie geistig — **das denkende Wesen** (2, 19 Namens-
      gebung).
4. Der Mensch ist Mensch nur in der Beziehung zum anderen Menschen
   (exemplarisch: der Mann zur Frau), ist stets »Mit-Mensch« — **das
   soziale Wesen.**
5. Der Mensch ist das **Wesen vor Gott.**
   a) In allen unter 1—4 gestellten Bezügen ist der Mensch von Gott ge-
      stellt, ist also **überall** das **Gott verantwortliche** Wesen (d. h. Gott ist
      die Zwischenbestimmung in meinem Verhältnis zu mir selbst, zum
      Du, zur Welt; Dreieck!). Darin ist der Mensch als Wesen **über** der
      außermenschlichen Schöpfung und **neben** dem Mitmenschen
      Mensch unter Gott.

b) Der Mensch steht in einer einzigartigen, ihn spezifisch kennzeichnenden Gottesbeziehung: Gott redet ihn mit Du an (Wort), eröffnet ihm die Möglichkeit zur Antwort, zur Bejahung seines Geschöpfseins (Liebe, Gehorsam) und darin zur Identität. Darin ist der Mensch das Wesen in der **personalen Gottesgemeinschaft** (2, 16 f.).

c) Der Sinn des menschlichen Lebens ist es, **Gott zu loben!** a) und b) treffen sich im Gotteslob (der Text ist erzählendes Gotteslob).

6. a) Die Weise, wie der Text den Menschen beschreibt, ist nicht nur offen für **natur-, geistes-, humanwissenschaftliche** Arbeit, sondern **fordert** diese geradezu! (vgl. den »Kulturauftrag« in 1, 28).

b) **Ideologische Verzerrung** des »Menschenbildes« geschieht da, wo eine der in 1—4 genannten Beziehungen **isoliert** und **verabsolutiert** und so mit der theozentrischen Sicht (Punkt 5) konfrontiert wird. Aus solcher Verzerrung erwachsen **Strukturen der Unmenschlichkeit.**

II. Der Mensch — Gottes Rebell

A. Der Abfall von Gott

Von der Waldzecke und vom Menschen

Kennen Sie eine Waldzecke? Solch ein Tierchen (Milbenart) ist für unsere Begriffe ein unvorstellbar armes Lebewesen. Es hat keine Augen, nur einen allgemeinen Lichtsinn der Haut, der lediglich hell und dunkel wahrnehmen kann; es hat kein Gehör und lebt folglich in einer lautlosen Welt; es hat kein Geschmacksempfinden, vermag sauer und süß nicht zu unterscheiden. Sein Geruchssinn ist auf einen einzigen Reiz programmiert — auf Buttersäure.

Da sitzt nun die Zecke auf dem Waldboden und bekommt das Signal »dunkel«. Dieser Schlüsselreiz löst wiederum ein neues Signal aus: »Jetzt mußt du klettern.«

Also beginnt die Waldzecke aufwärts zu krabbeln, einen Baumstamm empor, bis sie auf einem Ast sitzt und das Signal »hell« bekommt. Das heißt für sie: »Sitzenbleiben.«

So bleibt sie sitzen, hört nichts, sieht nichts, schmeckts nichts, bis unter dem Baum ein Reh vorbeiläuft und den Geruch von Buttersäure ausströmt. Das ist ein erneuter Schlüsselreiz, der signalisiert: »Sofort fallen lassen.«

Unsere Waldzecke stürzt senkrecht nach unten. Wenn's »daneben« ging, heißt es eben wieder »dunkel«, und das bedeutet klettern. Wieder geht's nach oben. Wenn unsere Waldzecke jedoch Glück hat, landet sie auf dem Rücken des Rehs. Dessen Wärme löst das Signal aus »Krabbeln, Festsaugen, Anzapfen!« Nach einer solch gelungenen Nahrungsaufnahme kann unsere Waldzecke erwiesenermaßen 18 Jahre lang ohne weitere Nahrungsaufnahme leben.

Ist die Zecke nun wirklich ein so armes Lebewesen? Einerseits kann man sie aus Menschenoptik sicher nur bedauern, denn sie lebt in einer unvorstellbar geschrumpften Welt: Nichts sehen, nichts schmecken, nichts hören, kaum etwas fühlen, nur einen einzigen Geruch wahrnehmen. Und doch ist sie andererseits reich, ist mit allem ausgestattet, was sie zum Leben braucht. Sie muß keine großen Überlegungen anstellen, alles läuft in den festen Bahnen des Instinkts.

Das ist das Großartige bei Tieren, daß sie ganz selbstverständlich

leben können. Sie werden zum Beispiel nicht von der Frage geplagt: »Was soll ich tun? Was soll ich lassen?« Was ein Tier tut, das soll es, und was es soll, das kann es auch — es sei denn, daß der Mensch anfängt, es zu dressieren und die Harmonie durcheinanderbringt. Aber normalerweise bilden beim Tier *Sollen* und *Können* eine *große Einheit*. Darin ist es wunderbar geborgen. Alles ist vorprogrammiert.

Von daher bekommt der Text, der uns in diesem Kapitel beschäftigen soll, eine ganz besondere Färbung. In 1. Mo. 2 und 1. Mo. 3 lesen wir nämlich von der Menschwerdung des Menschen und damit vom Unterschied zu der eben erwähnten Waldzecke.

»Und Gott der Herr gebot dem Menschen und sprach: Du darfst essen von allen Bäumen im Garten, aber von dem Baum der Erkenntnis des Guten und Bösen sollst du nicht essen; denn an dem Tage, da du davon issest, mußt du des Todes sterben« (1. Mo. 2, 16.17).

Hier finden wir zweierlei: Zunächst einmal eine großartig weite Armbewegung Gottes: Die ganze Welt gehört dir; bitte, bediene dich! Im Anschluß daran dann ein Gebot, genauer ein Verbot: Von dem *einen* Baum sollst du nicht essen. Weite und Grenzziehung!

Hier ist der grundlegende Unterschied zur Waldzecke. Der Mensch *kann* davon essen, aber er *soll* nicht. *Können und Sollen brechen auseinander.* Dieses Wesen ist gefragt: Was willst du? In diesem Augenblick entsteht der Mensch. Er wird aus dem Instinktmäßig-Selbstverständlichen herausgeholt und in Möglichkeiten, in Freiheit, hineingerufen. Er darf und muß sich entscheiden; er empfängt Bewußtsein und steht in einer Situation der Wahl.

Das ist im Rahmen der Schöpfung etwas völlig Neues.

Gott will die Freiheit des Menschen

Gottes Gebot hat den Menschen auf ein neues Niveau gehoben, über die Tiere hinweg. Gottes Gebot zielt also nicht auf Einengung und Unterdrückung, sondern, recht verstanden, geht es gerade um Befreiung, um ganz neue Möglichkeiten. Der Mensch ist nicht mehr in eine Einbahnstraße hineinprogrammiert wie das Tier, sondern er steht in einer offenen Situation und ist ein verantwortliches, zurechnungsfähiges Subjekt. Er kann, aber er soll nicht!

Wie ist das nun gemeint mit dem Gebot Gottes? Wir haben schon im I. Kapitel angedeutet, daß es gar nicht um den Apfelbaum oder den Orangenbaum oder sonst einen Baum geht. Nein, dieser Baum der Erkenntnis des Guten und des Bösen will eine Grenze markieren, näm-

lich die Grenze zwischen Gott, dem Schöpfer, und dem Geschöpf. Wenn der Mensch hier haltmacht, bringt er dadurch zum Ausdruck: Jawohl, du bist der Herr, und dieses Gebiet gehört dir; ich akzeptiere, daß ich dein Geschöpf bin und eben nicht selber Gott.

Mit diesem Gebot fragt Gott den Menschen also: Willst du das sein, was du bist, mein Geschöpf? Willst du ja dazu sagen? Du bist gefragt.

Gottes Gebot ruft den Menschen in die Freiheit. Aber sind Gebot und Freiheit denn nicht einander ausschließende Gegensätze? Dazu müssen wir überlegen, was *Freiheit* im biblischen Sinn bedeutet.

Freiheit —was ist das?

Wenn man die alten *Griechen* fragte, was Freiheit sei, dann hatten sie sofort eine schöne Geschichte parat, nämlich die Geschichte von Herkules am Scheideweg. Herkules wandert einen Weg entlang, bis vor ihm eine Gabelung auftaucht. Rechts und links erwartet ihn jeweils eine attraktive Dame, und jede von beiden fordert den guten Herkules auf: Komm, folge mir!

Die Dame auf der linken Seite verspricht ihm: »Wenn du mir folgst, verschaffe ich dir Reichtum, Wohlergehen und Luxus.« Die Dame rechts sagt: »Ich führe dich durch Schwierigkeiten, durch Anstrengungen und Strapazen, am Ende aber mache ich dich unsterblich!« Luxus oder Ruhm, das ist hier die Frage. Herkules wählte den Ruhm — natürlich, sonst wüßten wir nichts von ihm!

Aber das Entscheidende ist nun: In dem Augenblick, bevor er sich entscheidet, steht er noch in einem Niemandsland, gehört weder nach links noch nach rechts. Noch gehört er völlig sich selbst, noch hat er völliges Verfügungsrecht.

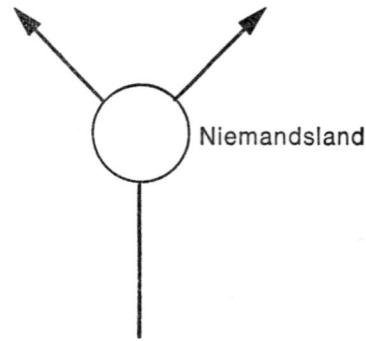

Niemandsland

Abb. 1

»Herkules am Scheideweg« — so versteht der Grieche Freiheit. Freiheit ist für ihn souveräne, autonome Wahlfreiheit aus einer neutralen Ausgangsbasis heraus, in der der Mensch nur sich selbst gehört.

Es ist nun ganz entscheidend, daß die *Bibel* Freiheit so *nicht* versteht. Im biblischen Denken gibt es keinen Punkt, wo der Mensch noch im Niemandsland stehen und nur sich selbst gehören könnte, sondern der Mensch hat bereits seinen festen Ort. Machen wir uns das wieder an einer Zeichnung deutlich:

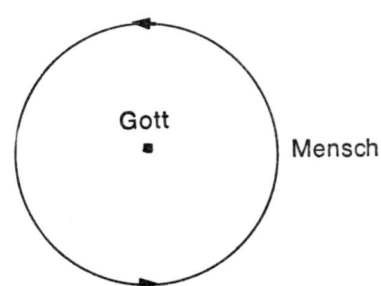

Gott

Mensch

Abb. 2

Im Mittelpunkt steht Gott, der Schöpfer, und um ihn herum ist die Welt aufgebaut, so wie die Sonne im Mittelpunkt steht, um den herum die Planeten sich bewegen.

Das bedeutet: Der Mensch hat von vornherein seinen Standort und seine Bestimmung: Er soll mit seinem Leben, mit seinem Denken, Fühlen, Wollen und Handeln auf diese Mitte bezogen sein. Das ist sein Wesen: Das Geschöpf gehört zum Schöpfer.

Wenn wir von dieser Voraussetzung ausgehen, dann entspricht Freiheit nicht der Situation des Herkules am Scheideweg, sondern Freiheit bedeutet das bewußte Ja zu dem Lebenselement, zu dem ich gehöre. Das Lebenselement für den Menschen ist Gott, und Freisein heißt, dieses Lebenselement fröhlich zu bejahen.

Stellen wir uns einen Fisch vor. Sein Lebenselement ist das Wasser. Was würde geschehen, wenn er eines Tages auf den Gedanken käme (glücklicherweise kann er's nicht!): Es wäre doch schön einmal, das Wasser zu verlassen und auf dem Trockenen zu leben? Ich stelle mir vor, da kämen ein paar Leute vorbei, die keine Ahnung von Fischen haben. Sie sehen den Fisch auf dem Trockenen zappeln und zucken und sagen: »Seht, wie gut ihm das bekommt, wie vital er wird, wie er um sich schlägt! So lebendig habe ich noch nie einen Fisch gesehen!«

Wer aber nur ein wenig von Fischen versteht, weiß, daß diese scheinbare Vitalität nichts als Todeskampf ist. Nur in seinem Lebenselement kann der Fisch leben, frei sein, sich bewegen und hin und her schnellen.

An diesem Bild kann vielleicht etwas davon deutlich werden, was Freiheit auch für den Menschen heißt: Das bewußte Ja zu dem Lebenselement, zu dem er gehört. Nun hinkt der Vergleich insofern, als der Fisch zu seinem Lebenselement nicht »ja« oder »nein« sagen kann. Der Fisch gehört ins Wasser und der Vogel in die Luft — das ist so programmiert. Der Mensch hingegen wird gefragt, er kann und muß sich entscheiden.

Gehorsam — Vertrauen — Liebe

Wie sieht diese Entscheidung denn nun aus? Wozu wird der Mensch gerufen? Er wird aufgefordert, ein bewußtes Ja im Gehorsam zu sagen. Dieser Gehorsam ist allerdings kein Kadavergehorsam, sondern er entspringt der Frage: Willst du Geschöpf sein? Willst du sein, was du bist?

Wenn der Mensch diese Frage mit »ja« beantwortet, dann wurzelt sein Gehorsam in einem großen Urvertrauen, nämlich dem Vertrauen darauf, daß der Gott, dem er sein Dasein verdankt, der Gott, der das Gebot setzt und das Verbot aufrichtet, *es gut mit ihm meint*. Der Mensch gehorcht Gott, weil er darauf vertrauen kann, daß er das Bestmögliche mit ihm im Sinn hat.

Gehorsam im Sinne der Bibel ist das bewußte vertrauende Ja zu dem, der in der Mitte steht. Ihm kann der Mensch vertrauen, weil Gott den Menschen liebt.

Die Einheit von Gehorsam, Vertrauen und Liebe ist der Grundgedanke, der hinter den eben zitierten Versen aus 1. Mo. 2 steckt. Gott stellt den Menschen in die Entscheidungsfreiheit. Er ruft ihn mit seinem Wort und ruft ihn auf zur Ant-wort. Der Mensch darf und soll bewußt und freiwillig »ja« zu seinem Lebenselement sagen. Da ist er zu Hause, da darf er sich entfalten.

Die Schlange — abgründiges Geheimnis

Soviel zur Ausgangssituation des Menschen. So hat Gott ihn gemeint. Mit Kapitel 3 des 1. Buches Mose kommen wir nun an einen neuen Abschnitt der Geschichte zwischen Mensch und Gott. Da heißt es:

»Aber die Schlange war listiger als alle Tiere auf dem Feld, die Gott der Herr gemacht hatte, und sprach zu dem Weibe: Ja, sollte Gott gesagt haben: ihr sollt nicht essen von allen Bäumen im Garten?« (1. Mo. 3, 1).

Zunächst eine Vorüberlegung: *Wer oder was ist die Schlange?* Es gibt schon seit vielen Jahrhunderten eine Deutung, die sagt: die Schlange ist der Teufel. Eigentlich redet hier der Teufel, eigentlich verführt hier der Teufel. Die Schlange ist nur ein Symbol für den Satan.

So direkt stimmt das allerdings nicht. Der Teufel ist keine Schlange, genauso wie er nicht jenes mittelalterliche Gespenst mit dem Klumpfuß, den Hörnern und dem Pferdeschwanz ist. So banal ist die Bibel nicht.

Eine zweite Deutung besagt: Diese Schlange ist im Grunde das nach außen herausgestellte zweite Ich des Menschen. Der Mensch steht hier im Gespräch mit sich selbst, es handelt sich gewissermaßen um eine Unterhaltung zwischen seinem besseren und seinem schlechteren Selbst. Das ist eine psychologische Deutung. Das Selbstgespräch des Menschen wird gewissermaßen inszeniert und anschaulich gemacht, indem man zwei Gestalten sprechen läßt — den Menschen und die Schlange.

Aber so harmlos ist die Bibel nicht, daß sie meint, es ginge hier nur um ein Gespräch im Menschen, um einen Monolog.

Dann gibt es die dritte Deutung, und die steht in unserem Text. (Es hat viel für sich, bei der Auslegung der Bibel den Text selbst zu Wort kommen zu lassen!) Hier steht, daß die Schlange ein Geschöpf Gottes sei, nämlich das listigste von allen Geschöpfen, die Gott gemacht hat. Die Schlange ist im Orient etwa das, was bei uns der Fuchs ist: Es ist das schlaue Tier, das aus seiner eigenen Haut herausschlüpfen kann und den Eindruck erweckt, als könne es ein Leben nach dem anderen produzieren.

Die Schlange ist also zunächst einmal ein Geschöpf Gottes, nämlich ein Tier. Allerdings stehen wir an dieser Stelle vor einem dunklen Geheimnis, das wir nicht gedanklich auflösen können. Es ist doch sehr seltsam: Ein Geschöpf, die Schlange, verführt ein anderes Geschöpf, den Menschen, von dem gemeinsamen Schöpfer weg. Rätselhaft, wie das möglich ist! Gott ist doch für die Schlange wie für den Menschen das Lebenselement, außerhalb dessen für beide keine Existenzmöglichkeit besteht. Wie ist es dann denkbar, daß die Schlange den Menschen vom Schöpfer wegreißt?

Hier bleibt in der Bibel ein großes Fragezeichen stehen. Es wird

nicht erklärt, warum das so ist. Wir werden noch sehen, aus welchem Grund uns die Bibel keine rationale Antwort gibt auf die Frage, woher das Böse kam. An dieser Stelle wollen wir nur konstatieren: Ein Geschöpf reißt das andere vom gemeinsamen Schöpfer los. Abgründiges Geheimnis!

Nun muß man noch einen Schritt weiter gehen. Sicher ist die Schlange nicht der Satan, und trotzdem haben die Alten recht gehabt, wenn sie sagten: Er steckt dahinter; er redet durch sie.

Denken wir an jene Geschichte mit Petrus. Als er zu Jesus sagt: Herr, laß das doch ja mit dem Leiden; du solltest einen ganz anderen Weg einschlagen — da fährt Jesus ihn an und sagt: Satan, hinter mich! (Mark. 8, 31—33).

Sicher ist Petrus nicht der Satan, aber in diesem Augenblick redet jene hintergründige Macht durch ihn, und Jesus entlarvt die Tarnung.

So ist es letztlich richtig, daß hinter dieser redenden Schlange, diesem Geschöpf Gottes, eine andere abgründige Macht steht. Der Schweizer Theologe Emil Brunner hat einmal gesagt: »So genial ist der Mensch nicht, daß er die Sünde erfunden hätte.« Der Mensch ist nicht der Prometheus, der durch eine gewaltige Rebellion selber Gott sein könnte. Nein, der Mensch ist von Erde genommen, von Hause aus ist er Adam, ein Klumpen Lehm. Nicht einmal das Sündigen hat er erfunden. Auch da ist er ein Verführter, ein Übertölpelter, einer, der mitmarschiert. Es regiert eine ganz andere Macht. Die Sünde des Menschen hat nichts Grandioses an sich. Sie ist ganz und gar erbärmlich.

Der marxistische Philosoph Kolakowski hat einmal gesagt: »Christentum ohne den Teufel wäre für mich eine schwache und sinnlose Angelegenheit. Ihm fehlte der eigenliche Hintergrund.« Das wäre ein Christentum, mit dem sich ein Marxist nicht mehr ernsthaft auseinanderzusetzen brauchte, weil da die ganze unheimliche, dämonische Tiefe amputiert ist.

Es geht also nicht darum, daß wir den alten mittelalterlichen Teufel, dieses merkwürdige, absurde Gespenst, neu zum Leben erwecken. Aber ebensowenig geht es darum, ihn wegzuphilosophieren! Wir müssen hinter dem Weltgeschehen etwas von einer letzten Auseinandersetzung spüren, bei der es um die Frage geht: Wer ist eigentlich Gott? Ist Gott Gott, oder ist es jener Rebell, der das Gottsein für sich beansprucht? In diese Auseinandersetzung wird der Mensch hineingerissen. Er ist nicht der geniale Erfinder des Bösen, sondern ein Verführter.

Bekennen — nicht erklären!

Nun könnten wir natürlich fragen: Warum steht das denn nicht mit klaren Worten im Text? Warum so verschlüsselt? Warum dieses Fragezeichen? Zunächst müssen wir bedenken: Wenn man »Satan« sagt, dann ist damit ja nichts erklärt. Das Dunkel wird eher noch dichter! Was kann der Satan denn anders sein als auch ein Geschöpf Gottes? Und warum hat sich denn dieses Geschöpf von seinem Schöpfer losgesagt? Er ist doch auch für dieses Geschöpf das Lebenselement! Wir sagten: Das Geheimnis bleibt, es wird bewußt nicht aufgelöst. Es findet hier keine »Auf-klärung« statt. Warum nicht? Etwas *erklären* heißt, eine *Ursache* für etwas nennen, und eine Ursache ist immer eine *Sache*, ein Es: Diese Ursache ist schuld daran, dieser dämonische Zwang oder diese Erbanlage oder was auch immer. Bei solchen »Entschuldigungen« spielt Gott nicht mit. In der Bibel wird die Sünde nie erklärt, nie auf Ursachen zurückgeführt. In der Bibel geht's immer um *Bekennen*. Da kann ich nicht von mir wegzeigen auf irgendein Es. Ich kann immer nur in der ersten Person Einzahl bekennen: »*Ich*, Herr, ich bin vor dir schuldig geworden.« Wir können nicht fortfahren und sagen: »Wir sind's nicht gewesen, *das* da war's«, sondern wir werden bei unserer Schuld festgehalten. (Mehr darüber im nächsten Kapitel.)

Strategie und Taktik der Verführung

Soviel als Vorbemerkung zum »Wesen« der Schlange. Schauen wir uns nun den Versuch dieser hintergründig-unheimlichen Macht an, den Menschen aus seinem Lebenselement zu reißen. Das geschieht in einem raffiniert gesteuerten Gespräch, bei dem wir Strategie und Taktik einer Verführung beobachten können: Strategie ist das große Konzept — »dieses Wesen muß los von Gott!« —, Taktik, das sind die einzelnen, klug eingefädelten Schritte.

Wie sieht das nun aus? Die Schlange schlängelt sich heran und stellt eine Frage: »Ja, sollte Gott gesagt haben: ihr sollt nicht essen von allen Bäumen im Garten?« Das ist der erste Gesprächsgang: *Motivation!*

Man muß sich das plastisch vorstellen. Da steht unsere Eva, und nun kommt dieses andere Geschöpf und sagt: »Ach weißt du, liebe Eva, du müßtest doch Mitleid mit mir haben. Du wohnst so nah bei Gott und bei Gottes Geheimnissen, und ich kleine, dumme Kreatur bin so unwissend, und dabei habe ich doch auch meinen Bildungsdurst. Sollte Gott gesagt haben? Ich hätte gern eine Information!«

Die Schlange stellt sich also schlecht informiert, und wenn man mit einem anderen ins Gespräch kommen will, ist es sehr empfehlenswert, sich dumm zu stellen. Dann hat der andere nämlich die Chance, sich klug vorzukommen. Das ist nun einmal so, in jedem von uns steckt ein kleiner Schulmeister. Wenn ich einem anderen erklären kann: »Ja siehst du, das mußt du *so* sehen«, dann ist das ein großer Anreiz für ein Gespräch. So ist auch unsere Eva hochgradig motiviert — die kluge Eva und die dumme Schlange!

Aber das ist ja noch nicht alles. Worüber spricht man denn dort im Paradies? Man führt natürlich theologische Gespräche. »Sollte Gott gesagt haben?« Man unterhält sich über Gott. Das ist schön und erbaulich, es wird einem ganz warm dabei ums Herz. »Wir wollen doch einmal über Gott sprechen.« Helmut Thielicke bemerkte einmal: Wenn die Schlange die dafür vorgesehenen Augendeckel hätte, wäre jetzt der fromme Augenaufschlag fällig gewesen.

Über Gott wollen wir sprechen. Das ist nicht nur für die *kluge* Eva interessant, das reizt auch die *fromme* Eva.

Die kluge und fromme Eva trifft auf ein Geschöpf, das am schönsten und wichtigsten Thema — nämlich an der Gottesfrage — brennend interessiert scheint, aber leider unglaublich falsch informiert ist.

»Sollte Gott gesagt haben: Ihr sollt nicht essen von *allen* Bäumen im Garten?« Hier ist nicht nur der kleine Schulmeister in Eva angesprochen, sondern auch die kleine Gouvernante, die andere gern zurechtweist. Korrektur ist notwendig: »Liebe Schlange, das siehst du total verkehrt. Das hat Gott doch nie gesagt!« Jetzt muß Eva sich verkämpfen. Für wen? Nun, zunächst einmal für Gott. Das kann man doch nicht auf Gott sitzen lassen! Er ist doch nicht kleinlich, ist kein Gott, der alles verbietet.

Eines merkt Eva dabei nicht, daß sie sich nämlich nicht nur für Gott engagiert, sondern auch für sich selbst. Das wäre doch eine blamable Situation für den Menschen, wenn ihm alles verboten wäre! So kleinkariert sind wir ja nun auch wieder nicht!

Wen wundert's, daß die Eva jetzt voll in das Gespräch einsteigt!

Was hat die Schlange eigentlich gemacht? Sie hat einen Satz Gottes verdreht, und zwar mit minimalem Aufwand. Die Kanüle, mit der da Gift injiziert wird, ist die feinste, die nur denkbar ist. Hier wird nämlich nur ein Wort umgestellt. Richtig heißt der Satz: »Nicht von *allen* Bäumen dürft ihr essen.« *Ein* Baum ist ausgenommen. Die Schlange hat nur das Wörtlein »nicht« an eine andere Stelle gesetzt: »Von allen Bäumen dürft ihr *nicht* essen«, das heißt: Ihr dürft von kei-

nem Baum essen. So raffiniert, so fein, so getarnt ist das Vorgehen, so homöopathisch die Dosis, und Eva ist schon wie elektrisiert.

Nun folgt der zweite Gang des Gesprächs: *Verunsicherung.*

»Da sprach das Weib zu der Schlange: Wir essen von den Früchten der Bäume im Garten; aber von den Früchten des Baumes mitten im Garten hat Gott gesagt: Esset nicht davon, rühret sie auch nicht an, daß ihr nicht sterbet« (1. Mo. 3, 2.3).

Das war sicher die längste theologische Rede, die Eva bis dato gehalten hatte. Eines hat sie dabei allerdings nicht gemerkt: Wer nennt eigentlich den gefährlichen Baum, um den es geht, zuerst? Sie, die Eva. Die Schlange hat nur allgemeine Andeutungen gemacht, Eva selbst bringt das Thema vor. So geschickt ist das Ganze eingefädelt.

Evas Antwort zeigt aber noch viel mehr. Was sagt sie denn? »Wir essen von allen Bäumen, nur den einen hat Gott uns verboten.« Im ersten Satz kämpft sie, allerdings nicht mehr für Gott, sondern für die Größe und Freiheit, die Herrlichkeit und die Rechte der *Menschen: Wir* essen von allen Bäumen.

In 1. Mo. 2, 16 lautete das Gotteswort ja: *Ich* gebe euch die Freiheit, ihr dürft von allen Bäumen essen. Eva hätte also eigentlich sagen sollen: Wir haben einen so großzügigen *Gott,* der uns erlaubt hat, von allen Bäumen zu essen. Aber genau das sagt sie nicht. Das Schwergewicht liegt nicht mehr bei Gott, sondern das Interesse wandert von Gott weg zu dem Menschen, zu dem, was er kann und welche Rechte er hat: »So kleinkariert sind wir nicht, wir essen von allen Bäumen.« Gott kommt erst im zweiten Satz vor, und zwar in einer negativen Funktion: Er hat verboten — »Nur von den Früchten des Baumes mitten im Garten hat Gott gesagt: Esset nicht davon (das ist noch korrekt), rühret sie auch nicht an (das ist eine Übertreibung).« Warum jetzt die Übertreibung? Man spürt untergründig: Dieser eine Baum gewinnt schon an Faszination, er fängt schon an zu locken. Auch hier passiert etwas Merkwürdiges: Das Interesse wandert von Gott weg zu diesem Baum hin, der eine magische Kraft zu gewinnen scheint.

Gott ist im Grunde schon vergessen. Die Schlange hat das sehr geschickt gemacht. Eva starrt wie gebannt auf den Baum. Ihre Position ist schon ganz unsicher geworden.

Jetzt kommt der dritte Schritt: der *Sturmangriff.* Die Schlange ändert abrupt ihre Taktik. Der freundliche und unterwürfig bittende Tonfall ist wie weggeblasen. Harte, kalte Thesen stehen im Raum. »Da

sprach die Schlange zum Weibe: Ihr werdet keineswegs des Todes sterben, sondern Gott weiß: an dem Tage, da ihr davon esset, werden eure Augen aufgetan, und ihr werdet sein wie Gott und wissen, was gut und böse ist.«

Wer zeigt sich jetzt informiert? Wer kann Aufklärung geben? Die Schlange! Und sie stellt die Behauptung auf: Alles, was du bisher gehört hast, war Manipulation. Das Entscheidende hat Gott dir nämlich vorenthalten.

Zunächst klärt die Schlange Eva über die »wahren« Motive Gottes auf: »Gott hat dieses Gebot nicht etwa aus Liebe gesetzt (wie du naives Kind meinst), sondern aus Egoismus. Gott hat nämlich Angst, ein anderer könnte nach seinem Monopol der Gottheit greifen. Er paßt auf, daß keine anderen Bäume zum Himmel wachsen. Er möchte die Gottheit für sich selbst festhalten. Hinter Gottes Gebot steckt nackter, kalter Egoismus.

Gott hat euch belogen! Nicht euer Leben und Glück will er, nein, er will euch das Beste vorenthalten. Ich aber sage euch: Ihr werdet sein wie Gott!«

Gottes Motive werden also verändert, und was entspringt daraus? Jetzt wird der Eva völlig klar: Vertrauen verdient dieser Gott nicht! Wieso denn auch? Ein Gott, der nur an sich selbst denkt und sich selbst sucht, dem kann man nur kräftig mißtrauen. Skepsis ist da geboten. Und wenn man diesen autoritären Gott, der den Menschen kleinhalten will, erst einmal durchschaut und entlarvt hat, dann gibt es daraus nur eine Konsequenz: Rebellion. Dem werden wir es zeigen!

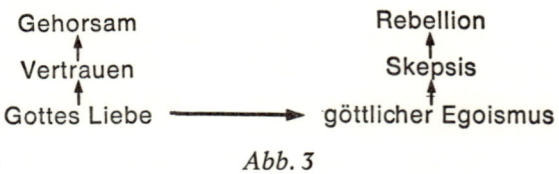

Abb. 3

Da haben wir die genaue Gegenüberstellung, die einzelnen taktischen Schritte und die gesamte Strategie. Wenn Gott nicht mehr ein Gott der Liebe ist, sondern ein autoritärer Egoist, dann hat er kein Vertrauen und keinen Gehorsam verdient, sondern nur Skepsis und Rebellion. Wenn die These der Schlange stimmt, dann bedeutet Gott gehorchen Sklaverei und Unmündigkeit, Gottes Gebot übertreten hingegen Freiheit, Mündigkeit, Sein wie Gott.

Diese These hat die Schlange in die Welt gesetzt, und es ist interessant, wie sie nun das Gespräch beendet — indem sie sich nämlich schleunigst aus dem Staub macht. Jetzt nur kein Gespräch mehr, das kann nur schaden!

Wir fassen das methodische Vorgehen der Schlange in einem Exkurs zusammen, sozusagen in einem »Lehrbrief«:

Exkurs: Von der Kunst der Verführung

Arbeitsanweisung für Teufel und ihre Mitarbeiter.
Streng vertraulich!

1. Phase: Motivation

Ziel: Du mußt das völlige Vertrauen des Opfers gewinnen

Methodische Schritte:
a) Heuchle brennendes Interesse an der *Position,* die Dein Opfer vertritt. Erwecke in ihm den Eindruck, daß Du sie für durchdacht, für interessant, besonders aber für »auf der Höhe der Zeit« hältst: Es wird Dir sehr dankbar sein.
b) Zeig Dich *schlecht* informiert = Verschaff ihm die Freude, es besser zu wissen und Dich *belehren* zu können: In jedem steckt ein *Schulmeister.*
c) Zeig Dich *falsch* informiert = Verschaff ihm die Freude, Dich korrigieren zu können: In jedem steckt eine *Gouvernante.*
d) Stell ganz sacht und behutsam Fragen an seine Position (aber bitte ganz vorsichtig!!). Verschaff ihm die Freude, sich für seine Überzeugung verkämpfen zu können: In jedem steckt etwas von einem *Helden* oder *Märtyrer.*
Beachtest Du diese Regeln, so wird Dein *Opfer* Dich für seinen *besten Freund* halten.

2. Phase: Verunsicherung

Ziel: Das Opfer muß in seiner Position total verunsichert werden

Methodischer Weg:
Hier ist äußerste Zurückhaltung geboten — Du hast ja die hohe *Kunst der Manipulation* gelernt — während Du ihn (am besten

schweigend, allenfalls mit einzelnen Denkanstößen) *dirigierst,* muß er die Überzeugung haben: *Ich denke meine eigenen Gedanken.*

a) Er muß selbst entdecken:

Meine Position schien mir bisher richtig, aber jetzt sehe ich: Ich muß die Sache noch einmal überdenken.

b) Dabei mußt Du dafür sorgen, daß folgende Zweifel ihn quälen: Ist meine Sicht auch wirklich originell — habe ich sie nicht vielleicht von der Tradition übernommen, etwa nur aus der Bibel, ist sie *wissenschaftlich* begründet (vor allem soziologisch), ist sie *modern* genug?

Aber entscheidend ist dabei, daß er diese Zweifel *selber* äußert — er muß sie ganz als sein Eigentum empfinden.

c) Du weißt ja, daß Überzeugungen nicht so sehr intellektuell begründet sind, sondern *erlebnishaft:* Sie erwachsen aus Begegnungen mit *Personen,* die diese Anschauungen glaubwürdig vertreten haben. Das Opfer muß zunehmend Zweifel an der Lauterkeit dieser »Kronzeugen« (Eltern, Freunde, vor allem Gott) empfinden. Es muß glauben, von diesen manipuliert worden zu sein ... Laß ihn Vokabeln wie »autoritär« und »repressiv« entdecken.

3. Phase: *Sturmangriff*

Ziel: Das Gebäude, das in der 2. Phase gründlich unterminiert worden ist, muß jetzt mit einem Schlag zertrümmert werden. Das völlig verwirrte Opfer wird sich dann haltsuchend in Deine Arme werfen.

Methodische Schritte:

a) Du mußt Deinen Stil völlig verändern. Nichts mehr von Frage und Unwissenheit. Lautstark und apodiktisch mußt Du Deine Thesen in den Raum stellen. Der Tenor muß lauten: *So ist das! Alles andere ist grundfalsch.*

b) Die Taktik erfordert jetzt harte, kalte *Negation:* Die bisherige Sicht des Opfers muß total vernichtet werden. Bezeichne sie als unreflektiert, emotional, individualistisch, sozial irrelevant, emanzipationsfeindlich, stockkonservativ, reaktionär.

Brandmarke seine bisherigen Vertrauenspersonen als eigennützige Heuchler, Sklavennaturen, verklemmte Bourgeoisie, neurotische Spießer, Klerikalfaschisten. Das wirkt wie ein Abführmittel!

c) Mitten in diese völlige Konfusion des Opfers mußt Du unsere

Überzeugung als *die allein wahre, fortschrittliche, wissenschaftlich fundierte, antiautoritäre, weltverändernde* darstellen.

Dabei darfst Du nicht vergessen, ihm auch viele *persönliche Vorteile* in Aussicht zu stellen. Dem Opfer muß das »Umfunktioniertwerden« als das größte Glück erscheinen.

d) Dann mach Dich schleunigst auf die wohlverdiente Urlaubsreise. Laß Deine Thesen im Raum stehen. Jetzt unter keinen Umständen ein weiteres Gespräch! Erneute Reflexion seitens des Opfers kann uns nur schaden.

Also »Gute Reise!« Wenn Du heimkommst, ist — hoffentlich — alles gewonnen!

Herzliche Grüße
Deine Schlange

Die Macht der Faszination

Da steht nun Eva allein vor dem Baum. Gott ist vergessen, ist versunken, es geht nur noch um die Rechte des Menschen, um diesen zauberhaften Traumbaum und seine faszinierende Ausstrahlung.

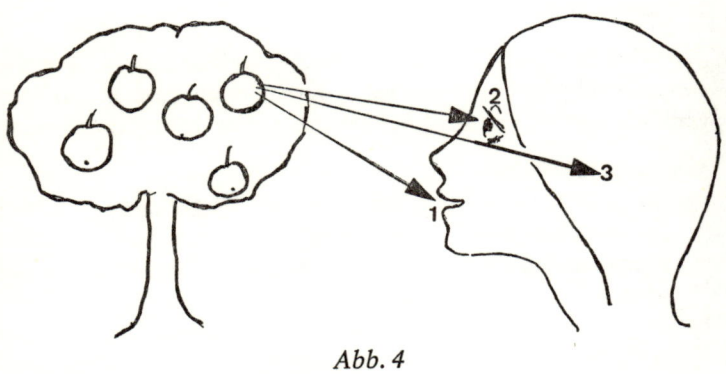

Abb. 4

»Und das Weib sah, daß von dem Baum gut zu essen wäre.« Das ist sozusagen der erste Schlüsselreiz. Eva läuft das Wasser im Munde zusammen. Hier ist die Sphäre dessen angesprochen, was wir den *Körper* (Leib) nennen, das Sinnenhafte, Triebhafte, Vitale, also jene Schicht, die wir im ersten Kapitel das Biologische genannt haben, das, was der Mensch mit dem Tier gemeinsam hat.

Es kommt ein zweiter Reiz hinzu: »Und daß er eine Lust für die Augen wäre.« Hier wird Evas Sinn für Schönheit, ihr ästhetisches Empfinden angerührt, das, was in uns lebendig wird beim Betrachten von Gemälden oder bei einem Sonnenaufgang oder bei einem Musikstück — jeder kann einsetzen, was ihn hier besonders erfreut. Wir können auch sagen: Hier wird die *Seele* angesprochen.

Noch ein dritter Reiz: »Verlockend, weil er klug machte.« Auch jene grauen Zellen im Gehirn werden erregt, die das Denkvermögen in Bewegung gebracht, den *Geist* aktiviert haben. Also: Leib, Seele und Geist werden erfaßt. Der *ganze* Mensch mit allem, was dazu gehört, wird von diesem Stromstoß errreicht. Der ganze Mensch ist fasziniert.

Das Ziel des Abfalls von Gott: Autonomie und Autarkie

Wir sehen: Es geht letztlich gar nicht um den Baum. Die verbotene Frucht übt ja deshalb eine solche Faszination aus, weil die Schlange an ihren Genuß ein bestimmtes Versprechen geknüpft hat: »Ihr werdet sein wie Gott und wissen, was gut und böse ist.«

Was ist denn so attraktiv daran, zu wissen, was gut und böse ist? Uns jedenfalls würde so etwas nicht vom Stuhl reißen, denn wissen wir nicht längst, was gut und böse ist?

Nun, dieser Vers ist schwierig zu übersetzen. Ich möchte jetzt nur *eine* Deutung nennen, nämlich die, daß »gut« und »böse« nicht im Sinne moralischer Qualitäten zu verstehen sind. Sondern hier werden zwei Pole angegeben, die das Ganze bezeichnen sollen. Wenn zum Beispiel in der Bibel gesagt wird: »Gott schuf Himmel und Erde«, dann ist damit gemeint: Gott schuf die ganze Welt, er schuf alles. Oder wenn von den kleinen Kindern in Ninive gesagt wird: »Das sind Menschen, die nicht wissen, was rechts oder links ist«, dann ist damit gemeint: Sie wissen nichts (Jona 4, 11).

Wenn also Eva versprochen wird: »Ihr werdet wissen, was gut und böse ist«, dann bedeutet das: ihr werdet *alles* wissen.

Dabei müssen wir uns klarmachen, daß im biblischen Denken »wissen« etwas durchaus Praktisches ist. Es geht nicht um theoretisches Kennen, sondern um praktisches Können. Es geht nicht darum, den »Großen Brockhaus« im Gedächtnis zu haben, sondern die große, weite Welt im Griff!

Die Schlange hat Eva also in Aussicht gestellt: Ihr werdet alles können und damit sein wie Gott. Und was gut, was für euch förderlich ist, und was böse und abträglich für euch ist, das werdet ihr selbst

souverän entscheiden. Ihr macht das Programm eures Lebens selbst. Ihr seid die großen Selbermacher.

Wir haben dafür ein aus dem Griechischen stammendes Fremdwort: *Autonomie*. Ich bestimme das Gesetz meines Lebens selbst. Der Mensch will Autonomie, er will alles können, selbständig sein und auf eigenen Füßen stehen. Das andere Fremdwort heißt *Autarkie* = Ich bin mir selbst genug.

Karl Marx hat einmal dem Sinne nach gesagt: Solange der Mensch sein Dasein einem anderen verdankt, kann er nicht selbständig sein. Und erst recht nicht, wenn der andere ihn geschaffen hat. Folgerung aus diesem Satz: Will der Mensch selbständig sein, auf eigenen Füßen stehen, dann muß er aufhören, irgendeinem anderen irgend etwas zu verdanken. Dann muß er im Grunde sich selber hervorbringen, sich selber erzeugen. Von daher gibt es ja im Marxismus den abenteuerlichen Gedanken von der Selbsterschaffung des Menschen durch Arbeit. Danach hat sich der Mensch durch die Tätigkeit seiner Hände und die Tätigkeit seines Hirns selbst aus der Tierwelt emporgestemmt, der Mensch hat sich selbst gemacht. Der Mensch — Schöpfer seiner selbst!

Theoretischer und praktischer Atheismus

Was hier geschehen ist, kann man als »kopernikanische Wende« im Menschenbild bezeichnen. Bis hin zu Kopernikus stellte man sich ja die Erde als Mittelpunkt des Universums vor, um den alles andere kreiste. Kopernikus stellte dann die Sonne in das Zentrum.

Eine ähnliche Umpolung des Systems geschieht auch hier: Der kleine Planet Mensch wird ganz groß und tritt in den Mittelpunkt. Und Gott? Da gibt es zwei Möglichkeiten. Die einen sagen: Gott ist tot. Daraus ist unser abendländischer Atheismus geworden. Wenn man ihn in all seinen Variationen untersucht, dann stellt man fest, daß er sich im Grunde nicht so sehr gegen Gott wendet (das ist nur eine Nebenerscheinung), sondern daß alle — ob sie nun Nietzsche, Feuerbach oder Marx heißen — letztlich den *Menschen* in den Mittelpunkt stellen wollen. Bei dieser »Menschwerdung« der Menschen ist Gott, so meint man, das große Hindernis. Der Atheismus ist im Grunde nur Mittel zum Zweck für einen radikalen Humanismus, bei dem der Mensch alles in allem ist. Das ist die radikale Form: »Gott ist tot, wir haben ihn getötet« (Nietzsche).

Es gibt auch eine viel »frömmere« Form. Da darf Gott mitmachen.

Allerdings wird Gott jetzt in die »richtige« Funktion gebracht, nämlich als ein Planet auf eine Bahn um uns herum gesetzt. Gott kann uns ja vielleicht noch sehr nützlich sein. Nur nicht so radikal! Gott könnte uns noch gute Dienste tun.

Das ursprüngliche System, das wir in Abbildung 2 dargestellt haben, wird umgepolt:

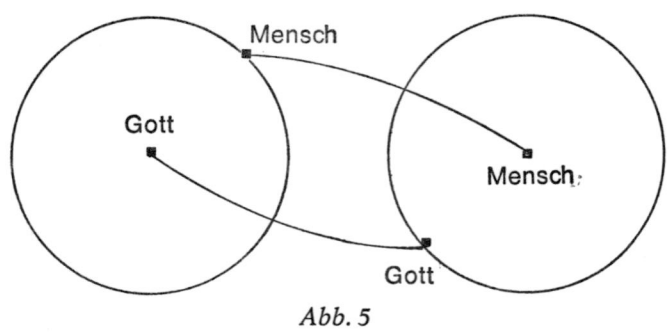

Abb. 5

Der Mensch hat sich hier von Gott gelöst und sich selbst als Mittelpunkt des Systems gesetzt. Gott wird entweder überhaupt geleugnet, oder er darf allenfalls um den Menschen »kreisen«.

Wie kann das zum Beispiel aussehen? Luther hat den Begriff »uti Deo«, »Gott benützen«, gebraucht. Wir sündigen nicht nur, indem wir Gott leugnen (= theoretischer Atheismus), sondern auch, indem wir Gott als Mittel für unsere Zwecke einsetzen (= praktischer Atheismus). Das kann man ganz verschieden machen, gerade auf die »fromme Tour«.

Für manche ist Gott so etwas wie eine Planierraupe. »Lieber Gott, ich habe da meine Pläne in meinem Leben. Doch auf dem Wege gibt's noch einige Hindernisse, und nun bitte ich dich schön, lieber Gott, hilf mir. Du räumst mir doch die Hindernisse aus dem Weg, nicht wahr? Wozu haben wir dich denn sonst?« Wer Gott als Planierraupe benützt, der mag dabei noch so wunderschön beten — er ist ein praktischer Atheist!

Andere — vor allem junge Leute — benutzen Gott wie eine Art Rauschgift. »LSD ist gefährlich — Jesus ist besser. High durch Jesus« — da gibt's entsprechende Lieder, die einen geradezu in Ekstase bringen. Dabei geht es aber gar nicht um Jesus, sondern um unser Hochgefühl. Praktischer Atheismus!

Wieder andere benutzen Gott wie einen Waschlappen. Ab und zu hat man das Gefühl: Du mußt mal wieder innerlich reinemachen. Wie gut, daß wir Gott zum Vergeben haben! Voltaire hat einmal gesagt: Vergeben, das ist sein Metier, dafür haben wir ihn. Der Schuster macht Schuhe, der Anstreicher färbt die Wände — Gott ist zum Vergeben gut. Er ist für unsere seelische Hygiene zuständig, damit's uns im Gemüt wieder besser geht. Praktischer Atheismus!

Man kann Gott auch als einen Gummiknüppel benutzen. Das geschieht leider heute häufig unter verschiedenen christlichen Gruppen. Die Tonart lautet: Wir haben recht, und wehe euch, wenn ihr anders denkt. Dann kommt »Gott« und schlägt zu. Gott als »Knüppel aus dem Sack«! — praktischer Atheismus!

In all diesen Fällen geht es nicht um Gott, sondern es geht um uns, um unsere Pläne und Wünsche, um unser Wohlbefinden und unser Rechthaben. Das ist die »fromme Tour«. Dabei können Gesangbuch und Bibel eine große Rolle spielen. Uti Deo, Gott benützen.

Vielleicht ist das die gefährlichere Form der Sünde, jedenfalls die Form, die uns allen vertraut ist. Gott wird zu einem Groschenautomaten degradiert. Man steckt für einen Groschen Glauben hinein, und dann wartet man, daß im Weltgebäude ein Summen ertönt und das Gewünschte herauskommt — wir haben ja schließlich Glauben investiert. Wenn der Apparat dann nicht so spurt, holen wir unser Portemonnaie wieder hervor, drücken auf den Rückgabeknopf, lassen den Groschen wieder unten herausfallen, stecken ihn ein und sagen: Beten hat ja ohnehin keinen Sinn. Dieser Gott hat nicht funktioniert.

Sünde, so hat einmal der Theologe W. Elert gesagt, ist die »Mittelpunktshaltung« des Menschen. Gott kann dabei durchaus mittun. Er darf in unserem Leben sogar die erste Geige spielen. Das Dirigentenpult haben wir allerdings für uns selbst reserviert. Wir geben die Einsätze und sagen: Jetzt hast du Pause, jetzt sind die anderen Instrumente dran, jetzt bitte Piano, jetzt Forte, und jetzt dein Einsatz, Gott!

Sünde ist nicht nur die List, mit der man Gott abschaffen möchte und seine Existenz verneint, sondern auch der »fromme Trick«, bei dem Gott die erste Geige spielen soll, wenn wir dirigieren. Gott benützen, das heißt Sünde. —

So steht also unsere Eva da und ist fasziniert davon, daß sie nun alles im Griff haben soll und daß selbst Gott um den Menschen herum kreisen und ihm dienen muß.

Sünde — total und universal!

Dabei müssen wir uns eines ganz klar machen: Die Sünde als Mittelpunktshaltung betrifft den *ganzen* Menschen. Wir sahen oben bereits: Der ganze Mensch ist gepackt. Es gibt Leute, die meinen: Wenn ich nur meinen *Leib* zügeln kann, die Triebe beherrschen, dann bin ich mit dem Problem der Sünde fertig. Der Leib ist das Niedrige, das Gefallene. Doch das ist Täuschung!

Andere sagen: Das *Denken* ist der Hort des Bösen. Aus dem Denken kommt der Zweifel. Wenn man glauben will, muß man mit dem Denken aufhören. Auch das ist falsch.

Wieder andere meinen, das eigentlich Schlimme und Chaotische seien die Gefühle, das Unbewußte, Irrationale. Nein, es geht um den ganzen Menschen nach Leib, Seele und Geist. Wie Gott den ganzen Menschen — mit Denken, Fühlen, Wollen — geschaffen hat zu seinem Gegenüber (Ebenbild), so ist auch der ganze Mensch in seiner Rebellion Sünder.

Und es geht um *alle* Menschen! In unserer Geschichte besteht die ganze Menschheit aus Eva und Adam. Sie repräsentieren zugleich uns alle. Bei Eva ist noch eine raffinierte Strategie und Taktik der Verführung nötig. Adam hingegen läuft wie ein Trottel einfach hinterdrein. Adam macht einfach mit. Das »Mit-machen« ist eine klassische Form der Sünde!

Unsere Geschichte will also sagen: Der *ganze* Mensch — mit Haut und Haar — ist in Sünde gefallen, und die *ganze Menschheit*, alles, was Mensch heißt, sitzt dabei in einem Boot. Sünde ist *total* (ganzheitlich) und *universal* (allumfassend).

Es gibt also etwas, das uns Menschen alle gleich macht, ob wir jung sind oder alt, gebildet oder ungebildet, politisch rechts oder links stehen, uns krank fühlen oder gesund. Wir alle sind darin gleich, daß wir uns in den Mittelpunkt gestellt haben. Sünder sind wir!

Sünde — kein moralischer Begriff!

Noch eins dürfte inzwischen klargeworden sein: Sünde als Mittelpunktshaltung des Menschen betrifft nicht nur Verbrecher oder Terroristen, nicht nur den Menschen, der auf unserer moralischen Wertskala ganz unten steht, sondern auch den Menschen, den wir achten und bewundern. Es geht nicht nur um das Schmutzige und Gemeine!

Weshalb war denn unsere Eva so fasziniert von der Frucht des Bau-

mes? Weil sie *gut* war, weil sie *schön* war und weil sie klug machte, die *Wahrheit* aufschließen wollte. Wer sich einmal etwas mit Philosophie beschäftigt hat, der weiß, daß dies für die Griechen die drei großen Zauberwörter waren: das Gute, das Schöne, das Wahre.

Wenn ich das ernstnehme, dann ist also nicht nur der ein Sünder, der etwa *Böses* tut, sondern auch der Mensch, der sich um das *Gute* bemüht — der Ethiker, der Helfer der Menschheit, der sozial Engagierte. Sünder ist auch der Künstler, ein Komponist wie Mozart, den ich sehr liebe, oder ein Maler wie Rembrandt. Sünde ist kein Zeichen von Dummheit. Sünder ist auch der Intellektuelle, der Akademiker, der Philosoph und Wissenschaftler.

Sie alle, die moralisch unten und die moralisch oben Stehenden, sie alle stellen sich in den Mittelpunkt, der eigentlich Gott gebührt, und sind damit Sünder.

Das ist das Unheimliche, das Skandalöse, an unserem Text aus 1. Mo. 3, daß unsere griffigen moralischen Maßstäbe (»Sünder ist, wer silberne Löffel klaut«) uns aus der Hand geschlagen werden. Darum geht es nämlich hier nicht, sondern gerade der Mensch auf dem Gipfel, der Mensch in seinem Glanz ist der Sünder von 1. Mo. 3.

Man kann das auch anders ausdrücken: Es geht gar nicht zuerst um die *Sünden,* die wir Menschen uns oft vorrechnen, sondern es geht im Grunde — das Neue Testament, vor allem Paulus, spricht häufig in der Einzahl davon — um *die Sünde,* nämlich die Absonderung von Gott. Es geht um die Position, bei der wir selbst in der Mitte stehen. Und die sogenannten Sünden — der Hochmut der Pharisäer, der Diebstahl des Zachäus, das Elend der Prostituierten Maria Magdalena —, das alles fließt aus dieser einen Sünde heraus. Aus der Sünde wachsen die Sünden, aus dem Sünder-Sein das Sünde-Tun.

Allerdings ist es wichtig zu sehen, daß die Sünde immer nur in den konkreten Sünden da ist. Wenn es darum geht, unsere Sünde zu bekennen, dann reicht es nicht, in den allgemeinen Spruch einzustimmen: Wir Menschen sind allzumal Sünder. Das ist leicht ein faules Alibi. Nein, ich muß die Grundsünde, meine Mittelpunktshaltung, bekennen, indem ich Gott mein konkretes Fehlverhalten sage. Das ist bei jedem etwas anderes und in jeder Situation etwas Neues.

Sünde — der Täuschung, dem Schein verfallen!

Wenn wir nun noch einmal Abb. 4 anschauen, entdecken wir: jedes Stück Schöpfung kann uns vom Schöpfer wegführen — nicht weil es

häßlich, sondern gerade weil es so schön ist; und es ist schön, weil es vom Schöpfer kommt und den Glanz Gottes widerspiegelt.

Das ist das Unheimliche, das Dämonische: Der Verführer mißbraucht die guten Gaben des Schöpfers, um uns von ihm wegzulokken. Der Satan selbst ist nicht schöpferisch, ist stets nur Gottes »Affe« und Imitator. Nichts kann er hervorbringen, nur verderben kann er. So ist er auf Gottes gute Schöpfung angewiesen, benutzt sie als Material für seine Verführungskunst. Und das ist sein Trick: Er löst ein Stück Schöpfung vom Schöpfer los, hält es uns vor die Augen, läßt es gleißen und schillern und behauptet: Das ist es! Das Ganze, das Volle! Das Leben! Wenn du das — dies Eine! — hättest, dann wäre all dein Durst gestillt. — Vergessen wir nicht: Aus *nichts* schuf Gott die Welt. Darum ist jedes Stück Schöpfung, das von Gott abgelöst wird, *nichts*, ist Lüge, Schein, Illusion. Der Satan will uns die Schöpfung ohne den Schöpfer »verkaufen«, das ist seine raffinierte Täuschung. Damit überliefert er uns dem Nichtigen.

Das Stück Schöpfung, das uns verführen soll, kann die Schönheit der Natur sein, die Musik oder die Kunst in allen möglichen Ausprägungen. Das können aber auch ganz andere Dinge sein — unsere Ehre und Moral, das Häuschen, in das ich mein ganzes Leben investiere. Es können meine über alles geliebten Schallplatten und theologische Bücher sein, aber auch Sex oder Rauschgift. Nichts ist davon ausgespart.

Und nun nimmt der Satan dieses Stück Schöpfung und redet auf mich ein: »Alles, was du bisher hast, ist nichts. Aber wenn du hier zugreifst, dann . . . Du fühlst dich in deiner Ehe nicht wohl. Spreng sie auf. Der Kontakt mit der anderen (oder dem anderen) macht dich frei und glücklich. Vergiß das häßliche Wort ›Ehebruch‹. Spring nur über den Zaun, dann bist du am Ziel!«

Und der Mensch läßt sich bereden, er greift zu — und muß dann feststellen: Die Frucht ist faul und stinkt. Er gleicht einem Kind, das fasziniert vor einer Weihnachtskugel steht und zupackt — und die Splitter fahren in die Hände.

Mir erzählte einmal jemand: »Wenn ich bestimmte Kinoplakate sehe, dann packt mich ein ungeheurer Sog. Ich muß den Film unbedingt sehen. Und wenn sich mir ein guter Freund in den Weg stellt oder eine Stimme im Innern mich warnt: ›Laß das doch‹, dann renne ich sie nieder. Ich sehe mir den Film an, komme aus dem Kino heraus und bin tief enttäuscht. Die Seifenblase ist geplatzt, so schön sie auch vorher schillerte. Aber dann, drei Wochen später, der nächste Film,

wieder dieselbe Faszination! Da packt's mich wieder, die Gier erneuert sich, ist unersättlich!«

Der Versuchung widerstehen!

»Widersteht dem Teufel, dann flieht er von euch!« (Jak. 4, 7). Damit sind wir beim Kernproblem: Wie macht man das? Wo sind die Truppen, die man dagegen mobil macht? Wo sind die Energiereserven?

Die ernüchternde Antwort lautet: Alle meine Reservetruppen sind längst zum Feind übergelaufen, sie stehen ja längst auf der anderen Seite. Ich selbst bin hoffnungslos zerrissen, weiß nicht, was ich will. Ich bin wie einer, den eine andere Macht in Besitz genommen hat, bin wie ein Besessener. Wo soll ich denn die Energie finden, um der Faszination zu widerstehen?

In dieser Eva-Situation gibt es nur eine Möglichkeit: Man kann die Verlockung, die Faszination — woher sie auch kommen mag, vom Schönen oder Häßlichen — nur dadurch niederschlagen, daß neben die lockende Wirkung der Frucht ein anderes Bild tritt, das stärker ist — *das Bild des Gekreuzigten.*

Kennen Sie die Kreuzigungsszene von Matthias Grünewald? Das ist ja ein seltsames, ein furchtbares Gegenbild zur verlockenden Sünde. Da ist nun wirklich nichts mehr zu entdecken, was schön, gut und eine Lust für die Augen wäre. Dieses Bild läßt all unsere Träume zerplatzen. Es ist ein Ausbund von Häßlichkeit.

Der Gekreuzigte, den Grünewald gemalt hat, ist von einem Franzosen hart, aber treffend so bezeichnet worden: »Das verquollene Aas eines Gottes.« Über dem Ganzen liegt die Farbe der Verwesung. Der Körper ist gespickt mit Dornen. Wir wissen, woher Grünewald seine Vorbilder hatte. Er holte sie aus den Leichenkammern des Isenheimer Spitals, wo Hautkranke und Syphiliskranke lagen. Nach dem Modell solcher Menschen, ja als so einen Menschen malte Grünewald seinen Gekreuzigten.

Ein Schock ist vielleicht die erste Wirkung dieser Bilder, ein Schock, der all unsere Gier und unsere Lust zerplatzen läßt. Ein Bild des Grauens, das uns zurückschleudert.

Aber dieser Schock ist nicht das Eigentliche, es kommt ein zweites dazu. Ich stehe vor dem Bild und überlege: Wie ist es zu diesem Entsetzlichen gekommen? Die Antwort kann ja nur heißen: Das haben *wir* getan. Wir? So etwas haben wir angerichtet? Wieso denn? Weil

wir eben in der Mitte stehen wollten, weil wir nicht wollten, daß Gott und der, den er gesandt hat, über uns herrschten. Das ist also das Ergebnis des stolzen Traumes des Menschen, der Mittelpunkt sein wollte. So grauenhaft ist die Folge unserer Illusion von Autonomie.

Aber auch das ist nicht alles. Wenn ich vor diesem Gekreuzigten stehe, dann beginnt er zu sprechen. Das ist kein Gerede. Er spricht zu mir. (Prof. Otto Michel hat einmal den schönen Satz gesagt: »Gott spricht, der Teufel redet.« Gottes Wort ist schöpferisch; wenn er spricht, dann entsteht Wirklichkeit. Der Teufel hingegen redet, sein Reden hat eine sehr nahe Beziehung zum Gerede. Aus dem Gerede wird die Lüge, und die Lüge verführt in den Schein.) Der Gekreuzigte spricht: Das habe ich freiwillig ausgehalten. Ich bin an diesem Kreuz hängengeblieben, damit die ganze Gewalt der Bosheit und der Schuld auf mich aufprallen sollte. Ich wollte von dem allen getroffen werden. Ich wollte euer aller Schuld auf mich ziehen, wollte daran zugrunde gehen. Das habe ich für euch getan.

Wenn ich das sehe, dann ahne ich etwas von der Liebe Gottes. Wenn ich so wichtig bin, daß er mich nicht laufen läßt, sondern sich vor mich hinstellt und den ganzen Aufprall meiner Wut und meiner Schuld auf sich nimmt, dann kann ich mich doch nicht mehr verlocken lassen. Damit würde ich ja diesen Gekreuzigten noch einmal kreuzigen, ich würde seine Liebe mit Füßen treten, ihm ins Gesicht spucken: Ich will dich nicht!

Die letzte Antwort geht noch tiefer. Der Gekreuzigte spricht weiter: Ich habe die Macht der Verführung besiegt. Die dämonische Gewalt, die dich besessen hat, muß nicht mehr über dich herrschen. Du mußt ihr nicht mehr folgen, du bist frei. Glaub mir: Ich bin stärker.

Es geht also nicht nur um den Schock, nicht nur um die Entdeckung: So Schreckliches richten wir an. Es geht auch nicht nur darum, daß der Gekreuzigte uns sagt: Das habe ich für euch getan, was tut ihr nun für mich? Das könnte ja wieder Moral werden. Nein, der Gekreuzigte sagt uns: Ich habe euch befreit, ihr braucht nicht mehr der Gier des Augenblicks zu folgen.

Es gibt im Neuen Testament eine ganz praktische Mahnung, die lautet: »Fliehet!« Das klingt nicht sehr tapfer. Aber es gibt eine Form von Flucht, die das einzig Vernünftige ist. Wenn ein Waldbrand auf mich zurast, dann ist »Standhalten« Wahnsinn. Es gibt nur eines: Flucht. In dieser Situation, Adam und Eva, damals und heute, flieht! Wohin denn? Nicht irgendwohin, sondern zu diesem Gekreuzigten! Ihn können wir anrufen: Herr, erbarme dich unser. Dann haben wir

sein Versprechen, daß er stärker ist als diese Scheinmacht, diese Lügenmacht, diese redende, schwätzende Macht des Bösen.

Es gibt nur ein Bild, das stärker ist als die Macht der Faszination der Verführung: Das Bild dessen, der für uns gekreuzigt ist und uns innerlich und äußerlich Verschmutzten zuspricht: Hört, ihr seid rein!

Zusammenfassung von Kapitel II

1. **Gott will die Freiheit des Menschen.**
   a) **Das Tier ist trieb- und instinktgebunden**
   Es lebt in Selbstverständlichkeiten – ganz ohne ethische Probleme (ohne die Frage: »Was soll, was darf ich?«). Das Tier tut, was es »soll«; d. h. sein Verhalten ist **vorprogrammiert** durch Trieb bzw. Instinkt.
   b) **Gottes Gebot stellt den Menschen in eine andere Situation**
   Der Mensch **kann** vom Baum essen – aber er **soll** nicht! (1. Mo. 2, 15–17). Damit ist der Mensch aus dem Bereich des Selbstverständlichen (Triebhaften – Instinktmäßigen) herausgerissen: Er wird als **verantwortliches Subjekt** (als Ich) angesprochen: Er steht in Möglichkeit, ist zur Freiheit gerufen.
   c) **Freiheit heißt Gehorsam aus Vertrauen**
   Freiheit heißt nicht einfach **Wahlfreiheit** (Herkules am Scheideweg). Der Mensch steht nicht auf neutralem Boden (im »Niemandsland«), sondern bereits in einem bestimmten **Lebensbereich.** Er ist als **Geschöpf** dem **Schöpfer** zugeordnet. Freiheit heißt hier: Diese Bindung bewußt bejahen. Dieser Gehorsam setzt **Vertrauen** voraus (nicht »Kadavergehorsam«). Freiheit ist hier: das bewußte, bejahte Leben in dem eigenen Lebenselement!
   d) **Die Strategie der Verführung zielt auf Zerstörung des Vertrauens**
   (1. Mo. 3, 1–5)
   Das Argument der Schlange: Gott ist selbstsüchtig, eifersüchtig, will seine Gottheit für sich reservieren. Gott will den Menschen »kleinhalten«, als Sklaven behandeln (V. 4 + 5).
   These der Schlange:
   Gott gehorchen = Sklaverei (Unmündigkeit);
   Gottes Gebote übertreten = Freiheit (Mündigkeit), Sein wie Gott.
2. **Der Abfall von Gott** = das Heraustreten des Menschen aus seinem Lebensbereich, der Geschöpflichkeit.
   a) der Mensch will **Autonomie** und **Autarkie**
   aa) **Autonomie** = Der Mensch will aus der (vermeintlichen) Unmündigkeit heraus; er will sich selbst gewinnen (Selbstfindung), will völlig **selb-ständiges Ich** sein.

bb) **Autarkie:** Der Mensch will **alles** (= »gut und böse« V. 5) in den Griff bekommen, will die Machbarkeit aller Dinge, die absolute Weltherrschaft.

cc) Entscheidend dabei ist:

Er will Gott nicht mehr nötig haben: Er tritt aus der Gottesgemeinschaft heraus (»sein wie Gott« V. 5).

b) **Der Mensch will dabei Großes und Edles**

Der Mensch will nichts Schmutziges, Gemeines, Schlechtes, Niedriges.

Er will   **das Gute**   (V. 6 »gut zu essen«)

           das Schöne   (»lieblich anzusehen«)

           das Wahre   (»weil er klug machte«)

Er will keineswegs das Böse, Häßliche, Verlogene!

c) **Sünde ist nicht moralisch zu messen**

Sünde meint — »radikal« (= von der Wurzel her) verstanden — **die Abkehr des Menschen von Gott** (Rebellion).

Dabei ist der moralisch hochstehende Mensch (der Mensch des **Guten** — der Weltverbesserer; der Mensch des **Schönen** — der Künstler; der Mensch, der **Wahrheit** sucht — der Philosoph) ebenso Sünder wie der moralisch »tiefgesunkene« Verbrecher. — Das ist die eigentliche Provokation! — Paulus: »Was nicht aus dem Glauben kommt, das ist Sünde« (Röm. 14, 23).

d) **Sünde ist total und universal**

aa) **total:** Sie ist nicht etwas am Menschen, sie erfaßt den Menschen ganz; der Mensch **ist** Sünder; V. 6 a Eva ist nach »Leib« (Sinne), »Seele« (Ästhetisches) und »Geist« (Intellekt) erfaßt.

bb) **universal:** Sie ist das, was **die** Menschen (bei allen Unterschieden) zutiefst eint: V. 6 b Adam folgt Eva (vgl. V. 13 b Eva folgt Adam!).

e) **Sündenerkenntnis geschieht durch Offenbarung.**

Daß der Mensch Sünder ist, versteht sich keineswegs von selbst (ist nicht »phänomenologisch aufweisbar«). Es muß dem Menschen von Gott **gesagt** werden (»Du hast das getan«, V. 11/13).

III. Der Mensch — Gottes Rebell

B. Die Folgen des Abfalls von Gott

Ärzte tagen gegen »Sünde« . . .

Vor einigen Jahren fand ein Ärztekongreß statt, der sich das Thema gestellt hatte: »Die sieben Todsünden des modernen Menschen.« Dabei wurde ein interessanter Sündenkatalog aufgestellt: Die erste Todsünde sei die allgemeine und umfassende Verseuchung unserer Umwelt. Die zweite Todsünde des modernen Menschen der »Selbstmord mit Messer und Gabel«, also die Unmäßigkeit beim Essen und Trinken. Die dritte Todsünde das schleichende Gift — Genußmittel, Nikotin, Alkohol und Rauschgift. Die vierte Todsünde: Unterbelichtung in Sachen Liebe — dabei ging es nicht nur um Eheprobleme oder Fragen der Empfängnisregelung, sondern auch um psychische Spannungen (etwa beim Arbeitsklima), die Menschen krank machen können. Als fünftes wurde die Sünde am Gaspedal genannt — warum muß ein Mensch noch intensiver aufs Gaspedal treten, sobald er merkt, daß ein anderer ihn überholen will? Die sechste Sünde: die »Massenträgheit«. Gedacht war dabei an den Körper, der wenig Bewegung, dafür um so mehr Gewicht bekommt, so daß einige Fachleute voraussagen, daß er später einmal nur noch mit verkümmerten Gehwerkzeugen, aber dafür mit einer überdimensionalen Sitzfläche ausgestattet sein wird. Die siebte Todsünde, die Ur- und Wurzel-Sünde überhaupt, sei die »Trägheit des Geistes«, nämlich die Unvernunft.

So also sieht ein neuer medizinischer Lasterkatalog aus. Wenn man ihn ein wenig untersucht und danach befragt, wie denn aus der Sicht dieser Ärzte die *Sünde* aussieht, kommt man im Grunde zu einem recht einfachen Ergebnis:

1. Sünde läßt sich *aufweisen.* Man kann mit dem Finger auf einen Sünder zeigen und zum Beispiel sagen: »Onkel Fritz, man sieht dir's an, du ißt zuviel.«

2. Man kann demonstrieren, daß das Ganze *unvernünftig* ist: »Onkel Fritz, wenn du noch ein Jahr so weitermachst, ist der Herzinfarkt nicht mehr abzuwenden.«

3. Erfreulich ist, daß sich das Ganze *reparieren* läßt: »Onkel Fritz,

ab heute darfst du nur noch die Hälfte essen, und du mußt Fahrrad fahren.«

Weil das so plausibel ist — man kann mit dem Finger darauf zeigen, man kann nachweisen, daß das Ganze unsinnig ist, und man hat auch entsprechende Rezepte parat —, deshalb können die Ärzte auch einen Kongreß dagegen veranstalten, denn es läßt sich ja etwas dagegen tun.

Nun haben wir im letzten Kapitel gesehen, daß die biblische Sicht der Sünde völlig anders ist. Sünde, so haben wir von der Bibel her gesagt, ist die Mittelpunktshaltung des Menschen. Der ganze Mensch — mit seinem Denken, mit seiner Vernunft, auch mit dem Edelsten, das er besitzt — ist an einem Punkt leidenschaftlich engagiert: Er will nicht, daß Gott Gott sei, sondern er will selbst in der Mitte stehen. Da kann man dann nicht mehr mit dem Finger auf den einen zeigen und den andern freundlich ausnehmen. Da sitzen wir alle in einem Boot.

Kehren wir nun zu unserem Kapitel 1. Mo. 3 zurück, um zu sehen, welche Folgen der Abfall des Menschen von Gott hat. Eva nimmt von der Frucht und ißt, und Adam — der »Mitmacher« und »Mitläufer« — will nicht zurückstehen.

Geradezu ein Witz!

Der Griff nach der Frucht, der Biß hinein! Jetzt muß es doch kommen! Was hatte die Schlange versprochen? »An dem Tage, da ihr davon esset, werden eure Augen aufgetan, und ihr werdet sein wie Gott.« Schade, daß man diese Texte nicht noch einmal zum allerersten Mal in seinem Leben lesen kann. Dann würde man das Staunen lernen. Es heißt nämlich in 1. Mo. 3, 7 tatsächlich: »Da *wurden* ihnen beiden die Augen aufgetan . . .« Gelogen hat die Schlange also nicht. Adam und Eva gehen die Augen auf. Es war etwas dran an dem, was die Schlange sagte. (Nebenbei bemerkt: an einer Lüge ist immer »etwas dran«. Eine hundertprozentige Lüge läßt sich nicht verkaufen. Je höher bei einer Lüge der Wahrheitsgehalt ist, desto besser ist die Lüge. Die Aussage, daß »da etwas dran ist«, paßt vorzüglich zu einer Lüge.) Die Schlange hat recht gehabt — es gehen ihnen die Augen auf.

Nach den Worten der Schlange müßte es jetzt weitergehen: »Und sie wurden wie Gott.« Doch nun muß man — durchaus im Sinne des Erzählers — sagen: Denkste! Das ist doch ein Witz! Wirklich zum Lachen: »wie Gott« will man werden und — findet sich als Nackedei wieder! So großartige Dinge hat der Mensch vor — »da gingen ihnen die Augen auf, und sie wurden gewahr, daß sie . . . nackt waren«. Das

ist in der Tat ein Absturz senkrecht nach unten. Der Mensch steigt nicht zum Olymp auf, nicht bei den Göttern landet er, sondern da steht er nun — bloßgestellt — und schämt sich.

»Aktion Feigenblatt«

Eine eigenartige Geschichte der Entfremdung. Mit dem *Sich-Schämen* beginnt's. Was bedeutet das denn eigentlich: sich schämen? Das heißt doch, daß der Mensch aus der »Ein-falt« herausgerissen wird, sich als zwiespältig erlebt, mit sich selbst uneins wird, sich selbst beurteilt und verurteilt. Wenn ich mich vor einem anderen schäme, dann merke ich plötzlich: Ich kann auf meinen Füßen nicht stehen, kann vor dem anderen nicht »be-stehen«; ich werde rot über mich selbst.

Wir müssen bei Scham gar nicht gleich an das Sexuelle denken — Scham ist etwas ganz Umfassendes, etwas, das den gefallenen, sich selbst entfremdeten Menschen als ganzen kennzeichnet. Weil es nun Scham gibt, darum wird jetzt das nötig, was wir Menschen »Intimsphäre« nennen. Wir spüren, daß wir im »Glashaus« sitzen, müssen »diskret« miteinander umgehen, bestimmte Höflichkeitsformen entwickeln, damit wir glatt aneinander vorbeikommen. Das alles wird nötig, weil ich dem anderen nicht ungebrochen begegnen kann und der andere mir ebenfalls nicht. Wir brauchen Distanz.

Das Verhältnis des Menschen zu sich selbst und zum anderen wird gestört. Das Selbstverständliche wird zum Problem. Der Nächste wird zum Fremden. Die soziale Frage deutet sich an.

Der Mensch ist in der Lage zu wissen, was gut und böse, was nützlich und was schädlich ist. Was erfindet er? Die Textilindustrie — auch das darf man durchaus als einen Witz in unserem Text verstehen: Da sitzen Adam und Eva und fangen an, Feigenblätter aneinanderzureihen. Das wird ziemlich dürftig ausgefallen sein. Bis zum heutigen Tag ist ja das Feigenblatt ein Symbol für etwas, was man verstecken und verkleiden will und wobei man im Grunde doch scheitert.

»Aktion Feigenblatt«! Die Menschen merken plötzlich: irgend etwas stimmt nicht mehr; so geht es nicht weiter. Man muß die Sache rasch reparieren. Doch das Erschreckende: Es gelingt nicht. Mit »Onkel Fritz, nur die Hälfte essen und Fahrrad fahren« ist die Sache offenbar nicht hinzubekommen, nein, sie ist überhaupt nicht gut zu machen. Feigenblätter entlarven und verraten ja mehr, als sie verhüllen. Adam und Eva schämen sich.

Von der »Heidenangst«

»Und sie hörten Gott den Herrn, wie er im Garten ging, als der Tag kühl geworden war.« Das ist hier wundervoll erzählt. Auch Gott, der Menschennahe, geht nicht in der Mittagshitze spazieren. Wenn es kühl geworden ist, dann macht Gott seine Runde durch den Garten.

Man darf das im Sinne des Erzählers sicher so ausschmücken: Bisher sind ihm die beiden jeden Abend entgegengelaufen und haben ihm von den Erlebnissen des Tages erzählt. Und nun? Nun sind sie doch geworden wie Gott! Was man jetzt erwarten müßte, wäre der Rivalenkampf. Adam müßte doch seine neuen Rechte anmelden: Hier stehe ich, das ist mein Revier, was willst du noch hier? Jetzt müßte das Turnier beginnen zwischen Gott und dem inzwischen kräftig emanzipierten Adam!

Statt dessen finden wir die beiden hinter den Büschen. Wieder ein witziger, ironischer Zug. So lächerlich geht die Geschichte aus mit dem Adam, der Gott zum Zweikampf herausfordern wollte. Er sitzt mit seiner Frau im Strauchwerk, die beiden haben die Textilindustrie gegründet und machen sich lächerlich.

Zur Scham kommt die Furcht: Sie fürchten sich vor Gott. Furcht ist vielleicht nicht das richtige Wort. Wir haben im Deutschen den Ausdruck »Heidenangst«. Der paßt hierher.

Gott erscheint plötzlich unberechenbar, unheimlich, dämonisch, schrecklich. Man weiß nicht, was man von ihm zu erwarten hat. Deshalb sitzen die beiden Menschen da und verstecken sich.

Gott — der Menschensucher

Und was tut Gott? Es ist schon aufregend, daß Gott sich noch um diese Menschen kümmert, daß sie ihm noch wichtig sind. Das folgende Verhör und die Bestrafung zeigen ja, daß die Menschen für Gott nicht einfach — wie manche Mitmenschen für uns — Luft geworden sind.

»Adam, wo bist du?« Die Bibel ist nicht interessiert an dem gottsuchenden Menschen — das ist im Grunde nur ein schöner Traum. Der Mensch kommt sich ungemein wichtig vor, wenn er sich für einen Gottsucher hält. Die Bibel ist voll von dem menschensuchenden Gott. Daß Gott den Menschen sucht, ist in der Tat ihr Thema, *das* Thema!

Adam, wo bist du? Ich möchte dich doch wieder dabei haben. Du fehlst mir.

»Und Adam sprach: Ich hörte dich im Garten und fürchtete mich;

denn ich bin nackt, darum versteckte ich mich.« Man merkt richtig, wie der gute Adam durcheinanderkommt. Geradezu kindisch benimmt er sich. Wenn die Mutter den Kindern geboten hat: »Von den Erdbeeren eßt nicht, die sind noch nicht reif«, und wenn sie dann doch davon genascht haben, dann laufen sie gewiß zur Mutter hin und sagen: »Mama, ich habe aber keine Erdbeeren gegessen.« Dieses »ich habe nicht« ist ein sicherer Beweis fürs Gegenteil.

So will Adam sich hier verteidigen, und es kommt dabei nur Selbstanklage heraus: »Ich habe bemerkt, daß ich unbekleidet bin — wie kann ich mich da vor dir sehen lassen!«

Jetzt kommt Gottes Frage. Er läßt Adam nicht zappeln, sondern fragt ihn geradeheraus: »Hast du nicht gegessen von dem Baum, von dem ich dir gebot, du solltest nicht davon essen?«

Pädagogen wissen: Es gibt eine bestimmte Art von Fragen, die im Unterricht verboten sind, nämlich die sogenannten Suggestivfragen. Damit schiebe ich dem anderen sozusagen die Antwort zu. Suggestivfragen stellt ein guter Pädagoge nicht, Gott aber fragt so. So sehr kommt Gott dem Adam entgegen: »Nicht wahr, Adam, du hast doch von dem Baum gegessen?« — Mit dieser Suggestivfrage baut Gott ihm eine goldene Brücke. Adam brauchte sie bloß zu betreten: »Ja, Herr, ich habe davon gegessen. Ich bin schuldig«, dann wäre die Geschichte von dieser Stelle an ganz anders verlaufen. Vielleicht hätten wir dann einen Bericht vor uns von Gottes Güte, von der Vergebung der Schuld.

Der fremdgesteuerte Roboter (Es statt Ich)

Statt dessen kommt Adam auf einen genialen Einfall, so genial, daß er bis zum heutigen Tage nachgemacht wird. Sein Argument lautet: »Das Weib, das du mir zugesellt hast, gab mir von dem Baum, so aß ich.« Damit will er doch ausdrücken: Gott, wie kannst du mich nur fragen, ob ich von dem Baum gegessen hätte? Ich bin doch nicht ein zurechnungsfähiges Ich, ein Subjekt, ein Täter! Ich bin doch lediglich der ferngesteuerte Roboter meiner Frau!

Dieser Adam plädiert auf Unzurechnungsfähigkeit, auf Befehlsnotstand. Gott, sieh dir die Eva an (und vergiß dabei nicht, wo sie herkommt — wer sie produziert hat), ich bin doch nur Marionette, ein Es, nicht ein Ich. Ich bin nicht verantwortlich, nicht zurechnungsfähig, nicht eine Person, sondern nur eine Sache, die manipuliert wurde.

Bin ich verantwortlich? Keineswegs! Wer dann? Nicht ich, sondern z. B. die Verhältnisse; oder diese andere Person; oder die Strukturen, in denen wir leben müssen; oder das autoritäre Elternhaus, das Milieu. Es gibt bis zum heutigen Tage einen ganzen Katalog von solchen Entschuldigungen. Bisher ist uns noch nichts Klügeres eingefallen als die Ausrede des Adam.

Eine Generation pocht auf die Erbanlagen, eine andere mehr auf das Wirtschaftssystem, das Modell aber bleibt immer dasselbe: *Ich* bin es doch nicht, ich bin ja nur ein *Es*; und eine bestimmte Ursache hat mich, dieses Es, zwanghaft gesteuert. Was macht ein Wassertropfen, der auf eine erhitzte Kochplatte fällt? Er verdampft. Kann er anders? Keineswegs! Ist er schuldig? Keineswegs! Ich bin solch ein Es, das von einer Ursache bestimmt wird. Wie kannst du da von Schuld reden?

Das Genialste an Adams Einfall ist dabei, daß er versucht, Gott die Schuld zuzuschieben: »Das Weib, das *du* mir zugesellt hast . . .«

Adam setzt regelrecht zu einem Amoklauf an. Er rennt blindlings alles nieder. Zunächst einmal sich selbst. Indem er behauptet, er sei doch gar keine Person, sei allenfalls ein Roboter, hat er sich selber preisgegeben. Dann rennt er die andere nieder. Wir haben im ersten Kapitel über das Geheimnis isch — ischa, Mann — Frau nachgedacht, hörten, wie Adam mit Jubelgeschrei die Gefährtin begrüßt. Jetzt gibt er sie preis, denunziert sie vor Gott und sagt: Sie hat mich verführt, sie ist mein Unglück. Und am Ende landet der Amoklauf bei Gott: »Das Weib, das *du* mir gegeben hast . . .« Es ist doch deine Fehlkonstruktion! Gott, der einzig Schuldige bist doch Du!

Was tut die Eva? Auch ihr fällt nichts Besseres ein. Sie sagt: Die *Schlange* betrog mich, so daß ich aß. Ich schuldig? Eher will ich mein Ich bestreiten, als daß ich mich schuldig bekenne.

Sündersein und Menschenwürde

Gottes Antwort lautet: »Weil *du* das getan hast.« Gott beharrt also darauf: Du bist nicht ein Es, sondern ein verantwortliches Du, bist Täter, bist Subjekt! Es wird uns Christen immer vorgeworfen, wir machten den Menschen klein, dumm und niedrig, indem wir von seiner Sünde sprächen. So fordert etwa Neill in seinem berühmten Buch über die antiautoritäre Erziehung, das dumme Gerede von der Sünde müsse endlich aufhören, weil man sonst keine anständige Pädagogik machen könne. Aber überlegen wir: Wenn Gott hier von der Sünde redet, dann spricht er den Menschen als *Du* an. Das heißt also: Lie-

ber Adam, für mich bist du nicht nur eine Maschine, nicht nur eine Sache, die von Ursachen gesteuert wird, sondern du bist für mich ein voll zurechnungsfähiges, voll verantwortliches Gegenüber. Gott nimmt die Würde des Menschen ernst! Weil du mein *Ebenbild* bist, darum bist du fähig zur Verantwortung und Schuld.

Wenn es heute Ideologien gibt, die behaupten, der Mensch sei nichts als das Produkt seiner Gesellschaft, dann ist dadurch zwar das Problem der Sünde scheinbar gelöst, doch die Würde des Menschen ist gerade durchgestrichen, denn er ist nur noch ein funktionierendes Etwas. Wenn wir Christen hingegen von der Sünde sprechen, dann nehmen wir den Menschen in seiner Würde und Verantwortlichkeit als ein zurechnungsfähiges Gegenüber Gottes ernst.

Es geht also gar nicht darum, den Menschen klein zu machen. Von der Sünde des Menschen reden heißt in jedem Falle auch, von der Würde des Menschen reden, auch wenn er seine Würde und Verantwortung verfehlt hat.

Der Sünder — Täter und »Besessener«

Eine weitere wichtige Erkenntnis können wir aus dieser Geschichte gewinnen: Gott nimmt die überpersönlichen Strukturen des Bösen, den gewaltsamen Druck von außen ernst. Machen wir uns das Gefälle klar: Die Schlange hatte Eva verführt, und die hatte Adam zum Mitmachen verleitet. Nun kommt Gott und spricht Adam an. Der führt die Schuld auf Eva zurück, und die ihrerseits auf die Schlange. (Interessant ist, daß die Schlange die Schuld nicht weiterschiebt. Auch hier bekommen wir also keine Erklärung, woher denn die Sünde eigentlich kommt. Sünde kann eben nicht erklärt, sondern nur bekannt werden.) Das Gefälle heißt: Schlange → Eva → Adam.

Wie straft jetzt Gott? Gott geht auf diese Reihenfolge ein. Sein Gericht beginnt bei der Schlange, geht über Eva und endet bei Adam. Das heißt doch mit anderen Worten: Gott erkennt an, daß für Eva die Verführung von der Schlange ausgegangen ist und für Adam von Eva. So gewiß Gott also an der Würde und vollen Verantwortung des Menschen festhält, so gewiß gibt es auch in der Welt Strukturen des Bösen, die einen Menschen übermannen.

Gott nimmt diese überpersönlichen Gewalten des Bösen ernst. Es ist also nicht falsch, was uns Tiefenpsychologen oder Soziologen oder Verhaltensforscher von solchen Zwängen, in denen wir stehen, deutlich machen. Aber gleichwohl und mittendrin hält Gott daran fest:

»Weil *du* das getan hast . . .« Die Sünde ist also ein geheimnisvolles Ineinander von etwas, das uns überkommt, stärker ist als wir, uns vergewaltigt — und persönlicher Verantwortung, die wir nicht bestreiten können. In der Sünde steckt das *Ur*persönliche, unsere eigene Täterschaft, und das *Un*persönliche, Zwanghafte, Schicksalhafte. Täter sind wir — und Opfer, Subjekt — und zugleich vom Bösen »besessen«! Da muß ein Stärkerer kommen, der dem Zwingherrn die Beute entreißt, einer, der Kraft hat, die Werke des Teufels zu zerstören . . .

3 x »verflucht«

In unserem Text geht es zu wie bei einem Kriminalfall: Vorgeschichte — Verbrechen — Ergreifen der Täter — Verhör — Urteilsspruch. Nun ertönt Gottes Gerichtswort. Da ist zunächst der Spruch über die Schlange: »Weil du das getan hast, seist du verflucht.« Die Schlange wird unmittelbar von Gottes Fluch getroffen. »Exkommuniziert«, heißt es wörtlich, »sollst du sein von allen Tieren auf dem Felde.«

Dann kommt ein Satz, den man merkwürdigerweise in der alten Kirche als Verheißung verstanden hat: »Ich will Feindschaft setzen zwischen dir und dem Weibe und zwischen deiner Nachkommenschaft und ihrer Nachkommenschaft; die soll dir den Kopf zertreten, und du wirst sie in die Ferse stechen.« Aus diesen Worten hat man eine Verheißung heraushören wollen auf Christus, den Schlangentöter, und auf den Kreuzestod.

Das ist sicher ein tiefer Gedanke, aber er steht nicht im Text. Hier wird vielmehr gesagt: Die Nachkommen der Schlange und die Nachkommen des Weibes, Schlangen und Menschen also, werden einen unendlichen, nie aufhörenden Kampf gegeneinander führen. Mal wird die Schlange siegen (»in die Ferse stechen«), dann wieder wird ein Mensch siegen (»wird dir den Kopf zertreten«). Es geht hier um ein *Fluchwort*! Hier wird eine dauernde Feindschaft zwischen den Menschen und der Schlange institutionalisiert, und das Schreckliche daran ist, daß es bei diesem Kampf keinen Sieger gibt. Deshalb geht der Kampf in die Jahrhunderte und Jahrtausende. Das ist gerade das Unheimliche: Es kommt hier zu keinem Ende, Gottes Fluch läßt sich von uns nicht auflösen. Gott selbst muß da schon zur *Er*lösung schreiten.

Dann erfolgt Gottes Wort an Eva. Dabei ist zunächst einmal wichtig: Eva wird nicht verflucht. »Ich will dir viel Mühsal schaffen, wenn du schwanger wirst; unter Mühen sollst du Kinder gebären. Und dein Verlangen soll nach deinem Manne sein, er aber soll dein Herr sein.«

Nicht Eva selbst wird vom Fluch getroffen, Gottes Blitz schlägt unmittelbar neben ihr ein, trifft ihren innersten Lebensbereich.

Die Frau wird hier in einem Bild gesehen, das auch heute nicht einfach für »soziologisch überholt« anzusehen ist: Sie findet ihre tiefste Erfüllung in zweierlei: in der *Mutterschaft* (gibt es Schöneres als neues Leben zu empfangen, auszutragen, zu gebären, aufzuziehen?) und in der *partnerschaftlichen Liebesbeziehung.*

Im Gerichtswort Gottes über Eva wird nun ein erschreckendes Gesetz aufgerichtet: Das, was für diese Eva das größte Glück ihres Lebens bedeutet — nämlich Leben zu gebären —, das wird gleichzeitig mit einer unheimlichen Bedrohung verknüpft. Mit Schmerzen soll sie Kinder zur Welt bringen.

Hier wird also das Helle und das Dunkle, das Beglückende und das Zerstörende ganz eng aneinandergebunden. Beides ist miteinander verwachsen wie siamesische Zwillinge.

Noch ein Zweites wird beispielhaft von Eva gesagt: »Dein Verlangen soll nach deinem Manne sein, aber er soll dein Herr sein.« Da klingt zunächst noch einmal das Motiv von der großen Liebe zueinander an, der Jubel von isch und ischa. Doch was wird geschehen? »Er wird dein Herr sein.« Die Frau wird vom Mann geknechtet, vergewaltigt, tyrannisiert werden. Die ganze Geschichte der Entrechtung und Versklavung der Frau, ihrer Unterdrückung und ihrer Prostitution wird hier vorweggenommen. Die Frau trägt ihre Liebe an den Mann heran und wird von ihm als Instrument für seinen Trieb und seine Lust mißbraucht oder als billige Arbeitskraft ausgebeutet.

Das Gesetz von Plus und Minus

Hier treffen wir auf ein Grundgesetz — eine Fluchordnung! — unserer Welt, das Gesetz der *Ambivalenz* (Doppelwertigkeit) und *Frustration.* Wir können es so darstellen:

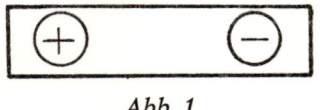

Abb. 1

An das Positive ist stets gleichzeitig das Negative geknotet, mit dem Plus stets gleichzeitig das Minus verbunden. Da, wo wir uns ganz ein-

setzen, wo wir unser Bestes geben, da werden wir gleichzeitig immer wieder am tiefsten verletzt.

Was wird nun zu Adam gesagt? Auch er wird nicht verflucht. Es ergeht ihm ähnlich wie Eva. Adam hat es ja zu tun mit dem Ackerboden, der adama, und in diesen seinen Lebensbereich hinein trifft der Fluch Gottes: »Verflucht sei der Acker um deinetwillen. Mit Mühsal sollst du dich von ihm nähren dein Leben lang. Dornen und Disteln soll er dir tragen, und du sollst das Kraut auf dem Felde essen. Im Schweiße deines Angesichts sollst du dein Brot essen, bis du wieder zu Erde werdest, davon du genommen bist.«

Der Mensch war ja dazu berufen, die Welt zu gestalten. Als »Gartenarchitekt« hat Adam im Garten Eden angefangen. Doch in Zukunft muß er sich mühen, die adama, den Ackerboden, zu öffnen und den Lebensunterhalt zu gewinnen: und dabei stößt er auf Dornen und Disteln. Die adama schließt sich vor Adam zu.

Wieder begegnen wir dem eben erwähnten Grundgesetz: Der Raum, in dem Adam am aktivsten tätig ist, das ist gleichzeitig der Bereich, in dem er am tiefsten versehrt und frustriert wird. Er muß Mühe und Arbeit investieren, und dabei kommt doch letztlich so wenig heraus, es ist »frustra«, wie der Lateiner sagt, vergeblich. Wie lange? Fast wirkt es wie eine Erlösung: »Bis du wieder zu Erde werdest, davon du genommen bist. Denn du bist Erde und sollst zu Erde werden.« Frustration bis zum Ende, das ist Gottes Urteil.

Nun könnte man ja sagen: Schrecklich anzuhören, aber glücklicherweise gilt das heute nicht mehr so. Der Erfinder Mensch hat sich inzwischen einiges einfallen lassen. Erstens gibt es die Methode, nach Dr. Dick-Read schmerzlos Kinder zur Welt zu bringen. Also was heißt das noch: mit Schmerzen sollst du Kinder gebären? Da haben wir dem lieben Gott ein Schnippchen geschlagen. Und dann gibt es ja auch die Emanzipation der Frau und ihre juristische Gleichberechtigung. Damit bringen wir ja doch allmählich die Unterdrückung aus der Welt heraus. Schließlich: Dornen und Disteln? Immerhin haben wir einige Möglichkeiten der Unkrautvernichtung und Düngung entwickelt. Haben wir es da nicht herrlich weit gebracht?

Wir haben schon gesagt: Bei den genannten Fällen geht es nicht um isolierte Erscheinungen, sondern um ein umfassendes *Modell,* das sich überall wiederholt. Es geht gar nicht allein um die schmerzvolle oder schmerzfreie Geburt, es geht auch nicht primär um Dornen und Disteln, sondern hier wird ein Gesetz über unsere Welt gestellt, das grundsätzlich, strukturell, bis zum heutigen Tag gilt.

Man kann sich das an ganz einfachen Beispielen klarmachen. Es ist sicher eine der größten Erfindungen unseres Jahrhunderts gewesen, daß sich der Mensch die Atomkraft nutzbar machte. Es läßt sich kaum bestreiten, daß die Atomkraft in absehbarer Zukunft als Energiequelle für unsere Welt nicht mehr wegzudenken ist. Das gehört also zunächst einmal im Sinne unserer Zeichnung S. 68 auf die Plusseite. Gleichzeitig aber müssen wir mit der Bombe leben, und von den Gefahren von Kernreaktoren zu reden, heißt heute, Eulen nach Athen zu tragen. Mit der einen Hand nehmen wir, und mit der anderen Hand verlieren wir. Wir bekommen das Plus nicht ohne das Minus.

Oder denken wir an die großen Möglichkeiten der modernen Medizin. Wir sind heute in der Lage, Weltseuchen einzudämmen, wenn nicht gar zu besiegen. Das wird man doch ohne Frage auf der Plusseite verbuchen müssen. Welcher Christ wollte Gott nicht dafür danken. Die Gegenrechnung aber heißt: Bevölkerungsexplosion, die nicht mehr zu steuern ist. Gewinn? Verlust? Die Rechnung ist wieder nach beiden Seiten offen. Es gibt tatsächlich heute amerikanische Wissenschaftler, die sagen, das erste Gebot eines sozial handelnden Menschen heißt: Du sollst nicht helfen. Die Bevölkerungsentwicklung bekommen wir nur dann wieder in den Griff, wenn mehr Menschen an Seuchen zugrunde gehen. Ein schauerlicher Satz.

Es lassen sich weitere Beispiele nennen. Man weiß heute, daß es Krankheiten gibt, die überhaupt erst durch Medikamente erzeugt werden. So haben bestimmte Antibiotika bei Kindern Leukämie hervorgerufen. Sind die Antibiotika nicht etwas Großartiges? Ganz gewiß. Aber sie haben gleichzeitig eine Kehrseite.

Mich hat einmal sehr erschreckt, als ein Spezialist für Entwicklungsfragen folgenden Teufelskreis beschrieb: Wir entdecken da den Hunger in der Dritten Welt. Wohin führt der Hunger? Zum Tod. Was kann man dagegen tun, wenn man gründliche Hilfe leisten will? Wir müssen für Industrialisierung sorgen. Was bedeutet aber Industrialisierung? Umweltverschmutzung! Was bedeutet aber auf lange Sicht Umweltverschmutzung? Tod!

Dieser Teufelskreis (Abb. 2, S. 71) ist die Struktur unserer Welt, eine Gesetzmäßigkeit, aus der wir nicht ausbrechen können.

Noch ein letztes Beispiel. Mitte der sechziger Jahre haben junge Menschen mit Schaudern entdeckt, was alles an Schrecklichem und Ungerechtem in unserer Welt passiert. Sie haben sich gewehrt gegen das Wohlstandsdenken, gegen die Vergötzung des Wirtschaftswachstums, gegen den Krieg. Das ist doch etwas Großartiges. Eine junge Genera-

tion ist wach geworden! — Doch dann ist das Erschreckende geschehen. Nachdem die jungen Leute gemerkt haben, daß die Ideologen die Welt nicht heil machen können, setzte die große Frustration ein. Und die Frustration mündete in die Drogenszene oder in den Terrorismus. Das große Plus schlägt in ein ungeheures Minus um.

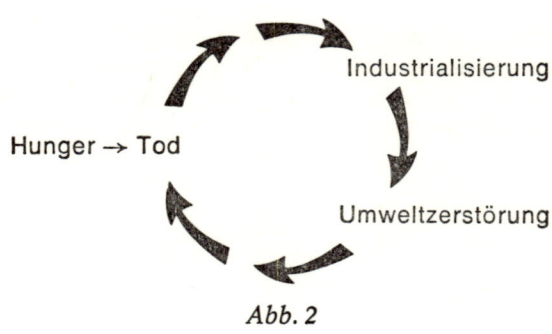

Abb. 2

Genau diese Situation wird schon hier am Anfang der Bibel deutlich. Hier ist eine Sicht der Welt gegeben, wie sie härter, radikaler, nüchterner für die Gegenwart kaum geboten werden kann. Unsere Welt steht unter dem Gesetz der Ambivalenz und der Frustration. Wo immer sich ein Mensch total engagiert, genau da wird er enttäuscht, verletzt und versehrt.

Zwischenbilanz: Vorher — Nachher!

Ziehen wir an dieser Stelle Zwischenbilanz, um zu sehen, wie sich der Mensch als Gottes Rebell von dem Menschen unterscheidet, wie ihn Gott gemeint hat. Wir haben uns im ersten Kapitel veranschaulicht, wovon wir Menschen eigentlich leben — nämlich davon, daß Gott in der Mitte steht und der Bezugspunkt ist.

Wir haben gesehen, wie großartig es ist, daß ich mit mir selbst, mit meinem Mitmenschen und mit der Welt über Gott verkehren darf (siehe S. 30—33; Abb. 11—13). Ich darf mich selber ansehen als ein einmaliges, unverwechselbares Geschöpf Gottes. Gott hat diese Welt nicht gewollt, ohne mich dabeizuhaben. Ich kann darüber staunen, daß ich Gott so wichtig bin.

Wir haben uns ferner deutlich gemacht, daß auch der andere Mensch einer ist, der von Gott her eine ungeheure Würde bekommen hat, die

unantastbar und verletzlich ist. Er gehört nicht mir. Ich kann nur auf dem »Umweg« über Gott mit ihm verkehren.

Schließlich ist sichtbar geworden, daß unser Verhältnis zur Welt, sowohl zur Natur als auch zur technischen Welt, über Gott geht. Die Welt ist uns anvertraut, sie gehört uns nicht. Gott ist im Grunde genommen die Klammer für das Ganze. Alle Beziehungen sind hier verankert.

Was geschieht jetzt durch die Rebellion des Menschen? Gott ist vom Menschen bestritten worden. Der Mensch hat gesagt: »Ich will nicht, daß du über mich herrschst.« Damit bleibt Gott zwar bestehen, aber der Weg zum Ich, zum Du und zur Welt über Gott wird versperrt.

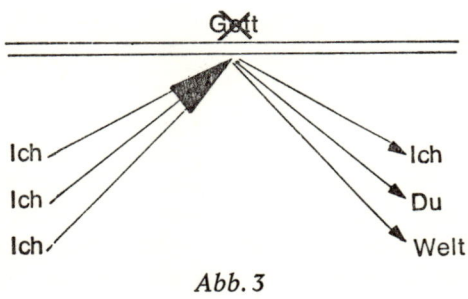

Abb. 3

Ich muß jetzt *mit mir* selber direkt verkehren, und das ist ein höchst problematisches Unternehmen. Wie gehe ich denn jetzt mit mir um? Entweder so, daß ich mich für ein unersetzliches Genie halte, mir großartige Dinge einbilde — oder umgekehrt, daß ich mich zerfleische und vor lauter Minderwertigkeitskomplexen nicht mehr ein noch aus weiß. Ich vergötze mich selbst, und ich zerstöre mich selbst. Jedenfalls verkehre ich höchst unangemessen mit mir selbst und werde krank daran.

Und wie steht es mit dem *Du?* Es steht jetzt nicht mehr unter dem Schutz Gottes, und so ist es kein Zufall, daß in 1. Mo. 4 dieses Du vernichtet wird — Kain und Abel, Grundmodell für »Brüderlichkeit« in der Welt. Oder es kann geschehen, daß ich das Du überhaupt nicht mehr erreiche und enttäuscht und angewidert zum Menschenverächter werde, in Sprachlosigkeit, in Einsamkeit gestoßen.

Auch die Art, wie ich mit der *Welt* umgehe, wird problematisch. Ich sehe mich ja nun nicht mehr nur als Verwalter Gottes in ihr, sondern

ich betrachte sie als mein Eigentum, belege sie mit Beschlag. Genau dies ist die Voraussetzung für das, was wir heute mit dem Begriff »Umweltzerstörung« umschreiben. Wir beuten die Welt hemmungslos aus, als ob sie uns gehörte. Es gibt ein Buch von Jean Améry mit dem Untertitel »Die gnadenlosen Folgen des Christentums«. Darin stellt er die These auf, es sei eine Folge des jüdisch-christlichen Glaubens, daß die Welt technisch ausgebeutet würde. Auf solche Gedanken seien Hindus nie gekommen. Wieso? Im ersten Kapitel haben wir gesehen: Wenn ich an den Schöpfer glaube, dann ist die Welt eine weltliche Welt; dann kann die Donar-Eiche gefällt und zu Baumaterial verarbeitet werden. Dann kann ich auf den Berg steigen, denn er ist nicht mehr ein Götterberg, sondern »ein Stück Geologie«. Ich kann mir die Welt technisch dienstbar machen, weil sie eben nur Welt ist und nicht göttliches Tabu-Land. Soweit hat Améry recht. Aber daß der Mensch die Welt nicht mehr nur erforscht und sich dienstbar macht, sondern zerstört, das ist nicht die gnadenlose Folge des Christentums, sondern die gnadenlose Folge davon, *daß Gott ausgestrichen worden* ist. Dadurch erst wird die Welt zum Material für das, was der Mensch für sich daraus machen will. Und auch hier gilt dann wieder das Gesetz der Ambivalenz und Frustration: Welteroberung schlägt um in Welt- und Selbstvernichtung.

Es ist also ein Grundgedanke im biblischen Denken, daß ich Ich bin — nicht ein Es, wie Adam dann sagt (»Ich bin nur ein ferngesteuerter Roboter«). Der andere ist ein Du, das ich liebe und ehre, und nicht jemand, den ich denunzieren kann (»das Weib, das du mir gegeben hast«). Die Welt ist für mich Heimat und nicht etwas, das entweder auszubeuten ist oder an dem ich frustriert zugrunde gehe (»Dornen und Disteln«). Voraussetzung dafür ist allerdings, daß Gott in der Mitte steht. Fällt Gott aus, bricht das Ganze zusammen. *Gottesverlust* führt zu *Ich-Verlust, Du-Verlust* und *Welt-Verlust*.

Es geht ein Riß durch die Welt, und das Entscheidende ist: diesen Riß hat Gott gesetzt. Deshalb können wir Menschen die Welt nicht heilmachen, bis zum Jüngsten Tage nicht. Das liegt nicht daran, daß uns noch die letzten technischen Möglichkeiten, die entsprechenden genialen Erfindungen oder die richtigen philosophischen Konzepte fehlten, sondern daß *Gott* uns mit seinem Gesetz der Ambivalenz im Wege steht. Wir scheitern an Gott!

4 x »dahingegeben«

Wir können uns das noch anhand eines weiteren biblischen Textes verdeutlichen, nämlich an Römer 1, 18—32. Dort sagt Paulus etwa folgendes:

Gott hat die Welt geschaffen. Er *ist* nicht die Welt, sondern die Welt
ist Gottes Geschöpf und daher voll von strahlender Schönheit. Diese
von Gott geschaffene Welt reflektiert die Schönheit ihres Schöpfers.
Und nun steht innerhalb dieser Schöpfung das Geschöpf Mensch. In
diesem Menschen, so sagt Paulus, sollte die Herrlichkeit Gottes Raum
gewinnen. Daraus sollte das erwachsen, was Lebensinhalt für den
Menschen ist: Gott loben — das wäre das Thema für sein Leben. So
ist es gemeint. Doch was tut der Mensch? Statt den Blick von der Welt
hinauf zu Gott zu richten, vergafft er sich in die Welt, er beginnt, die
Welt zu vergötzen. Er kann das Geld oder die Macht vergötzen, er
kann bestimmte Substanzen in dieser Welt vergötzen, wie etwa Ha-
schisch, er kann die Liebe vergötzen oder abstrakten Sex daraus machen, er kann auch die schönsten Dinge vergötzen. Dabei passiert dann
etwas Ungeheures: Das, was er vergötzt, das gebärdet sich nun auch
wie ein Gott. Der Mensch wird davon gepackt, er muß jetzt vor dem
auf den Knien rutschen, muß das anbeten, was er sich selber ausgesucht
hat. Wenn der Mensch Gott losläßt und dann vor dem Geld nieder-
kniet, dann ist er ein Gefangener dieses Metalls.

Wie reagiert Gott? »Darum hat Gott sie dahingegeben.« Dreimal
steht das in Römer 1. Der Mensch wird zum Gefangenen des Systems,
das er sich selbst geschaffen hat. Römer 1 sagt nicht: Zunächst tut der
Mensch etwas Böses, dann wird Gott zornig und bestraft ihn, sondern
das alles ist hier *ein* Akt. Der Mensch wird genau mit dem bestraft,
was er will. Der Mensch möchte ein Stück Welt vergötzen, will Vor-
letztes zu Letztem machen. Er *will* statt Gott das Sexuelle oder die
Kunst oder sonst etwas anbeten. Und nun wird er eben davon gefan-
gen und versklavt, nun *muß* er das »anbeten«.

Gott hat den Menschen dem Menschen preisgegeben, hat ihn an sich
selbst ausgeliefert — das ist unheimlich. Gott straft uns hier nicht mit
irgend etwas, sondern er sagt: Du willst die Welt ohne mich? Du sollst
deinen Willen haben. Ich respektiere deineWürde und deine Entscheidung gegen mich.

Jean-Paul Sartre beschreibt in seinem Drama »Bei geschlossenen
Türen« die Hölle, allerdings ganz anders, als man sich gemeinhin im
Mittelalter die Verdammnis vorstellte. Da gibt es drei böse Menschen,

die, wie es sich gehört, in die Hölle kommen. Was aber finden sie vor? Eine hochkomfortable Wohnung, großartig angelegt. Nur: die Türen sind verschlossen!

Diese drei Menschen können nicht miteinander auskommen. Es sind drei Charaktere, die ganz und gar nicht zusammenstimmen. Und irgendwann sagt dann eine der Personen den erschütternden Satz: »Die Hölle, das sind die anderen.«

Hölle, das ist also keine Folterkammer, das ist hier keine zusätzliche Bestrafung, sondern Hölle bedeutet, in das eingesperrt zu sein, was der Mensch selbst will und was er selbst ausgesucht hat. Das ist das Gericht Gottes — eine unheimliche Perspektive unserer Welt.

Gericht Gottes ist also nicht nur etwas, was am Jüngsten Tag einmal kommt (das auch!), sondern vom Gericht Gottes spricht schon jede Tagesschau. Welt unter Gottes Gericht ist eine Welt, in der die Menschen tun müssen, was sie wollen. Nun entsteht aus dem Satz, daß des Menschen Wille sein Himmelreich sei, die Umkehrung, daß des Menschen Wille seine Hölle wird.

Der Mensch, der gegen Gott rebelliert hat, ist nun der Mensch, den Gott »dahingegeben« hat. Glücklicherweise ist dies, wie wir sehen werden, nicht das letzte Wort über den Menschen. An dieser Stelle sei nur auf eine Tatsache hingewiesen: Das Wort »dahingegeben« kommt im Römerbrief noch ein viertes Mal vor, nämlich in Römer 8, 32: »Welcher auch seines eigenen Sohnes nicht hat verschont, sondern hat ihn für uns alle dahingegeben.«

Von Gottes Humor

Weil Gottes Fluchwort nicht Gottes letztes Wort ist, weil dieses vierte, dieses rettende »dahingegeben« am Horizont steht, darum gibt es sogar in der Erzählung vom Sündenfall etwas zu lachen. Es ist voller Witz erzählt, wie der »Möchte-gern-Gott« sich plötzlich als Nackedei entdeckt und die Textilindustrie ins Leben ruft; es ist lachhaft, wie er seine »Aktion Feigenblatt« startet und statt Gott zum Zweikampf aufzufordern, verschüchtert hinter Büschen sitzt. Es ist Ironie in diesem Lachen, eine Ironie, die der menschlichen Rebellion alle Großartigkeit, alles Titanenhafte wegreißt und ein armseliges Häuflein Elend zurückläßt: Erde von Erde und Erde zu Erde. Und doch ist das Entlarvende, Bissige, Ironische nicht die Grundtonart. Die Grundtonart heißt *Humor!*

Mit Humor kann die Geschichte freilich nur deswegen erzählt wer-

den, weil sie eine Fortsetzung hat. Humor ist ja bekanntlich ein Lachen, das »trotzdem« geschieht. Solcher Humor ist nur möglich von einer Position oberhalb, wo man »drüber« steht. Gott allein steht darüber, er plant schon die Geschichte der Errettung der Menschheit, der Versöhnung der Welt, der Erneuerung der Schöpfung. Ich habe noch im Ohr, wie — nach einem Gespräch über unseren Text — jemand betete: »Eine Sündenfallgeschichte mit humorvollen Untertönen — Gott wie groß bist du!« — Diese Größe Gottes, der unsere Errettung »erfindet«, klingt in diesem dunkelsten Kapitel der Bibel schon an: War der menschennahe Gott in 1. Mose 2 zum »Töpfer« geworden, der den Menschen aus Lehm formte, zum »Gärtner«, der das Paradies anlegte, so wird er nun zum »Schneider«, der das armselige Feigenblatt durch solide Kleidung aus Fellen ersetzt (V. 21): Er möchte nicht, daß wir so erbärmlich bloßgestellte Leute sind. Noch mehr: Der Tod war als sofortige, unmittelbare Strafe angekündigt worden (Kap. 2, 17 b), Gott hebt die Vollstreckung zwar nicht auf, aber er schiebt sie auf, er suspendiert das Todesurteil. So ertönt auf einmal ein fröhliches, mutiges Wort des gefallenen Adam (V. 20): »Er nannte sein Weib Eva, Mutter aller Lebenden.«

Die Tatsache, daß wir alle geboren sind und Leben haben, ist Zeichen der unbegreiflichen Güte Gottes. Diese Güte Gottes aber wird da am unbegreiflichsten, wo er seine Position oberhalb, sein »Darüber-Stehen« ganz aufgibt, zu uns hinabsteigt, ganz von oben nach unten kommt und unsere Schuld, unseren Tod auf die eigenen Schultern packt. Erst von dieser guten, sicheren, behüteten Position, die Er uns da schenkt, können wir es wagen, in den grauenvollen Abgrund unserer Schuld zu blicken, ja können uns anstecken lassen von Gottes gutem Humor.

Zusammenfassung von Kapitel III

1. **Die Folgen des Abfalls von Gott**
   a) **Gottesverlust**
      Statt des »Sein wie Gott« jetzt die **Furcht** vor Gott (V. 10), die »Heidenangst«.
   b) **Ich-verlust (statt Ichfindung)**
      aa) **»Ich bin nicht Ich«**
          Ziel: Der Mensch wollte autonomes Ich, freies Subjekt werden (Selbstfindung/Selbstverwirklichung).
          Ergebnis: Jetzt bestreitet er seine Verantwortlichkeit, seine Zu-

rechnungsfähigkeit (V. 12 + 13, Adam zeigt auf Eva, Eva auf die Schlange).

These: Nicht ich bin schuld, sondern die Umwelt, das Milieu, die Produktionsverhältnisse, die Gesellschaft, die Erbanlagen, die Erziehung, der Trieb — das »**Es**«, die Sachzwänge, die Strukturen: der »außengesteuerte Mensch« (Roboter), er versteht sich nur noch als Objekt.

bb) Gott nimmt den **Druck der Verhältnisse** ernst (V. 14 ff. Er bestraft erst die Schlange, dann Eva, dann Adam). (Vgl. Probleme im Strafrecht).

cc) Aber Gott hält fest daran: Der Mensch ist voll **zurechnungsfähig**, ist Täter seiner Taten, Gott hält fest an der Würde des Menschen: Er ist Subjekt! »Du hast es getan«, V. 11/13/14).

c) **»Welt-verlust« (statt Weltherrschaft)**
Ziel: Der Mensch wollte die Welt in den Griff bekommen (»alles können«).
Ergebnis: — Jetzt tritt eine Entfremdung zwischen Mensch und Umwelt ein.

aa) **Die Störung des zwischenmenschlichen Verhältnisses**
Statt Gemeinschaft — Scham (V. 7), Denunziation (V. 12), dann (Kap. 4): Brudermord. Die **soziale Frage** bricht auf!

bb) das Gesetz von
Ambivalenz (Zweideutigkeit/Doppelwertigkeit) und **Frustration:** Der Bereich, in dem der Mensch Erfüllung sucht, ist zugleich der Bereich seiner Enttäuschungen: **Ambivalenz von Glück und Frustration.**

| Beispiele: V. 17—19) | Der Mann sucht Erfüllung in seiner Arbeit — er findet »Dornen und Disteln«. |
| V. 16) | Die Frau sucht Erfüllung in Liebe und Mutterschaft — sie findet Versklavung durch den Mann (wird als Objekt benutzt, z. B. Prostitution) und körperliche Bedrohung (Schmerzen). |

Alles menschliche Tun, aller Fortschritt ist von diesem Gesetz gekennzeichnet (z. B. Atomkraft — Atombombe, auch Medizin, Chemie etc.). Diese Struktur ist vom Menschen nicht zu überwinden (V. 19: am Ende der Tod!).

2. **Gott läßt den Menschen nicht los**
Auch als Rebell gegen Gott bleibt der Mensch Gottes Rebell! Er bekleidet die »bloßgestellten« Menschen (V. 21). Er suspendiert das Todesurteil (3, 20 Eva!). Er schützt den Mörder Kain (4, 15). Er macht sich selber auf, den Menschen wieder in den richtigen Lebensbereich (die Gottesgemeinschaft) zurückzuholen.

IV. Der Mann am Kreuz

Das älteste Christusbild im »christlichen Abendland«

Im Jahr 1856 stießen Archäologen bei Ausgrabungen auf dem Hügel Palatin in Rom auf die Reste eines Instituts, in dem einst Sklaven für den Hof des Kaisers ausgebildet wurden. Als man die Gemäuer freilegte, fand man — wie das in einer Schule so üblich ist — manche Wandkritzelei, darunter eine sehr eigenartige: Da ist ein Kreuz in den

Abb. 1

(aus **Contrapunkt** Nr. 4/1972, MBK-Verlag)

Putz hineingekratzt, und an diesem Kreuz hängt ein menschlicher Körper, der den Kopf eines Esels trägt. Neben diesem gekreuzigten Wesen steht ein Junge, die Arme ausgebreitet, so wie man in der alten Welt betete, und daneben prangt der Satz: »Alexamenos betet seinen Gott an.«

Wie mag diese Zeichnung entstanden sein? Der Zusammenhang läßt sich durchaus glaubwürdig zusammenreimen.

Eines Tages kommt ein Neuer in diese Sklavenschule. Sein Name ist Alexamenos.

Am Abend verrichtet er sein Gebet. Er hebt die Hände auf. Die anderen stehen um ihn herum und fragen: »Zu wem betest du denn? Vielleicht zum Jupiter? Oder zur Venus, der Göttin der Liebe?«

Da beginnt Alexamenos von einem Juden zu erzählen, der Jesus hieß. Er sei gekreuzigt worden, doch ... Weiter kommt er gar nicht, schon gibt es ein brüllendes Gelächter.

»Zu dem betest du?« — Da kann man doch nur höhnisch lachen. Schließlich gibt es für den Römer nichts Schimpflicheres als die Todesstrafe der Kreuzigung. Im Grunde kann man einen *Menschen* gar nicht kreuzigen, allenfalls einen Sklaven, doch der gilt ja nicht als Mensch; oder auch einen politischen Rebellen, aber der ist ja nur Ungeziefer.

Der römische Philosoph Cicero sagt einmal: »Schon die Vokabel ›Kreuz‹ soll ein römisches Ohr niemals beleidigen.« Das Wort als solches ist also schon unanständig; es gehört zu den Wörtern, die kein Kind bei Tisch sagen dürfte.

Zu einem Gekreuzigten *beten*? Brüllendes Gelächter, und am nächsten Morgen die Quittung — in die Wand hineingekratzt diese Zeichnung: »Alexamenos betet seinen Gott an«, den Gott mit dem Eselskopf; und wer solch einen Gott anbetet, der muß wohl auch ein rechter Esel sein.

Das ist die älteste Kreuzesdarstellung, die wir aus der Geschichte kennen, ein Spottkreuz. Ähnliches kann man in allen Jahrhunderten feststellen. Über Jesus, das Genie der Liebe, den Sozialreformer, den Kämpfer für die Entrechteten, den Rebellen gegen das Establishment, den Humanisten und Philosophen, kann man viel Rühmliches lesen. Er war »das fleckenloseste, tiefsinnigste, menschenfreundlichste Wesen, das je auf Erden erschienen«, schreibt der berühmte Historiker Leopold von Ranke. Doch sobald es um den Gekreuzigten geht und die Sprache auf unsere Sünde kommt, werden die Menschen merkwürdig allergisch. Da gibt es z. B. von Goethe ein paar kurze Verse, die er auf seiner Reise nach Italien notierte. Da heißt es:

»Vieles kann ich ertragen. Die meisten beschwerlichen Dinge
Duld' ich mit ruhigem Mut, wie es ein Gott mir gebeut.
Wenige sind mir jedoch wie Gift und Schlange zuwider;
Viere: Rauch des Tabaks, Wanzen und Knoblauch und Kreuz.«

Alexamenos betet den Gekreuzigten als seinen Gott an; welch eine
Eselei!

Wir verkündigen Christus, den Gekreuzigten

Von diesem Hintergrund her gesehen, finden wir im Neuen Testament
eine merkwürdige Aussage des Paulus, ein mutiges, ja ein stolzes Wort.
Wenn man nämlich den Apostel fragt: »Was hast du eigentlich für ein
Thema?« — dann sagt er: »Ich habe beschlossen, von nichts sonst etwas
zu wissen, als von Jesus Christus, und zwar dem Gekreuzigten (1. Kor.
2,2). Mein Thema lautet ›Das Wort vom Kreuz‹.«

Aber, lieber Paulus, du bist doch ein gebildeter Mensch, ein Akademiker. Hast du nichts Klügeres, Attraktiveres, Kultivierteres zu bieten? Ausgerechnet so etwas?

Paulus sagt: »Ich bin mir darüber klar: die Botschaft vom Gekreuzigten ist den Juden ein Ärgernis, d. h. für fromme Leute ein Skandal,
den Griechen ist sie eine Torheit, d. h. für kluge Leute dummes Zeug,
aber für mich das einzig mögliche Thema. Denn hier, nur hier, ist
Gottes Kraft!« (vgl. 1. Kor. 1, 23 u. 24).

Recht oder Liebe

Was sagen wir denn, wenn wir von dem gekreuzigten Jesus sprechen?
Ich möchte mit einer kleinen Erzählung beginnen, die sicher nur ein
Gleichnis ist, aber doch ein wenig anschaulich machen kann, worum
es geht.

Im Mittelalter gab es in der wilden Gebirgswelt des Kaukasus eine
Reihe kriegerischer Stämme, die häufig miteinander in Fehde lagen.
Einer dieser Stämme war besonders erfolgreich, alle seine Angehöri-
gen bildeten eine feste Einheit. Wenn man die Leute fragte: »Was
schmiedet euch so zusammen?«, dann nannten sie einen Namen, den
Namen ihres Feldherrn, den sie über alles schätzten.

»Schemil der Gerechte«, so nannten sie ihn. »Jedes Wort, das er
sagt, dazu steht er.«

Dieser Feldherr hatte seinen Soldaten ein paar Tage Ruhe gegönnt. Man schlug die Zelte auf, saß beisammen und vertrieb sich heiter die Zeit mit Gesang und Würfelspiel.

Doch dann geschah etwas Unerhörtes, noch nie Dagewesenes: An einem Morgen fehlte dem einen ein kostbarer Ring, den er erbeutet hatte, dem anderen ein Becher, dem dritten eine wertvolle Kette. Kameradendiebstahl! Es war, als wenn ein giftiger Nebel durch das Lager zöge. Jeder begann, den anderen mißtrauisch zu beäugen, und jeder hatte dabei den Eindruck, selbst wachsam beobachtet zu werden. Freunde werden zu Fremden.

Kameradendiebstahl — die Atmosphäre ist verseucht.

Der Feldherr läßt ausrufen: »Wer beim Diebstahl ertappt wird, wird mit der Bastonade bestraft«, jener brutalen Prügelstrafe der alten Welt, die viele gar nicht oder nur als Krüppel überlebten.

Das scheint zu wirken. Für ein paar Tage tritt Ruhe ein. Doch die Gewitterstimmung bleibt, das Lachen ist verstummt, man singt nicht mehr. Man sitzt da und belauert sich aus den Augenwinkeln.

Da, nach ein paar Tagen, wieder ein Diebstahl. Kein Wunder, daß alle befreit aufatmen, als schließlich ein Bote von Zelt zu Zelt läuft, die Planen hochreißt und schreit: »Der Täter ist gefaßt!«

»Wer ist es denn?« — »Die Mutter des Feldherrn.«

Die Mutter des Feldherrn?! Die Erleichterung weicht augenblicklich tiefem Erschrecken. Jeder weiß, wie sehr Schemil seine Mutter liebt. Stets hat er sie auf seinen Feldzügen mitgenommen. Immer hat er ihr Zelt neben dem seinen aufrichten lassen. Als sie einmal schwer erkrankte, hat er wochenlang jede Nacht an ihrem Bett gewacht.

Die Mutter des Feldherrn?! Was wird jetzt geschehen? In dieser Nacht gibt es in den Zelten aufgeregte Diskussionen. Die einen sagen: »Gnade vor Recht — anders kann es gar nicht sein. Wir wissen doch, wie er an seiner Mutter hängt. Hier muß die Liebe regieren.«

Die anderen sagen: »Das ist unmöglich. Recht muß Recht bleiben. Heißt er etwa umsonst ›Schemil, der Gerechte‹? Wohin würde das führen? Wenn er einmal sein Wort bricht, wird es je wieder etwas gelten? Wird man nicht sagen, er habe seine Günstlinge? Heute ist es die Mutter, morgen ein anderer. Alle Autorität wäre zerbrochen, das Miteinander zerstört, und wir wären am Ende.«

Liebe oder Recht, das ist die Frage.

Am nächsten Morgen ertönt der Trompetenstoß, der die Truppe auf dem Platz versammelt. Der Feldherr, ein wenig bleicher als sonst, tritt aus seinem Zelt. Aus dem anderen Zelt führt man gefesselt die Mutter

hervor. Dann spricht Schemil der Gerechte sehr ruhig: »Der Täter ist gefunden, die Strafe wird vollzogen.«

Schon greifen die Büttel nach der Frau, da fährt er fort: »Aber vollzogen wird sie an mir.«

Erstarrt müssen die Leute mitansehen, wie der Mann, den sie alle lieben, sich brutal zusammenschlagen läßt und blutend weggetragen wird. Dabei erfaßt sie das große Erstaunen darüber, daß hier beides geschieht, daß das Recht zum Zuge kommt — das Wort wird nicht gebrochen, die Tat wird geahndet! — und daß auf der anderen Seite die Liebe zum Zuge kommt: Der Richter zieht die Schuld auf sich, der Richter wird zum Gerichteten.

Nicht Liebe *oder* Gerechtigkeit, sondern Liebe *und* Gerechtigkeit. Und beides in einem, beides ganz und ohne Kompromiß.

Der breite Graben

Diese Erzählung mag als Gleichnis für den Mann am Kreuz gelten: Er ist der Richter, der sich selbst richtet. Machen wir uns anhand einer Zeichnung noch einmal unsere Situation klar, wie wir sie in den ersten drei Kapiteln miteinander bedachten:

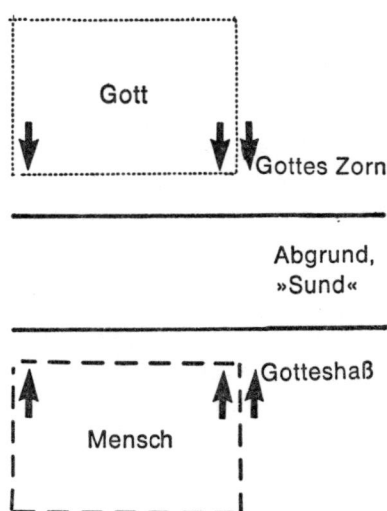

Abb. 2

Auf der einen Seite steht Gott, auf der anderen — im großen Abstand davon — der Mensch. Der Mensch ist nicht deshalb von Gott getrennt,

weil er, wie wir im ersten Kapitel sagten, so winzig, nur ein Staubkorn, ist, sondern weil er sich in Rebellion von Gott losgerissen hat. Nun steht zwischen ihm und Gott die Sünde. Denken wir an das Wort »Sund«, das einen Einschnitt bezeichnet, einen Abgrund, einen Meeresgraben. »Sünde« heißt also »Trennung«.

Wir Menschen sind von Gott — und das heißt ja: von unserem Ursprung — entfremdet, aus unserem Lebenselement entfernt. Was haben wir jetzt noch zu beanspruchen? Wir haben nicht mehr das Recht, glücklich zu sein; haben nicht mehr das Recht auf ein sinnvolles Dasein; ja wir haben überhaupt kein Recht auf Leben. Es gibt nur *ein* »Menschenrecht«, auf das wir pochen, das wir einfordern können, nämlich das Recht auf ein gerechtes Gericht, d. h. das Recht auf den Tod. Das ist unser »gutes Recht«. Mehr nicht! Denn wir haben uns selbst vom Leben abgeschnitten.

»Wir sind Gott seinen Zorn wert«

Wie antwortet Gott auf diese unsere Rebellion? Wir finden in der Bibel das Wort vom *Zorn* Gottes. Den sogenannten lieben Gott, jenen Greis, der zittrig geworden ist und nicht mehr zupacken kann, der fünf gerade sein läßt, weil er nicht mehr richtig zu zählen vermag, den gibt es weder im Alten noch im Neuen Testament. »Schrecklich ist es, in die Hände des lebendigen Gottes zu fallen.« Gottes Zorn — darauf haben wir Anspruch.

Doch wenn wir das so sagen, ist die Tonart falsch. Gottes Zorn ist nämlich im Grunde etwas ungeheuer Erstaunliches, ja, im wörtlichen Sinne etwas »Wunder-bares«! Wieso? Ist es etwa zu begreifen, daß Gott sich von uns kleinen Wesen überhaupt provozieren läßt? Daß ihn unser Aufstand überhaupt kümmert? Daß ihn überhaupt berührt, was wir anstellen, wir Staubkörner? Warum sind wir nicht »Luft« für ihn?

Wer seine Ferien auf dem Lande verlebt, dem kann es blühen, daß in einer mondhellen Nacht sich die Dorfkläffer auf der Dorfgasse versammeln und dann vereint in einem nicht sehr wohltönenden Chor den Mond beschimpfen. Aber niemand hat je gehört, daß der Mond darauf geantwortet hätte. »Was kümmert es den Mond, wenn ihn die Hunde anbellen?« lautet ein Sprichwort.

Das ist das Sensationelle: *Gott* kümmert es, wenn ihn die Menschen »anbellen«!

Da spielen ein paar Kinder auf einer Straße, auf der reger Auto-

verkehr herrscht. Sie fahren Roller, und ich sage ihnen: »Laßt das! Weg da!« Als ich nach einer Viertelstunde wiederkomme, sind sie immer noch dabei — wie könnte es auch anders sein? Ich ermahne sie alle noch einmal, aber *einen* Jungen fische ich mir heraus. Ihn packe ich am Ohrläppchen und nehme ihn mit ins Haus. Bei dem einen werde ich zornig, warum? Dieser eine ist mein eigener Sohn. Der ist mir wichtig, ich liebe ihn. Daher mein Zorn!

Wenn Gott uns zürnt, dann setzt das voraus, daß Gott ein unerhörtes Interesse an uns hat. Deshalb ist Gottes Zorn etwas ganz Erstaunliches. Der große Theologe Martin Kähler sagt einmal: »Wir sind Gott seinen Zorn wert.« So wichtig sind wir ihm, und deshalb ist das Wort vom Zorn Gottes eine Sensation.

Einer sagte Ja!

Gottes Zorn ist etwas Gewaltiges. Aber dabei läßt es Gott nicht bewenden. Die Botschaft der Bibel ist ja die, daß er völlig Überraschendes, geradezu »Ver-rücktes« tut.

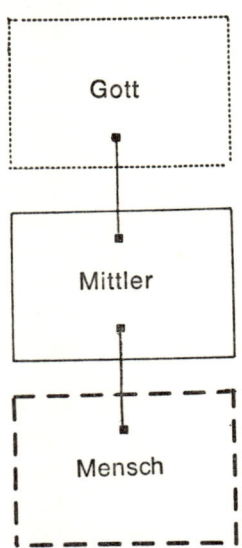

Abb. 3

Gott stellt nämlich in den Graben, in den »Sund«, einen *»Mittler«*, einen, der bei Gott und beim Menschen verankert ist und damit die Brücke zwischen Gott und dem Menschen schlägt. Gott stellt einen

in die Mitte, das ist — neben Gottes Zorn — die zweite erstaunliche Tatsache. Und noch etwas muß uns dabei überraschen: Dieser Mittler wurde nicht »abkommandiert«, er trat freiwillig in diesen Riß. Der Schweizer Kurt Marti hat das in einem Gedicht eindringlich gestaltet:

> ich wurde nicht gefragt
> bei meiner geburt
> und die mich gebar
> wurde auch nicht gefragt
> bei ihrer geburt
> niemand wurde gefragt

Das ist menschliche Urerfahrung in einen Satz geballt und verdichtet. Den Satz müssen wir alle unterschreiben. Ich wurde nicht gefragt, ob ich überhaupt leben wollte, wurde nicht gefragt, ob ich als Junge oder als Mädchen geboren werden wollte. Ich wurde nicht gefragt, ob ich die weiße oder die schwarze Hautfarbe bevorzugte, ob ich in Europa leben möchte oder in Asien, ob im 20. Jahrhundert oder lieber im 16. Ich wurde nicht gefragt. Ich habe auch bei der Verteilung von Intelligenz und Körperkraft nicht »Hier« schreien können. Ich wurde nicht gefragt. »niemand wurde gefragt.«

Auch in Bereichen, die uns ganz tief prägen, wurden wir nicht gefragt. Wir konnten uns unser Temperament nicht aussuchen. Ob wir kontaktfreudige Menschen sind oder Einzelgänger, ob viele sich heiter um uns tummeln, oder ob wir meistens abseits stehen, ob wir fröhlich oder mit Schwermut belastet sind, all das haben wir uns nicht aussuchen können. »Niemand wurde gefragt.«

Doch dann geht das Gedicht von Marti seltsam weiter:

> niemand wurde gefragt
> außer dem Einen

Es gehört zur Eigenart dieses Dichters, daß er alle Wörter klein schreibt. Aber da diese Ausnahme: der Eine, der Großgeschriebene unter uns Kleingeschriebenen! Gibt es diesen Einen, der gefragt wurde, dann sitzt er nicht mit uns in einem Boot, dann gehört er gewiß auf die andere Seite, auf die Seite der Freiheit, die Seite Gottes.

Nun wollen wir uns ganz bildhaft und ganz menschlich vorstellen, wie Gott, der Vater, und sein Sohn (»der Eine«) nebeneinander stehen, wie der Vater dem Sohn die Augen öffnet, ihn hellsichtig und wissend macht: »Siehst du den Mann, an einer Säule angepflockt? Um ihn herum stehen grinsende Henkersknechte, halten Peitschen in der

Hand, in die Enden der Riemen sind Bleikugeln geflochten. Nun schlagen sie klatschend zu, zerfetzen seine Haut. Blutüberströmt steht er da. Alles, was in Folterkammern und in KZs aller Jahrhunderte geschah, alle Brutalität, aller Sadismus, ist hier zusammengeballt. Siehst du den blutenden Mann dort angepflockt? Das ist dein Leben, dein Geschick. Willst du das? Du bist gefragt.

Siehst du den Mann, den man dort an das Kreuz geheftet hat, der den schimpflichsten Tod erleiden soll, den die Welt kennt? Nägel hat man durch seine Hände und Füße getrieben, die Arme müssen die Last des Körpers tragen. Sie starren wie ausgedörrt. Die Muskeln springen hervor, alles Blut staut sich im Brustkorb. Der schwillt ungeheuer auf, fürchterliche Atembeklemmungen treten ein, entsetzlicher Schmerz und Fieber jagen durch den Körper. Es wird dunkel um den Mann herum und in ihm drinnen, er schreit in die Nacht hinein: ›Mein Gott, warum hast du mich verlassen?‹ Siehst du den, der dort so elend verendet, über dem sich alle Gottesfinsternis zusammenballt? Das ist dein Leben. Willst du das? Du bist gefragt.«

> niemand wurde gefragt
> außer dem Einen

An dieser Stelle hat Kurt Marti einen breiten Zeilenabstand eingefügt, eine Pause hineinkomponiert: Himmel und Erde halten den Atem an. Da fällt in die atemlose Spannung das eine alles verwandelnde, alles lösende, alles erneuernde Wort

> und der sagte
> ja

Das *Ja* ist die Weltenwende. Nun steht unter uns Ungefragten, den »Geworfenen« (wie Heidegger meinte) der *Eine,* der uns wählte. In unsere Existenz, unser Elend, unsern Tod ist er freiwillig eingestiegen. Er hat sich für uns entschieden: »... und der sagte ja.«

Nun steht er da in unserer Mitte und steht da als unser »Mittler«. Was bedeutet das?

Wir müssen Abb. 3 etwas verändern, um den Platz und die Art des Mittlers zu verdeutlichen. Dieser Mittler steht nämlich einmal vor uns *Menschen* als der Repräsentant *Gottes:* Alles, was der Mittler den Menschen sagt, ist ihnen von Gott gesagt. Alles, was er den Menschen tut, ist ihnen von Gott getan. Alles, was wir Menschen ihm antun, gilt Gott. In diesem Mittler steht Gott vor den Menschen.

Andererseits steht dieser eine in der Mitte vor *Gott* als der Reprä-

sentant der *Menschheit*. Was der Mittler tut, das gilt vor Gott als das Tun der Menschen. Was ihm geschieht, das geschieht uns Menschen insgesamt. Paulus kann diesen Mittler deshalb den »zweiten Adam« nennen, in ihm sind wir alle einbegriffen.

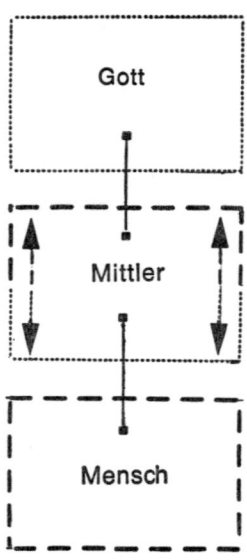

Abb. 4

Unsere Väter haben das auf die kurze Formel gebracht: »wahrer Gott und wahrer Mensch«.

»So hat er ausgesehen!«

Ein Theologieprofessor führte eine Reisegesellschaft durch das »Gelobte Land«. Es waren natürlich fromme Leute, die nach Israel pilgerten, und ganz erhabene Gefühle zogen durch ihre Seele — sie waren schließlich unterwegs auf des Heilandes Spuren! Manchmal flog ihnen ein »heiliger« Schauer den Rücken hinab, und manchmal war's fast, als hätte ein Engelsflügel sie gestreift. Auf Zions Fluren waren sie!

Der Theologe zieht mit ihnen durch ein kleines jüdisches Dorf. Auf der Gasse spielen Kinder im Staub, zerlumpt und mit zerrissenen Kitteln. Unter ihnen ein Kleiner mit dunklen Augen, verschmutzt, unter der Nase schaut er besonders unappetitlich aus.

Da greift sich der Professor eben diesen Jungen, stellt ihn in die Pilgergruppe und sagt mit Nachdruck: »So hat er ausgesehen!« — Er! Jesus! War das ein Schock! Da war alle »Zionsstimmung« verflogen. »So hat er ausgesehen« — wie dieser zerlumpte, verdreckte Junge. Ganz ohne Heiligenschein.

Wahrer Mensch! — Wenn man diesen Jesus von einem Arzt hätte röntgen lassen können, dann hätte man festgestellt: derselbe Knochenbau, dasselbe Nervensystem, derselbe Kreislauf, dasselbe Herz, dieselben Lungenflügel und Nieren, derselbe Darm. Mensch wie wir; da ist nichts, was ihn unterscheidet.

War es heiß, hatte er da etwa keinen Durst? War es kalt, fror er dann nicht? Wenn man ihn schlug, empfand er dann keinen Schmerz? Wenn man ihn peitschte, floß dann kein Blut? Und wenn man ihn ans Kreuz schlug, starb er dann nicht? Mensch wie wir — das muß man ganz hart und realistisch sagen. »Das Wort ward Fleisch« (Joh. 1, 14).

Der Eine — ganz auf Gottes Seite

Und zugleich: Dieser ganze, wirkliche Mensch steht vor uns als der Vertreter Gottes, ist Gottes Anwesenheit bei uns.

Was tut er als Gottes Repräsentant? Er bringt den Menschen das Evangelium, die gute Nachricht: »Ihr könnt nach Hause kommen, heim zum Vater.« Ein Thema hat er: das Wort von der Vergebung!

Und die Reaktion? Die ist ganz verbüffend. Auf diese wahrhaft frohe Botschaft — »kommt nach Hause« — reagieren wir Menschen ausgesprochen beleidigt. Das Wort von der Vergebung ist uns unerträglich. Hätte er nur kritisiert, beschimpft, ermahnt — er wäre uns willkommen gewesen. Aber das Wort »Vergebung« ist ein Skandal! Warum denn?

Da kommt doch dieser Jesus und sagt: »Eure Sache ist so verloren, daß ihr euch nicht mehr selbst helfen könnt. Euch kann *nur noch vergeben* werden!«

Was für eine Beleidigung! Das trifft unsere Menschenwürde ins Herz. Hätte er gesagt: »Ihr seid krank, ihr braucht einen Arzt«, das hätten wir ja akzeptiert. Hätte er behauptet: »Ihr seid ungebildet, ihr braucht einen guten Pädagogen«, das hätte uns eingeleuchtet. Aber: »Ihr seid so total verloren, daß euch nur noch Vergebung hilft!« Da werfen wir uns in die Brust und sagen voller Stolz: »Wenn wir etwas ausgefressen haben, dann machen wir es wieder gut, wir werden die

Scharte wieder auswetzen, den Fehler wieder korrigieren. Dafür stehen wir gerade. Ehrenwort!« Wenn aber jemand daherkommt und sagt: »Euch hilft nur noch Vergebung«, dann ist das eine Unverschämtheit. Der muß weg, und zwar im Namen der Menschenwürde!

Doch es steht noch mehr auf dem Spiel. Da sehen wir den Pharisäer, der zweimal in der Woche fastet (Christen kennen solches Verzichten kaum; er schon!), und für die Sache Gottes und für die Armen gibt er den Zehnten (es gibt nur wenige Christen, die so opferbereit sind). Vom ersten bewußten Augenblick am Morgen bis zum Abend müht er sich, bis in die kleinsten Kleinigkeiten des Alltags hinein den Willen Gottes zu tun. Eine imponierende Gestalt, dieser Pharisäer! Ein Vorbild, ein Modell! Hinter ihm steht der Zöllner — ein Lump, ein Betrüger, der seine Karriere, sein schönes Häuschen und sein dickes Bankkonto schlicht der Tatsache verdankt, daß er Gottes Gebot »Du sollst nicht stehlen« übertreten hat. Ein abschreckendes Beispiel! Und dieser Zöllner steht irgendwo hinten im Winkel und flüstert: »Gott, sei mir Sünder gnädig.« Und dann? Der Zöllner darf unter Gottes Ja nach Hause gehen und der Pharisäer nicht. Das ist das Urteil dieses Jesus! (Luk. 18, 9—14).

Wohin wird das führen? Sind da nicht am Ende alle Katzen grau? Wenn man so billig davonkommen kann wie dieser Zöllner, ist es dann nicht völlig gleich, ob jemand die Gebote Gottes ernst nimmt oder mißachtet, wird es nicht belanglos, wie einer sein Leben gestaltet?

Doch es kommt noch schlimmer. Da erzählt dieser Jesus ein Gleichnis von Arbeitern, die morgens um sechs Uhr im Weinberg begonnen haben. Obwohl den ganzen Tag über der heiße Südwind geweht hat, stehen sie die Arbeit durch, und abends um 18 Uhr bekommen sie den am Morgen vereinbarten Lohn: Jeder seine redlich verdienten 5 DM.

Doch nachmittags um 17 Uhr, eine Stunde vor Feierabend, sind andere dazugekommen. Tagsüber haben sie herumgelungert. Abends, als es angenehm kühl wird, beginnt ihr Einsatz. Und dann — um 18 Uhr — bekommen diese ebenfalls ganze 5 DM (Mat. 20, 1—16).

Nein, so darf Gott nicht sein, so darf seine Gnade nicht handeln. Entsetzlich, wenn das Schule machte! Wer wird dann noch so verrückt sein, am nächsten Tag vor 17 Uhr mit der Arbeit anzufangen? Jesus, mit deinem Wort von der Gnade unterwühlst du die moralischen Fundamente unseres Volkes, ruinierst alle Religion! Du mußt weg! Nicht nur im Namen der Menschenwürde, sondern auch im Na-

men der göttlichen Gebote. Weg, du Verleumder der Menschen, du Verächter Gottes!

Weil Jesus das Wort von der Vergebung sagt, darum packt uns Menschen die Wut. Daß wir so total verloren, so gänzlich bankrott wären, das können wir nicht auf uns sitzen lassen! Und diese unsere Wut trifft ihn jetzt wie ein Blitz. So kommt es zur Kreuzigung Jesu.

Mit unserer wilden Aggression meinen wir dabei nicht nur diesen Jesus, sondern wir meinen den, an dessen Platz er steht, den, den er repräsentiert, Gott, den Vater. Der Gotteshaß der Menschen trifft diesen Jesus. Der Stellvertreter Gottes wird von uns Menschen zu Tode gebracht, weil das Wort von der Vergebung so ungeheuer provozierend ist. Wir wollen nicht vor ihm kapitulieren.

Gibt es etwas Gefährlicheres als das Wort von der Vergebung? Jesus fragt den Zachäus nicht: »Zachäus, willst du dich bessern?«, er stellt keine Bedingungen, sondern spricht ihm voraussetzungslos, wirklich gratis, die Vergebung zu. Hätte das nicht ins Auge gehen können? Und wenn der Zachäus im alten Stil weitergemacht hätte? Wenn er sich gar bestätigt gefühlt hätte? Ist es nicht unverantwortlich, wenn man die Vergebung so frei, so voraussetzungslos, so bedingungslos austeilt, wie Jesus das getan hat?

Wenn wir Menschen nur sehen könnten, welche verwandelnde Kraft in dieser so ganz freien Gnade steckt: Der Zachäus verschenkt seine Habe den Armen. Die Arbeiter, die gestern um 17 Uhr kommen, stehen heute um 4 Uhr früh da, nur um diesem gütigen Herrn zu dienen. — Warum diese Verwandlung? In dem Menschen Jesus ist Gott selbst, der Schöpfer, unter uns getreten. »Gott war in Christus«, sagt Paulus.

Der Eine — ganz auf unserer Seite

Doch nun die Kehrseite: Dieser Jesus, dieser »*Gott*-bei-uns« ist zugleich *unser* Repräsentant vor Gott, ist der »*Mensch*-vor-Gott«, der zweite Adam, der uns alle umgreift. Wir haben vorhin schon ein wenig nachzuzeichnen versucht, was das heißt — »wahrer Mensch« (»so hat er ausgesehen«). Aber »wahrer Mensch« bedeutet ja mehr, als daß er nur unsere Gestalt, unsere Organe, unsere biologische Verfassung und unseren begrenzten geistigen Horizont angenommen hat. Bis in unsere *Schuld* ist er hineingestiegen. So tief ist er mit uns solidarisch geworden.

Jesus ist nicht der höchste Gipfel in der Menschheitsgeschichte, sondern umgekehrt: er ist die am tiefsten herabgestreckte Hand Gottes, hineingetaucht bis in den Schmutz, bis in den letzten Abgrund.

Tasten wir uns an dies Geheimnis heran!

Ich erinnere mich an eine Begebenheit in einem Dorf, in dem jeder jeden kannte. In einer Familie hatte der Vater an seiner Tochter Blutschande verübt. Anschließend saß er für einige Jahre im Zuchthaus. Als er danach entlassen wurde, geschah etwas, was alle braven Bürger des Ortes geradezu empörte. Seine Frau nahm ihn nämlich wieder auf, ja, sie ging Arm in Arm mit ihm durch die Straßen. So etwas Unanständiges! Die hätte sich scheiden lassen sollen! Jetzt noch mit diesem Mann herumzulaufen, noch weiter Gemeinschaft mit ihm zu halten!

Was tat diese Frau? Sie blieb unter dem Namen ihres Mannes, stellte sich mit unter seine Schande.

Wenn sie ihren Mann im Zuchthaus besuchte, konnte sie nicht moralisierend von oben herab kommen, sondern sie mußte sich sozusagen neben ihn auf das Armsünderbänkchen setzen und im Grunde ihres Herzens sagen: »Zu dem, was du getan hast, bin ich auch *fähig*. Vielleicht auf einem anderen Gebiet, aber fähig zu so etwas Dunklem und Unheimlichem bin ich auch.«

Wer nicht so tief hinabsteigen kann, der kann nie mit einem schuldigen Menschen reden, kann nie Seelsorger sein.

Freilich, diese Begebenheit ist nur ein Gleichnis, ein schwaches Abbild, das ganz von fern darauf hindeutet, was dieser Jesus tut. Er, der einzige Reine, der keinerlei Gemeinschaft mit der Sünde hatte, wird bis in diese abgründigste Tiefe hinein unser Gefährte, wird solidarisch mit unserer Schuld.

Paulus hat das ungeheuer dicht zusammengefaßt, indem er sagt: »Er ist für uns zur Sünde gemacht worden« (2. Kor. 5, 21) — nicht zu irgendeinem Sünder, sondern zur *Sünde!* Was das eigentlich heißt, das kann man nur von fern andeuten, nie ganz ausloten.

Ich wage ein Bild: Wenn Sünde mit Altmetall, mit Schrott verglichen werden könnte (die Sünde eines jeden ein massiver Klumpen), wenn man nun alle Sünde aller Menschen aller Zeiten und aller Kontinente zu einem gigantischen Haufen auftürmen würde, wenn man dann all dies Altmetall einschmelzen und aus der flüssigen »Sündenmasse« ein Bildwerk, eine Plastik, gießen könnte — wie würde diese Figur aussehen? Was würde sie darstellen? Etwa die Fratze des Teufels, die Visage des Satans? Nein, den gekreuzigten Jesus Christus! »Für uns zur Sünde gemacht«, vom Scheitel bis zur Sohle, mit jedem

Glied seines Körpers, mit jedem Atemzug — für uns zur Sünde gemacht, die *Sünde in Person.*

Luther hat einmal gesagt: »Du bist der größte Mörder, Dieb, Ehebrecher, Gotteslästerer, Heiligtumsschänder, Schurke, und einen größeren wird's nie geben.« Das sagte Luther nicht von dem ausschweifenden Papst Leo X., auch nicht von dem Kaiser Karl V., nicht einmal von sich selbst, sondern das sagte er von dem Gekreuzigten.

Aber dann hat er sich nicht abgewandt und auf den Boden gespuckt, sondern dann ist er niedergekniet vor diesem Gekreuzigten. Warum? Weil es ja Luthers Schuld war, weil es seine und meine und unser aller Schuld, die Schuld der ganzen Menschheit ist, die sich da in diesem Gekreuzigten zusammenballt. »Für uns zur Sünde gemacht.« In dem Gekreuzigten faßt sich die ganze Verlorenheit der Menschheit zusammen, und wer ihn anders ansieht, der sieht ihn falsch.

Wie antwortet Gott darauf? Er läßt sein Gericht über ihn hereinbrechen, ihn, der ja nun die Sünde in Person ist. Der Blitz des Zornes Gottes trifft den Repräsentanten der Menschheit, trifft in ihm uns alle.

So wird der Mittler als Repräsentant *Gottes* vom Gotteshaß der Menschen und als Repräsentant des *Menschen* vom Zorne Gottes getroffen. Von zwei Seiten zuckt der Blitz nieder.

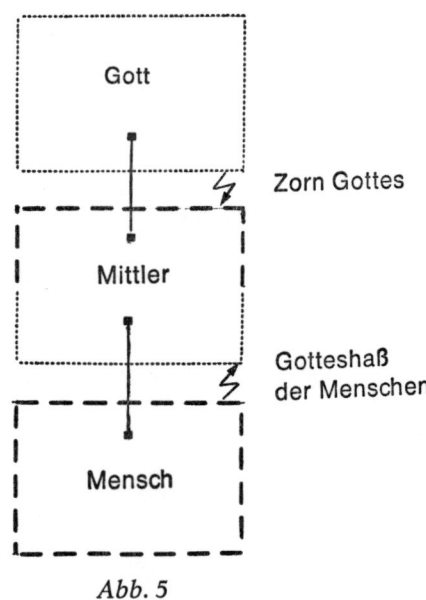

Abb. 5

Verflucht, wer am Holze hängt!

Das Kreuz wird bekanntlich von *zwei* Balken gebildet. Der eine *waage-rechte Balken* — so könnte man bildhaft sagen, stellt den Gotteshaß der Menschen dar. *Wir* haben Jesus ans Kreuz gebracht, das ist richtig. Wenn man heute manchmal hört: »Jesus hat das Establishment, die regierenden Kreise, so geärgert und gekitzelt, so provoziert, daß sie ihn schließlich aus der Welt befördert haben«, dann ist das sehr oberflächlich gesehen. *Wir* haben ihn getötet, das ist wahr. Doch die Ursache dafür ist letztlich der Haß gegen Gott, unser Nein zum Wort von der Vergebung.

Nun hat das Kreuz noch einen zweiten Balken, den *senkrechten*. Wer hat diesen Jesus umgebracht? Paulus hat das an einer anderen Stelle noch einmal deutlich gesagt, in Galater 3: »Er ist verflucht wor-den *von Gott*« — und dann nennt er eine alttestamentliche Stelle (5. Mose 27, 26) — »denn es steht geschrieben: von Gott verflucht ist, wer am Holz hängt« (Gal. 3, 13).

Wenn zur Zeit des Alten Testamentes jemand ein todeswürdiges Verbrechen beging, wurde er gesteinigt. Wenn das Vergehen beson-ders frevelhaft war, wurde der Leichnam anschließend öffentlich ausgestellt, wurde als abschreckendes Beispiel an einen Holzpflock ge-hängt. Diese Demonstration sollte allen ins Gewissen brennen: Hier hat Gott gesprochen. Hier ist ein Gottesurteil niedergegangen, so un-antastbar, so schrecklich ist Gottes Heiligkeit.

Dieses alttestamentliche Wort (5. Mo. 27, 26) haben die Pharisäer auf die römische Hinrichtungsart der Kreuzigung bezogen: Wer am Kreuze endet, ist von Gott verdammt. Auch die Jünger waren mit die-ser Deutung vertraut. Deshalb gab es bei ihnen am Karfreitagabend dunkelste Verzweiflung. Gott selber hatte in letzter Instanz den »Fall Jesus« entschieden — »Verflucht, verdammt!« lautete das Gottes-urteil. Gott selbst hat sich von diesem Jesus losgesagt. Jetzt gibt es für die Jünger nur die Möglichkeit der Flucht. Es ist aus mit Jesus, deshalb zurück an den Galiläischen See, zurück zu den Fischen!

Für die Jünger ist der Karfreitag eine Stunde voller Verzweiflung, für die Gegner Jesu dagegen die Stunde des Triumphes. Gott selber hat die Sache entschieden: »Verflucht ist, wer am Holz hängt.«

Nur von daher versteht man den Weg des Paulus. Wegen dieser alt-testamentlichen Bibelstelle, wegen dieses Gottesurteils ist er zum Chri-stenverfolger geworden. Denn was war das, als einige Wochen später diese Jesusjünger wieder auftraten? Wie Ratten aus den Löchern ka-

men sie, riefen erneut diesen verfluchten Namen aus und faselten gar von Auferstehung. Das war doch der Gipfel der Gotteslästerung! Ein Attentat auf Gottes Ehre! Gott hatte die Jesussache doch selber zu Ende gebracht — »verflucht ist, wer am Holze hängt«! Wer ein frommer und aufrechter Mann in Israel war, ein Gottesstreiter — und das war Paulus —, der mußte dieses Ungeziefer vernichten, mußte es ausrotten — im Namen Gottes!

Dann begegnet diesem eifernden Saulus der auferweckte, lebendige Jesus Christus. Gottes abschließendes Urteil war also nicht ein Nein, es war ein überwältigendes *Ja* zu diesem Jesus. Und jetzt geschieht das Eigenartige: Paulus hat den Satz — »Jesus ist von Gott verflucht« — nicht zurückgenommen. Aber er hat zwei kleine Wörter eingeschoben: *»für uns«*, stellvertretend für uns, an unserem Platz. Jawohl, der Gekreuzigte ist von Gott verflucht. Gott hat diesen Jesus umgebracht. Der Blitz des göttlichen Zorns ist eingeschlagen. Doch er hat eben die Sünde aller Menschen aller Zeiten in diesem Jesus getroffen. Über dem Nein leuchtet das Ja! — Wir sind vorausgeeilt. Kehren wir zum Karfreitag zurück, vom leeren Grab zum Kreuz.

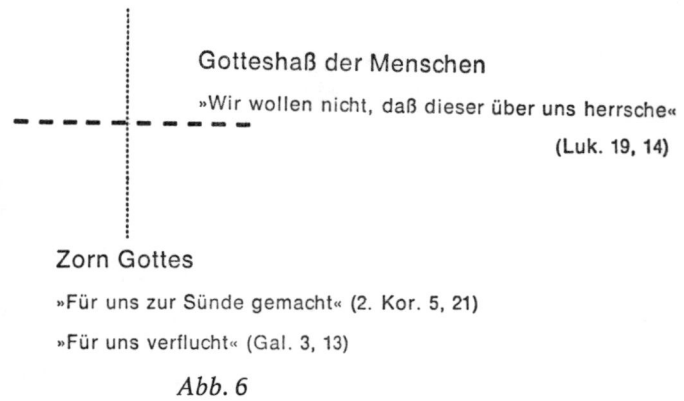

Gotteshaß der Menschen

»Wir wollen nicht, daß dieser über uns herrsche«

(Luk. 19, 14)

Zorn Gottes

»Für uns zur Sünde gemacht« (2. Kor. 5, 21)

»Für uns verflucht« (Gal. 3, 13)

Abb. 6

Von Gott und Menschen wird Jesus gerichtet und vernichtet.

Was tut Jesus in seinem Sterben? Das Entscheidende ist: In seinem Sterben hält er Gott fest und hält die Menschen fest, wie wir das in Abbildung 3 bis 5 anzudeuten versucht haben. Er hält beide fest, und so bringt er in seinem Sterben Gott und die Menschen wieder zusammen. So stiftet er Versöhnung.

Der Mann in der Mitte — der Versuchte!

Die Versöhnung fällt Jesus nicht einfach in den Schoß. Sie wird von ihm erkämpft, erlitten. Das bezeugen die Erzählungen, die von Jesu *Versuchung* berichten. Da müht sich der Satan, auf zweierlei Weise, an zwei Punkten, das Band zu zerschneiden, mit dem der »Mittler« Gott, den Vater, und uns Menschen verbindet.

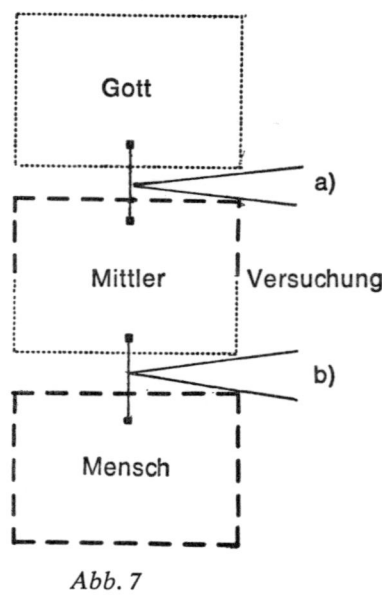

Abb. 7

Man kann dieses Band ja an zwei Stellen trennen. Einmal *»oben«* an der mit a) gekennzeichneten Stelle. Das würde heißen: »Laß doch *Gott* los und werde so, wie die Menschen dich haben wollen.« Dann »unten« die Möglichkeit b): »Laß doch die *Menschen* los und zieh dich in die heile Welt Gottes zurück.« Das sind die beiden Versuchungen, die im NT an Jesus herangetragen werden.

Die Versuchung a): Schneid den Faden »oben« ab!

Schauen wir uns zunächst einmal Versuchung a) kurz an, wie sie in Matth. 4 (und Lukas 4) überliefert ist.

Um »messianische« Versuchung geht's da, d. h. der ganze Auftrag

Jesu steht auf dem Spiel. Und alle taktischen Maßnahmen des Satans zielen auf einen Punkt: Das Kreuz muß verhindert werden!

»Jesus«, so der Versucher, »ich habe dir eine großartige Erfolgsstrategie anzubieten, drei ›todsichere‹ Tips. Folge mir, und alle, alle werden dir folgen! —

Spürst du den Hunger in deinem Magen? Siehst du die Steine ringsum, eine Wüste voller Steine? Mach Brot daraus! Laß die Wüste leben und die Menschheit dazu! Die Grundfrage der Menschen ist nämlich die nach dem *Unterhalt,* die Magenfrage.«

Ich erinnere mich an eine Wochenschau aus dem Dritten Reich, in der der erste Spatenstich an der Reichsautobahn festgehalten wurde. Es war in der Zeit der Wirtschaftskrise, einer Zeit des Hungers. Plötzlich gab es Arbeit und Brot! Da standen die Männer zu Hunderten, den Spaten geschultert, und dann trat »er« mitten unter sie, nahm den Spaten und tat den ersten Spatenstich, »er«, der Führer. Und sie jubelten ihm zu wie einem Gott! Er löst die Frage nach dem Unterhalt — »Heil Hitler!«

So also sieht Satans erstes Erfolgsrezept aus: »Du mußt die Frage nach dem Unterhalt lösen. Werde so, wie die Menschen dich ersehnen, dann wirst du sie alle gewinnen.«

Ich möchte mich in das Gespräch einmischen, möchte Jesus zuflüstern: »Herr, ja, das ist's. Das tu. Mir stehen Bilder aus Indien vor Augen: eine allmorgendliche ›Müllabfuhr‹; die Leichen der über Nacht Verhungerten werden abtransportiert. Ja, Herr, der Brecht hat recht: Erst kommt das Fressen, dann die Moral! Lös die Magenfrage!«

Erschrocken höre ich, wie Jesus deutlich Nein sagt. —

»Jesus«, meldet sich der Satan wieder, »hör zu, mein zweiter Rat: So wichtig wie der Unterhalt ist die *Unterhaltung.* Nichts ist für die Menschen schlimmer als Langeweile. Die macht nervös, aggressiv. Spring von der Zinne des Tempels, faszinier die Menge durch Sensationen, werde ihr Super-Star! Fülle den Magen und das Hirn, gib Brot und Spiele. Und alle, alle folgen dir.«

Da kann ich nicht schweigen: »Ja, Herr«, sage ich, »das ist's! Das tu! Haben nicht im Fernsehen die Unterhaltungssendungen die höchste Einschaltquote (die Shows, die Krimis, die Quizspäße, das ›Ohnesorgtheater‹)? Bekommen nicht die Stars und Entertainer die höchsten Gagen? Wer übertrifft sie an Popularität? Herr, der Tip ist gut! Mehr noch: Ich denke an all den Leerlauf bei jungen Menschen: an Alkoholismus, Drogenwelle, Sexneurosen! Da ist z. B. ein begabter Abiturient

aus begüterter Familie. Einen eigenen Wagen besitzt er, einen eigenen Videorekorder, eine kesse Freundin — und begeht Selbstmord. ›Was soll denn noch kommen außer Leerlauf?‹ fragt er in seinem Abschiedsbrief. Herr, löse sie — die Frage nach der Unterhaltung, tiefer noch: die Sinnfrage!«

Ich zucke zusammen, als ich deutlich Jesu zweites Nein höre. Nein, sagt er! —

Noch einmal der Satan: »Jesus, beachte meinen dritten Vorschlag. Unterhalt und Unterhaltung sind gut, doch *etwas Haltbares* gehört dazu. Stabile Verhältnisse (gesellschaftlich, politisch)! In einer Vision zeige ich dir den ganzen Globus — schaff darauf ein Weltfriedensreich!«

Ich kann nicht an mich halten: »Das, Herr, mußt du unbedingt tun. Denk an den ideologischen Streit und das Wettrüsten zwischen Ost und West, denk an das Nord-Süd-Gefälle! Denk an allen mörderischen Imperialismus und Rassismus, an Folter und Terror! Denk an die Eskalation im Bevölkerungswachstum, im Energieverbrauch, bei der Umweltverschmutzung. Herr, die Welt wird unregierbar. Herr, nimm den Globus in deine Hand, schaff etwas Haltbares. Das ist's! Das tu!«

Geradezu geschockt vernehme ich Jesu drittes klares Nein! Nein, sagt er an dieser Stelle.

»Herr, ich verstehe dich nicht: Alle Menschen satt, alle zufrieden, alle in Sicherheit. Was soll denn sonst wichtig sein?«

Aber nun macht mir Jesus deutlich, geduldig und behutsam: Hinter dem dreifachen Nein steht nicht die Verachtung all dieser Nöte. Die *Unterhalts*frage ist ihm nicht belanglos (hat er doch selbst gehungert und Hungernde gespeist), die *Unterhaltungs-*, die Sinnfrage ist ihm nicht gleichgültig (hat er doch Menschen zu sinnvollen Aufgaben gerufen: Folge mir nach!), die Frage nach dem *Haltbaren*, die Macht- und Friedensfrage ist ihm nicht unwichtig (ist er doch selbst unschuldig zu Tode gefoltert worden, hat er doch selbst gesagt: Selig sind, die Frieden machen).

Diese Nöte sind keine Bagatellen, um Tod und Leben geht's da! Aber diese Nöte sind für Jesus *Symptome* der einen Not, in ihnen meldet sich der tiefste *Krankheitsherd*. Wird *der* nicht beseitigt, dann wäre alles Symptom-Pfuscherei (wie wenn ein Zahnarzt die Karies mit Schmerztabletten statt mit dem Bohrer behandeln wollte). Die Mitte, der Krisenherd, die Brutstätte, heißt: die *Schuldfrage*. Das ist die Diagnose Jesu.

Ganz hart und steil stellt er das Wort »*Sünde*« in den Raum, unbekümmert, ob wir das »shocking«, unmodern, ja unzumutbar finden. Diese »Absonderung« von Gott ist der Herd aller Todesmetastasen. Wer die Magen-, die Sinn-, die Friedensfrage stellt, ohne die Schuldfrage in der Mitte, der denkt »anthropozentrisch«, denkt von den Sehnsüchten und Bedürfnissen des Menschen her. Der tut so, als ob wir — die Rebellen gegen Gott — noch irgendein anderes Recht vor Gott anmelden könnten, als das Recht auf unsere Hinrichtung.

Die Schuldfage aber ist »theozentrisch« gestellt, da steht Gott und sein heiliger Anspruch im Zentrum. »Würde ich die Magen-, die Sinn-, die Friedensfrage anfassen an der Schuldfrage vorbei, wäre das Verrat an meiner Sendung, wäre das Anbetung des Satans. Das Kreuz bleibt mir dabei gewiß erspart, aber euch bliebe das wahre Leben für immer verschlossen. Das ist meine Diagnose, sagt Jesus, meine Therapie aber heißt: Ich sterbe für euch.

Mein dreifaches hartes Nein kommt aus dem tiefen Ja zu euch!«

Die Versuchung b): Schneid den Faden »unten« ab!

Es gibt daneben noch die andere Versuchung, die wir in Abb. 7 mit b) bezeichnet haben: »Wenn die Menschen dich doch radikal ablehnen, wenn sie dich sogar totschlagen, dann ziehe dich doch einfach aus dieser unheimlichen, ekelhaften Landschaft zurück. Kehr doch heim, in die himmlisch-sonnigen Gefilde. Rette dich durch ein Wunder! Steige doch herab vom Kreuz! Die Menschen sind deiner Hingabe nicht wert. Überlaß sie ihrem Schicksal!«

Jesus sagt seinen Jüngern einmal (Matth. 26, 53): »Meint ihr denn nicht, ich könnte meinen Vater bitten, mir mehr als 12 Legionen Engel zu schicken? Dann wäre ich aus all den Schwierigkeiten heraus. Aber wie würde dann Gottes Wille, wie würde dann die Schrift erfüllt?« — Auch an dieser Stelle sagt Jesus Nein, Nein zur Versuchung, weil er Ja sagt zu uns — zu uns, den Rebellen und Mördern!

Es gibt genügend Geschichten von griechischen Göttern, die sich für einige Zeit als Menschen verkleiden, gewissermaßen eine Art göttlichen Karneval veranstalten. Wenn es dann gefährlich wird, lüften sie ihr Inkognito, lassen die Maske fallen, und als strahlende Lichtwesen kehren sie in ihre Welt zurück.

Jesus hat sich nicht die Maske eines Menschen vorgebunden, sondern ist mit Haut und Haar in unsere Existenz hineingekrochen. Weil er ganz bei uns Menschen stehen wollte, weil er Heiland, Heilbringer,

für die Menschen war, darum hat er die Menschen festgehalten, auch als sie ihn totschlugen — »Vater, vergib ihnen, denn sie wissen nicht, was sie tun.« Weil er ganz bei Gott stehen wollte, weil er ganz der Sohn war, darum hat er im Sterben Gott festgehalten — auch als es ganz finster wurde und er den Schrei ausstieß: »Mein Gott, warum hast du mich verlassen?«

Jesus Christus, der Mittler — *er will lieber von den Menschen vernichtet werden, als sich von Gott zu trennen; und er will lieber von Gott verflucht und zerschlagen werden, als uns Menschen loszulassen.* Und so geschieht es in seinem Sterben, daß er beide festhält, Gott und uns Menschen. Sein Kreuz bindet uns zusammen, so daß nichts in der Welt den Querbalken und den Längsbalken voneinander trennen kann. Gott und die Menschen sind versöhnt — ein für allemal!

Gott gegen Gott

Aber wir müssen noch ein Stück tiefer bohren. Wir haben ja in dem Gleichnis am Anfang unseres Kapitels von dem Richter gesprochen, der sich selber richtet. Dieses Gleichnis bekommt an dieser Stelle seine tiefste Bedeutung. Wie steht es mit Gottes Zorn und seiner Liebe, seiner Gerechtigkeit und seiner Barmherzigkeit? Wie verhalten sich beide zueinander?

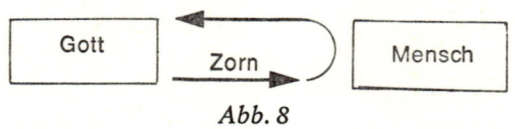

Abb. 8

Auf der einen Seite steht Gott, auf der anderen der Mensch. Nun schießt der heilige Gott in seinem *Zorn* das Geschoß gegen den Menschen, doch die *Liebe* steuert dieses Geschoß. Gott trifft sich selbst! Das ist das Geschehen am Kreuz in letzter Tiefe.

Am Kreuz vollzieht sich das Gericht über die menschliche Schuld. Wenn man fragt, wie ernst Gott menschliche Schuld nimmt, dann muß man sich den geschundenen, zerschlagenen, blutigen Körper dieses Jesus ansehen. Schlimmer wurde auch in einem KZ niemand zugerichtet. So ernst nimmt Gott die Sünde. Wenn man irgendwo entdecken will, daß die Sünde kein Spaß ist, dann muß man auf den gekreuzigten Jesus schauen. Auf Sünde steht Tod! Wenn man andererseits entdecken will, was Liebe Gottes heißt, dann muß man still stehen vor

dem Geheimnis: Er hat sich selbst geschlagen, damit wir frei sein können. Das ist das letztlich Unbegreifliche im Kreuzesgeschehen. »Deus contra deum«, sagte Luther, »Gott gegen Gott«.

Es gibt in der Passionsgeschichte eine Stelle, in der das sehr eindrücklich zusammengefaßt wird: »Und von der sechsten Stunde an ward eine Finsternis über das ganze Land bis zur neunten Stunde. Und um die neunte Stunde schrie Jesus laut und sprach: Mein Gott, mein Gott, warum hast du mich verlassen?« (Mark. 15, 33 u. 34). Man hat immer wieder herumgerätselt, was das wohl für eine Finsternis gewesen sein mag. Aufgrund der Jahreszeit ist eine Sonnenfinsternis ausgeschlossen. In manchen Bibelauslegungen kann man dann lesen: Es müsse wohl ein Sandsturm gewesen sein, der Schirokkowind, der im Orient ungeheure Sandmassen hoch in die Luft wirbeln und über ein Land hinwegtragen kann, so daß sich der Himmel verfinstert. Vielleicht stimmt diese Erklärung. Was uns aber den Hintergrund aufschließt, ist ein Wort aus dem Propheten Amos. Amos spricht dort von dem Gericht Gottes, von dem »Tag des Herrn«, dem Tag, an dem Gott die Bosheit der Menschen richtet: »Zur selben Zeit, spricht Gott der Herr, will ich die Sonne am Mittag untergehen und das Land am hellen Tage finster werden lassen« (Amos 8, 9). Anders ausgedrückt: Was sich dort zwischen 12 Uhr mittags und 15 Uhr nachmittags abspielte, das war Gottes Gericht über diese Welt. Diese Finsternis weist auf das Jüngste Gericht hin. So gewiß das Jüngste Gericht etwas Zukünftiges bleibt, ist es doch schon grundsätzlich an diesem Tag über der ganzen Sünde der Menschheit vollzogen. Und da ertönt in diese Finsternis hinein der Schrei, mit dem er, dieser Geschlagene, beides zusammenbringt, die tiefe Gottesfinsternis und das feste Gottvertrauen: »Mein Gott, warum hast du mich verlassen?« Nun muß man den Text wohl so verstehen: Als dieser Schrei verklungen war, am Karfreitag um 15 Uhr, da wurde der Himmel strahlend hell, da ging die Sonne auf: Das Jüngste Gericht war vorüber!

Der Richter läßt sich selbst für die Menschheit richten, und indem er stirbt, reißt er die Schuld der Menschheit in seinen Tod hinein. Nun ist sie weg. Sie existiert nicht mehr.

Was Ostern heißt, darüber werden wir im nächsten Kapitel nachdenken. Eines aber müssen wir hier schon sagen: Ostern heißt, daß Gott zu diesem Jesusunternehmen sein großes Ja spricht. »Ja, das ist mein lieber Sohn, den sollt ihr hören.« Gott sagt ja zu dem, der da in der Mitte steht. Das heißt aber doch: Er sagt ja zu unserem Repräsentanten. Gottes Ja zu dem Mittler ist sein Ja zu dem zweiten Adam, und

damit sein Ja zu uns allen, denn dieser Jesus läßt sich durch keine Gewalt von uns trennen. Das Oster-Ja ist also ein Ja, das die ganze Menschheit einschließt.

Zwei Veranschaulichungen sollen das Geheimnis der göttlichen Stellvertretung, das Geheimnis des Kreuzes zusammenfassend beleuchten, wollen einladen zum Stillestehen und Staunen.

Ein modernes Bild: Jesus — der seltsame Torero!

Vor einiger Zeit fand ich in einem Kunstband die folgende Pinselzeichnung von P. Picasso:

Abb. 9

Aus Theo **Sundermeier,** »Maler sehen Christus«, Aussaat Verlag

Auf den ersten Blick eine höchst befremdliche Darstellung! Kann man das Geschehen von Golgatha gleichnishaft übertragen in die Stierkampfarena? Links unten der Stier — nur angedeutet als schwarze Masse in rasender Bewegung. Doch die Hörner, mörderisch scharf wie Lanzenspitzen, sind klar erkennbar. Geballte Wut, die vernichten will

— Symbol dämonischer Gewalt! Am rechten Bildrand das Opfer. Das Pferd liegt bereits am Boden, ist bei der Flucht gestürzt. In wenigen Sekunden wird das rasende Untier seinen Leib aufschlitzen. Flehend, schreiend vor Entsetzen, hebt es den Kopf empor zu dem Mann in der Mitte. Was wird er tun?

Was der Hohn der Spötter (»Steig herab vom Kreuz!«) nicht vermochte, das bewirkt der Hilferuf: Er löst seine Rechte vom Kreuzesbalken los. Doch nicht, um sich zu befreien. Er zieht vielmehr das Lendentuch von seiner Hüfte weg, schwenkt es vor dem gesenkten Kopf des schäumenden Ungeheuers, gibt sich dessen wütendem Ansturm preis.

Der Ausgang der Szene ist keinen Augenblick zweifelhaft. Der Stier wird sich auf den Mann in der Mitte stürzen, auf den Angenagelten, Festgebannten, wird ihn zerfleischen. Das Pferd aber, der Gefahr entronnen, findet Leben und Freiheit.

Welch ein seltsamer Torero: Er läßt sich töten, statt zuzustechen, opfert sich, statt zum Degen zu greifen. In der Tat eine kühne »Übersetzung«. Von fern klingt der Satz des Paulus an von dem »Seufzen der Kreatur«, die auf ihre Befreiung wartet (Röm. 8, 21 u. 22).

Ein biblisches Bild: »Bar gekauft!«

Paulus hat sein ganzes Leben lang die Welt durchsucht nach Bildern, die sein wichtigstes Thema — »das Wort vom Kreuz« — zur Sprache bringen könnten.

Eines dieser Bilder könnte man etwa so nachzeichnen (vgl. 1. Kor. 6, 20): Wer in Korinth auf den Markt kam, konnte dort Apfelsinen, Pfirsiche, Fleisch und alle möglichen anderen Dinge kaufen. U. a. gab es dort auch einen Stand mit »andra-poda«, mit »Sachen, die Füße haben wie ein Mann«. Sachen mit Menschenfüßen? Was kann das sein? Antwort: *Sklaven,* was sonst!

Nun stelle man sich so einen Stand mit *andra-poda* vor. Der Verkäufer hat neben »erster Wahl« auch einen Ladenhüter, den er nicht mehr loswerden kann. Auf den ersten Blick erkennt man, warum. Eine ausgemergelte Gestalt. Jahrelang war er in den Fängen eines brutalen Sklavenbesitzers, der ihn geschunden und geschlagen hat. Der ganze Körper ist bedeckt mit Narben. Er kann niemanden mehr ansehen, die Augen haben einen irren Blick, kriechen auf dem Boden. Eine in sich zusammengesunkene Gestalt, ein Wrack.

Leute gehen vorbei und taxieren ihn, fühlen ihm die Rippen, reißen

ihm den Mund auf und schauen nach den Zähnen und sagen: »Was soll das noch? Abfall!«

Doch da kommt einer und fragt: »Was soll der kosten?« Er holt die Summe hervor, legt sie auf den Tisch und sagt: »Komm, geh mit, du gehörst jetzt mir.«

Wir kennen den Vers bei Paulus: »Ihr seid teuer erkauft.« Das muß man ganz wörtlich übersetzen: »*Bar* gekauft« steht da, d. h.: nicht auf Ratenzahlung. Der alte Besitzer hat nicht mehr für einen Pfennig Anrecht. Der Kauf ist perfekt.

Luther hat übersetzt: »Ihr seid *teuer* erkauft«, weil vor Gott der Mensch eben nicht nur die paar Dollar wert ist, die (wie wir im ersten Kapitel gesagt haben) ein Amerikaner ausgerechnet hat. Was ist der Mensch vor Gott wert? Wie hoch steht er im Kurs? Wir sind Gott seinen *Zorn* wert, hieß es am Anfang. Jetzt können wir unendlich viel mehr sagen. Wenn Luther formulierte: »Teuer erkauft — nicht mit Gold oder Silber, sondern mit seinem heiligen teuren Blut«, dann will er ausrufen: Du und ich, jeder von uns ist für Gott *einen ganzen Christus* wert. Das ist die Währung, in der wir vor Gott gehandelt werden. Wer das einmal verstanden hat, der kann nur noch darüber staunen, wer er in den Augen Gottes ist. Jeder von uns ist Gott einen Christus wert, weniger nicht. Was muß, was darf da aus unserem Leben werden!

Ihr seid teuer erkauft, bar gekauft, nun gehört ihr dem neuen Herrn. Dabei, sagt Paulus, geschieht das, was ein Sklave nur träumen konnte. Er kommt nämlich von jenem brutalen Sadisten zu einem Herrn, der einen Menschen — nicht eine Sache — in ihm sieht, ihn freundlich in sein Haus aufnimmt.

Da fängt er an aufzuleben. Die Gestalt richtet sich auf. Die Augen bekommen wieder Glanz, er lernt das Sprechen neu. Er bekommt wieder Haltung: Menschwerdung eines Menschen! Und dann kommt der Tag, an dem der neue Herr sagt: »Ich lasse dich frei. Da ist das Gewand des freien Bürgers. Ich habe dich freigekauft, habe das Recht, dich freizulassen.«

Paulus fährt nun fort: Das ist eure Situation! »Darum preiset Gott mit euren Leibern.« Was meint er damit?

Stellen wir uns vor, dieser ehemalige Sklave geht eines Tages als freier Bürger durch die Straßen von Korinth. Da plötzlich sieht er seinen ehemaligen Sklavenbesitzer. Als er dessen Gesicht erkennt, diese verzerrte, brutale Visage, da kommen die Ängste der Vergangenheit wieder hoch. Da zittern ihm die Knie, ihn überfällt wieder der Schau-

der von damals, fliehen möchte er. Und schon hat der andere ihn gepackt und schreit ihn an: »Wie wagst du es, so herumzulaufen? Aus
der Gosse kommst du, in die Gosse gehörst du!«

Jetzt kommt der entscheidende Augenblick — wird er seinem neuen
Herrn Ehre machen? Oder wird er jetzt vor dem alten in die Knie
sinken? Wird das Neue oder das Alte siegen? Da richtet sich der Frei-
gelassene auf und sagt: »Was haben wir eigentlich noch miteinander
zu schaffen? Wenn du etwas willst, schleppe ich dich vor meinen neuen
Herrn. Der wird dir zeigen, was du mir noch zu sagen hast, denn der
Kauf ist perfekt.«

»Ihr seid bar erkauft, preist Gott mit eurem Leibe«, d. h.: mit eurem
ganzen Leben macht Gott groß. Wenn die Schuld euch verklagen will
— Gott hat gesiegt; wenn der Teufel euch ängstigen will, schüttelt ihn
ab und nehmt ihn mit zu euerm neuen Herrn (Christen nennen das
»beten«), dann hat er nichts mehr zu sagen. Wenn wir uns wieder von
den alten Mächten ängstigen lassen, dann nehmen wir die Tatsache
nicht ernst, daß wir wirklich und endgültig freigekauft sind. Dann ent-
ehren wir unsern Retter!

Nur ein *Thema? —* Ein *Thema nur!*

Paulus sagt, wie wir am Anfang unseres Kapitels gesehen haben: »Ich
habe nur *ein* Thema: Jesus Christus, den Gekreuzigten.« Paulus, hast
du wirklich nichts anderes zu bieten? Nichts Interessanteres, Kultivierteres, Schöneres, Attraktiveres? — »Nein«, sagt Paulus, »ich habe nur
ein Thema, Jesus Christus, den Gekreuzigten. Wir sind Gott seinen
Zorn wert — das ist viel. Wir sind Gott seinen Sohn wert — das ist unendlich mehr. Ein größeres Thema wüßte ich nicht!«

Zusammenfassung von Kapitel IV

1. Gott und die Menschen sind durch einen breiten Graben getrennt:
   a) Die Menschen haben sich in Rebellion von Gott losgesagt, wollen
      selber Gott sein.
   b) Gott antwortet darauf mit seinem **Zorn**: Gerade dieser Zorn ist ein
      Zeichen dafür, daß Gott das Interesse am Menschen nicht verloren
      hat. Der Mensch ist Gott wichtig, Gott will ihn retten.
2. Gott stellt Jesus Christus in die Mitte (als **»Mittler«**, als »Pontifex«, als
   Brückenbauer). Jesus steht in einer doppelten Solidarität:

a) Jesus steht ganz bei Gott, ist **Gottes Stellvertreter** vor den Menschen;

b) Jesus steht ganz bei den Menschen, ist der **Menschen Stellvertreter** vor Gott.

3. Als **Stellvertreter Gottes** richtet Jesus das »Evangelium« (die gute Nachricht) aus; er bietet Gottes **Vergebung** an: Wer Gottes Vergebung annehmen will, gibt damit zu, daß er schuldig ist, sich selbst nicht »entschuldigen« kann, ganz auf Gottes Güte angewiesen ist. Dies aber will der »Rebell Mensch« nicht eingestehen, er will sich selbst behaupten. So richtet sich sein Haß gegen Gott auf Gottes Stellvertreter und tötet ihn: Jesus erträgt als **Stellvertreter Gottes das Leiden der von den Menschen verachteten Gottesliebe.**

4. Als **Stellvertreter der Menschen** wird Jesus mit den Menschen ganz solidarisch. Als der Unschuldige stellt er sich unter die Schuld der Menschen. So trifft ihn der Blitzstrahl des göttlichen Gerichts (Gottes Heiligkeit).
   Jesus erträgt als Stellvertreter der Menschen **das Leiden des von Gottes Zorn verurteilten Menschen.**

5. Das Kreuz Jesu Christi wird also sowohl **von den Menschen** (Haß gegen Gott und seinen Repräsentanten) als auch **von Gott** (Gericht über die Menschen, vollzogen an ihrem Repräsentanten) aufgerichtet. Es hat — im Bild gesagt — einen waagerechten und einen senkrechten Balken.

6. Jesus hält in seinem Sterben die doppelte Solidarität durch:
   a) **Er hält Gott fest:** Er will lieber von den Menschen vernichtet werden, als sich von Gott lossagen.
      (Vgl. »Mein Gott, mein Gott, warum hast du mich verlassen«.)
   b) **Er hält die Menschen fest:** Er will lieber von Gott vernichtet werden, als sich von den Menschen lossagen.
      (Vgl. »Vater, vergib ihnen, denn sie wissen nicht, was sie tun«.)

7. Jesu Tod ist Gottes **Aktion** und Gottes **Passion.** Jesus hat seinen Platz bei den Menschen im Auftrag **Gottes** eingenommen. Gottes Liebe zu den Menschen hat ihn dort hingestellt. Wenn Gott jetzt sein Gericht über den ihm gehorsamen Jesus entlädt, dann stellt Gott sich damit gegen sich selbst. Gott gegen Gott: **Gottes Liebe richtet das tödliche Geschoß seines Zornes gegen sich selbst.**

8. Für die **Optik der Menschen** bedeutete der Tod Jesu ein **Gottesurteil:** Jesus ist als Gotteslästerer entlarvt, er ist ein Verfluchter (»Verflucht ist, wer am Holze hängt«, Gal. 3, 13). Gott hat sich endgültig von Jesus losgesagt.

9. **Gott** aber spricht sein endgültiges Urteil in der **Auferweckung Jesu.** Hier spricht Gott das Ja zu **seinem** Stellvertreter und bestätigt ihn — hier spricht Gott das Ja zu dem Stellvertreter der **Menschen;** dieses Ja

zu dem mit den Menschen solidarischen Jesus ist Gottes Ja zu den Menschen: Wir dürfen leben!

In der Auferweckung bestätigt Gott, daß Jesus die **Einheit mit Gott** und die Einheit mit den **Menschen** durchgehalten hat und so Gott und Menschen wieder zusammenbrachte.

V. Er ist wahrhaftig auferstanden

Vom Osterlachen

»Es muß gelacht werden!« — könnten Sie sich vorstellen, daß das in einer Gottesdienstordnung steht? Ich hoffe sehr, daß es in unseren Gottesdiensten manchmal etwas zu lachen gibt. Ob es aber in einer Agende heißen könnte: »Jetzt *muß* gelacht werden«, »Lachen geboten« — das scheint uns wohl schon fraglicher.

In der alten Kirche — und dann weiterhin in der Ostkirche — hat es einen merkwürdigen Brauch gegeben, die Osternacht zu gestalten. Wenn es auf Mitternacht zuging, saß die Gemeinde in tiefem Schweigen beisammen. Totenstill war es. Man gedachte der Tage und Stunden, in denen Jesus im Grab gelegen hatte. Doch dann, Schlag 12 Uhr, brach wie eine Explosion in diese Stille hinein ein lautes und fröhliches Lachen, das »Ostergelächter«. In diesem Osterlachen geschah so etwas wie Exorzismus: Austreibung der finsteren Mächte und Dämonen. (In einem unserer Weihnachtslieder haben wir den Vers: »Tod und Teufel muß sich schämen« — sie haben nichts mehr zu lachen, um so mehr aber wir Christen!)

Später galt jahrhundertelang für den Pfarrer die Regel: Keine Osterpredigt ohne einen guten, kräftigen geistlichen Witz. Es darf, es muß gelacht werden.

Das ist gut neutestamentlich. In 1. Kor. 15, 55 stimmt Paulus ein Spottlied an: »Tod, wo ist dein Stachel, Hölle, wo ist dein Sieg?« So verhöhnt man eine Hornisse, deren Giftstachel weggerissen, eine Schlange, deren Giftzahn ausgebrochen wurde.

In Kol. 2 spielt Paulus auf einen Triumphzug an, wie er für einen siegreichen Feldherrn in Rom veranstaltet wurde. — Allein schon die Namen der Barbarenfürsten haben vorher Frauen und Kinder erschauern lassen; jetzt erscheinen sie leibhaftig, aber in schwere Ketten gelegt! Wohl versuchen sie noch, drohend die Fäuste zu erheben, werfen wilde Blicke um sich, fletschen die Zähne. Aber sie sind besiegt, werden mitgeschleift im Triumphzug, sind unterwegs zu ihrer Hinrichtung. Albern ist jeder, der jetzt noch vor ihnen zittert: Es darf, es muß gelacht werden! So heißt es in Kol. 2, 15: »Gott hat (im Ostersieg) die Mächte und Gewalten vollständig entblößt, stellt sie öffentlich zur Schau und führt sie im Triumphzug mit sich.«

Die folgende Gleichniserzählung, bei der ich die schöne Geschichte »Der Geist von Canterville« (vom englischen Schriftsteller Oscar Wilde) frei verwende und gewiß ein wenig verunstalte, möchte ein modernes Gleichnis sein für das »Es darf, es muß gelacht werden«.

Der Lord von Canterville, Eigentümer eines prächtigen Schlosses, ist in argen finanziellen Nöten, deshalb möchte er seinen Besitz dringend verkaufen.

Aber er ist zugleich ein Gentleman, und sooft ein Besucher Interesse zeigt und anbeißen möchte, rückt er mit einem Geheimnis heraus, das den Wert dieses Schlosses doch ein wenig herabmindert: Es spukt nämlich darin. »Etwa vor zwei Jahren«, erzählt der Lord freimütig, »ist die Gräfin XY dem Gespenst begegnet, seitdem stottert und zittert sie. Und einige Jahre vorher hat sich eine andere adelige Dame kopfüber aus dem Fenster gestürzt, als der Geist auftauchte.«

Was ein rechter Engländer ist, der hat natürlich Respekt vor Gespenstern, und so bleibt der Lord wortwörtlich auf seinem Schloß sitzen. Bis eines Tages Mister Moneymaker von Amerika über den großen Teich kommt. Er will sich im alten Europa niederlassen. Geld spielt keine Rolle, aber es muß etwas Komfortables und Vornehmes sein, beste englische Tradition. Das Schloß von Canterville entspricht genau seinen Vorstellungen.

»Very romantic«, sagt er, »ganz großartig.«

Der Lord rückt wieder mit seinem Problem, dem Gespenst, heraus. Doch das beeindruckt Mister Moneymaker gar nicht, macht die Sache nur noch attraktiver. »Geist wird mitgekauft.«

Das Gespenst ist höchst empört darüber, daß dieses amerikanische Greenhorn so wenig Anstand und so wenig Respekt vor einem jahrhundertealten, ehrwürdigen Geist an den Tag legt. Ich werde mich rächen, beschließt es.

Ein kräftiger Empfang gehört dazu, und der wird sorgfältig inszeniert.

Als der Amerikaner mit Frau und Kindern zum ersten Mal sein neues Haus betritt, da finden sie auf dem wunderschönen Parkettboden eine tiefdunkle Blutlache. Nun muß sie doch in Ohnmacht fallen, die Dame aus Amerika! Aber nichts dergleichen. Ohne mit der Wimper zu zucken, winkt sie das Dienstmädchen herbei: »Flecken-Anna hilft gegen alles.« Und chemisch rückt man dem Gespenst zu Leibe.

Das ist tief verwundet. So unverfroren ist man noch nie mit ihm umgegangen. In der nächsten Nacht zeigt es all seine Künste. Da gibt

es Geheul in allen Gängen und Fluren, Stöhnen, Kettenrasseln, entsetzlich anzuhören. Schlottern diese Amerikaner jetzt endlich vor Angst? Am nächsten Abend haben sie dem Gespenst ein Tablett hingestellt, auf dem sie ihm ein Fläschchen Magentropfen servieren (»Du scheinst große Schmerzen zu haben«, steht dabei) und ein Fläschchen mit Öl (»Wenn du denn unbedingt mit den Ketten klirren mußt, vielleicht kannst du sie ein wenig ölen, damit es sanfter tönt.«)

Unerhört! Hinzu kommt, daß in der folgenden Nacht die Jungen des Amerikaners feine Drähte über die Flure und Korridore gespannt haben. In seinem Eifer verfängt sich das Gespenst darin und purzelt schrecklich auf die Nase. Am nächsten Tag hockt es dann ganz abgemagert, schier neurotisch in einer Ecke und erwartet sein Ende ...

Ich habe dieses Märchen ein Gleichnis genannt. Worin könnte der Vergleichspunkt bestehen? Wir Christen haben von Ostern her die Freiheit, mit den dunklen Mächten dieser Welt so respektlos, so unverfroren umzugehen wie dieser Amerikaner mit einem alteingesessenen englischen Gespenst. Wir behaupten nicht, daß diese Mächte nicht existieren, aber: »Tod und Teufel muß sich schämen.« Ostern heißt, hinter dem breiten Rücken des auferstandenen Jesus Christus lachen können. Wenn die Sorge, etwa die Sorge vor der Zukunft (wir werden im nächsten Kapitel darüber sprechen) eine ganze Generation lähmen will: »Christus ist hier, der gestorben ist, ja vielmehr, der auch auferstanden ist.« Wenn die Schuld uns verklagt oder der Tod uns schreckt: »Christus ist hier, der gestorben ist, ja vielmehr, der auch auferweckt ist.«

Adolf Schlatter sagt: Von Ostern her haben die Christen ihre *Lebensfreude* bezogen.

Es darf gelacht werden? Nein, es *muß* gelacht werden. Warum? Weil wir Christen eine gute Nachricht haben, das Evangelium. Und in der Mitte dieses Evangeliums steht die Botschaft von dem gekreuzigten und auferstandenen Jesus Christus.

Dieses *Osterevangelium* wollen wir in zwei größeren Abschnitten entfalten und bedenken zuerst:

A. Die Wirklichkeit der Auferstehung

Evangelium als Siegesbotschaft

Das griechische Wort »Evangelium« ist von Haus aus gar keine »fromme«, religiöse Vokabel, sondern eine weltliche, politische. Evangelium, wörtlich »gute Nachricht«, heißt Siegesbotschaft.

Es gibt in der griechischen Geschichte eine Begebenheit, an der man sich sehr plastisch verdeutlichen kann, was »Evangelium« meint. Das Jahr 490 v. Chr. brachte für die Griechen eine höchst bedrohliche Lage. Der persische Herrscher Darius betrieb eine sehr expansive Politik und wollte Griechenland, Athen und Sparta, einkassieren. So zogen die Perser mit einem gewaltigen Heer heran, gleichzeitig mit einer starken Bodentruppe und einer großen Flotte. Die Chancen für die Athener waren gleich Null. Man hatte nur wenig Soldaten, dazu kamen geringe Hilfstruppen aus Sparta. So schien der Ausgang des ungleichen Kampfes von vornherein festzustehen: man würde buchstäblich von der Übermacht aufgerieben werden. Dennoch macht man sich unter Führung des tapferen Alkibiades auf, um ehrenvoll unterzugehen. In der Stadt Athen bleiben nur Kranke, Alte und Kinder zurück. Sie stehen dann auf den Mauern und schauen hinaus in die Ferne, dorthin, wo die Krieger verschwunden sind, und warten angstvoll auf den Augenblick, wo die letzten Überlebenden fluchtartig zurückeilen werden, zu berichten, daß alles verloren sei.

So steht man und wartet, den sicheren Tod vor Augen. Da plötzlich, so wird berichtet (Geschichte vermischt sich hier mit Sage), sieht man am Horizont einen dunklen Punkt, der rasch größer wird. Ein Bote in eiligem Lauf! Was hat er zu melden?

Man öffnet das Stadttor. Er stürmt herein, stößt völlig entkräftet einen einzigen Schrei aus: »Evangelium — wir haben gesiegt!« und bricht tot zusammen.

Jener »sagenhafte« Bote ist berühmt geworden, und bekannt geblieben ist auch sein Lauf über die Strecke von gut 42 km, von der Marathonebene bis zur Stadt Athen. (Bis heute kennen wir bei den Olympischen Spielen den Marathonlauf.) »Evangelium — wir haben gesiegt!« Nun können wir auswerten.

Was gehört zum Evangelium? Erstens eine Situation, die man mit einem großen Minus kennzeichnen muß; eine Situation, in der eindeutig alles verloren ist. Wer etwas anderes sagt, träumt. — Zweitens eine

plötzliche, schier undenkbare, völlig überraschende Wende: der Sieg. — Drittens der Bote: dieser Sieg muß weitergesagt, muß ausgerufen werden. Viertens: die Hörer. Es kommt alles darauf an, wie die Hörer sich zu dem Boten stellen. Bei der Marathon-Geschichte hieße das: Werden die Athener diesem Boten abnehmen, daß sein Ruf wahr ist, und zu jubeln beginnen, oder werden sie sagen: »Das ist unmöglich, das kann nur ein letzter psychologischer Trick sein, uns noch für einen Augenblick zu trösten.« Glaube oder Unglaube, das steht auf dem Spiel.

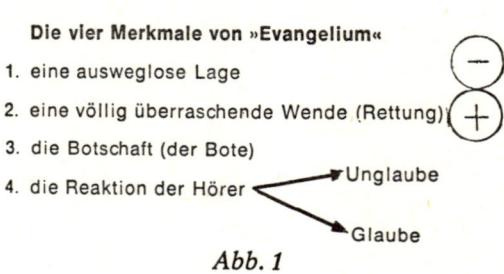

Die vier Merkmale von »Evangelium«

1. eine ausweglose Lage
2. eine völlig überraschende Wende (Rettung)
3. die Botschaft (der Bote)
4. die Reaktion der Hörer → Unglaube / Glaube

Abb. 1

Evangelium als Mitte der alttestamentlichen Verheißung

Es ist ganz wichtig zu betonen, daß das Wort »Evangelium« nicht nur den genannten »weltlichen« (politischen) Hintergrund hat. Er ist vielmehr zugleich (in Wahrheit zuerst!) beheimatet in der Sprache des Alten Testamentes. In Jesaja 52, 7 heißt es »Wie lieblich sind auf den Bergen die Füße der Freudenboten (= Evangelisten), die da Frieden verkündigen, Gutes predigen, Heil ausrufen (= evangelisieren), die da sagen zu Zion: Dein Gott ist König geworden!« Hier wird vom Propheten nicht irgendeine überraschende Wendung zum Guten angekündigt, sondern *die* Zeiten- und Weltenwende! *Gottes Herrschaft* bricht herein, Gott macht alles neu. Indem der Freudenbote dies ausruft, es proklamiert, geschieht's! So hat sich Jesus als der »Evangelist« verstanden, und er selbst ist dabei der Inhalt der Botschaft, ist das Evangelium in Person (vgl. die »Antrittsrede Jesu« in Lk. 4, 18—21).

Das »Jesus-Christus-Evangelium«

Wenn man den Apostel, den »Siegesboten« Paulus fragt, was sein Evangelium — nicht das »Marathon-Evangelium«, sondern das »Jesus-Christus-Evangelium« — inhaltlich auszusagen habe, dann beantwortet er das höchst präzis:

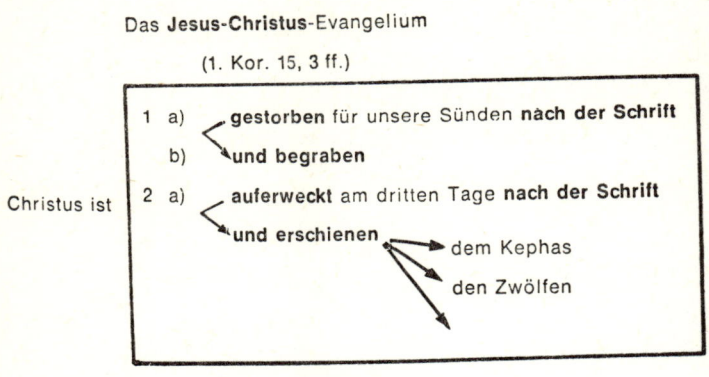

Abb. 2

Ich habe diesen Text aus dem 15. Kapitel des 1. Korintherbriefes in Abb. 2 ein wenig »aufgeschlüsselt«, ihn in seinem Aufbau, seiner Struktur schematisch dargestellt. Jetzt ist auf den ersten Blick zu erkennen: Dieser Text wurde nicht irgendwie aufs Geratewohl, nicht irgendwann zufällig niedergeschrieben, sondern ist sehr überlegt und bewußt durchformuliert und gestaltet worden. Ein Text wie geschaffen fürs Auswendiglernen, er könnte in einem Katechismus stehen. Und genauso ist dieser Text auch gemeint. Wir haben hier das älteste Osterbekenntnis vor uns, das es im Neuen Testament gibt — in geschliffener Formulierung, geprägt zum Einprägen!

Paulus sagt das selbst. Vor den oben zitierten Versen heißt es (V. 3): »Ich habe euch als Hauptsache (meiner Verkündigung!) *weitergegeben,* was ich selbst *empfangen* habe.« Mit anderen Worten: Diese geprägte Formulierung ist nicht aus meiner Feder geflossen, ich selbst habe sie schon als »heilige Tradition« bekommen, auswendig gelernt, und sie euch zum Einprägen überliefert. Wann ist das geschehen? Nicht erst, als Paulus den 1. Korintherbrief schrieb, sondern schon damals, als er die Gemeinde *gründete.* Deshalb kann er auch in V. 1 sagen: »Ich erinnere euch, liebe Brüder«, d. h. ich rufe euch ins Ge-

dächtnis zurück, was ihr damals bei mir im »Katechumenenunterricht«
ja längst gelernt habt.

Jetzt müssen wir ein wenig »Detektivarbeit« leisten, auf »Spurensuche« gehen, müssen zurückrechnen. Der 1. Korintherbrief ist (vgl.
16, 8) aus Ephesus geschrieben, und zwar im Frühjahr 55 oder 56
n. Chr. Die Gründung der Gemeinde erfolgte etwa im Jahre 49. Damals brachte Paulus das alte Osterbekenntnis schon fest formuliert mit
und gab es der Gemeinde. — Weiter zurück! An sprachlichen Beob-
achtungen kann der Wissenschaftler erkennen, daß das alte Bekenntnis
ursprünglich nicht in griechischer Sprache verfaßt worden ist (so finden
wir es jetzt im »Urtext« des 1. Korintherbriefs), sondern im Heimat-
dialekt der Urgemeinde in Jerusalem: in Aramäisch. Wann hat nun
Paulus dieses Urbekenntnis »empfangen«, wann hat er selbst es erst-
malig gelernt? Die neueste Forschung (P. Stuhlmacher) sagt: wohl bereits bei seiner Bekehrung und Berufung, also etwa um das Jahr 32 in
Damaskus. Zeitlich davor liegt aber bereits die Ausformung, die Prägung dieses Urbekenntnisses in Jerusalem, etwa 31 oder 30. Um das
Jahr 30 aber fand Jesu Kreuzigung statt! Damit sind wir bei unserer
»Spurensuche« auf ein ganz erstaunliches Ergebnis gestoßen: Das Urbekenntnis, das uns Paulus in 1. Kor. 15 überliefert, gehört in Wahrheit zum »Urgestein« der christlichen Überlieferung überhaupt. Kurz
nach den Ereignissen von Karfreitag und Ostern hat die Urgemeinde
das »Jesus-Christus-Evangelium« in diese feste Form gegossen. Hier
haben wir sozusagen das »Ur-meter«, die »Urzelle« aller Osterverkün-
digung vor uns, Maß und Ursprung zugleich.

Jetzt sind wir erst richtig motiviert, uns dem *Inhalt* genauer zuzuwenden. Wir sagten: »geprägt zum Einprägen«. Das spürt man der
Form ab:

1. a) *gestorben* (für unsere Sünden — nach der Schrift)
   b) *und begraben*
2. a) *auferweckt* (am dritten Tage — nach der Schrift)
   b) *und erschienen . . .*

Wir sehen, daß das Ganze streng parallel aufgebaut ist, daß sich die
Satzglieder genau entsprechen: zwei Hauptteile (1 und 2) und jeweils
in zwei Unterabschnitte (a und b) aufgegliedert.

Wir können die Verse 1. Kor. 15, 3.4 an dieser Stelle nicht im einzelnen auslegen, wollen aber einige Gesichtspunkte hervorheben.

»Gestorben und begraben«, 1 a und 1 b, wie verhält sich beides zueinander? Das »gestorben« ist zeitlich und sachlich das erste. Das »begraben« ist die Folge. Damit wird deutlich unterstrichen: dieser Jesus

war *wirklich* tot. »Wirklich tot« — das beschreibt eine Situation, die in der Tat hoffnungslos ist: Wenn sich die Erde über einem Sarg geschlossen hat, wenn ein massiver Stein vor ein Felsengrab gewälzt wurde, dann ist alles zu Ende. Wer das wegdiskutieren will, muß ein Träumer und Schwärmer sein. Dieses »begraben« zieht einen endgültigen Schlußstrich: Tot ist tot!

Nebenbei bemerkt: Man hat immer wieder phantasiert, Jesus sei nur *scheintot* gewesen, und mit Hilfe dieses scheintoten Jesus habe man dann die Ostererscheinungen inszeniert. Das ist allerdings ein abenteuerlicher Gedanke. Es hätte für die erste Christenheit doch gar nichts Schlimmeres geben können als einen scheintoten, dann wieder zum Leben gebrachten Jesus. Was sollte man mit ihm machen? Er war doch beständig im Weg. Man verkündigte schließlich den auferweckten, zum Himmel gefahrenen Herrn! Ein scheintoter Jesus, der wieder zum Leben aufgepäppelt worden wäre, den man anschließend nach seiner angeblichen Himmelfahrt sorgfältig verstecken mußte, bis er dann schließlich (glücklicherweise!) wirklich starb — das ist eine völlig absurde Vorstellung!

Nein, das Neue Testament macht ganz deutlich: »Gestorben und begraben«, wirklich tot. Die Lage ist (vgl. »Marathon«) aussichtslos. Aber das ist nun gerade Gottes Stil: Er läßt die neue Welt in einem Grabe, an der Stätte der Verwesung, sozusagen mitten im Rachen des Löwen Tod, beginnen. Das sieht dem Gott der Bibel ähnlich. Da erkennt man seine Handschrift. So handelt der »lebendige Gott«. Deshalb ist es nicht verwunderlich, daß bereits in 1 a etwas Helles und Fröhliches anklingt: *»für unsere Sünden gestorben nach der Schrift«,* d. h.: hier geschah nicht ein Malheur, nicht bloß ein böser Justizmord; Gott selbst hat die Sache in die Hand genommen. Hier kommt sein Plan zum Zuge »nach der Schrift«, und zwar sein *Heils*plan: Unsere Sünden werden hier weggeschafft.

In die aussichtslose Lage bricht jetzt die überraschende Wende herein: »auferweckt und erschienen . . .« Hier ist der sprachliche Aufbau, 2 a und 2 b, dem vorigen ganz entsprechend. Das »auferweckt« kommt zeitlich und sachlich zuerst, das »erschienen« bezeichnet einen zweiten Akt.

Diese Reihenfolge ist nicht unwichtig. Nirgendwo im Neuen Testament finden wir die Behauptung, daß irgend jemand bei der Auferweckung (2 a) dabeigewesen sei. Es gibt für das Neue Testament keine Zeugen der Auferweckungstat. Sie bleibt Geheimnis zwischen Gott

und Jesus. Was dort in dem Grab geschah, ist unserem Denken und unserer Spekulation verschlossen.

Es gibt dann allerdings Osterzeugen im Neuen Testament, aber dabei handelt es sich um Zeugen der *Erscheinungen* (2 b): »Dem Kephas erschienen, dann den Zwölfen und schließlich«, sagt Paulus, »gibt es ganz am Ende der Reihe noch eine ›Fehl‹- oder ›Mißgeburt‹ (V. 8), die von Haus gar nicht dazugehörte, ja gar nicht lebensfähig war, das bin ich. Aber ich gehöre in dieses Osterwunder hinein, denn aus Gnaden bin ich, was ich bin«.

»Visionen« oder »Erscheinungen«?

Wenn Sie die Verse 5—8 in der Lutherübersetzung lesen, werden Sie bemerken, daß es dort stets heißt »*gesehen* worden«, statt »*erschienen*« (2 b). Auf den ersten Blick scheint der Unterschied belanglos. Doch der griechische Text ist eindeutig: »*ophthe*« heißt »*erschienen*« (oder auch »von Gott sichtbar gemacht worden«). Warum ist das wichtig? Im vorigen Jahrhundert — und auch noch in unserem — hat man immer wieder versucht, die Ostererscheinungen als »*Visionen*« der Jünger zu erklären — als Phantasie-, Wunsch-, Traumbilder, die ihrem Inneren entsprangen. Salopp ausgedrückt: »Orientalische Männer (und Orientalen sind voll glühender Phantasie!) haben Visionen gehabt. Sie haben zwar, ihrem subjektiven Erleben und Empfinden nach, wirklich etwas gesehen, aber, realistisch betrachtet, sind das Halluzinationen gewesen.«

Es gibt ja bei bestimmten Krankheiten, etwa beim Delirium tremens, beim Säuferwahn, Zustände, in denen ein Patient von Halluzinationen befallen wird. Was er dann wahrnimmt, ist für ihn das einzig Reale in der Welt. Wer ihm das ausreden will, erreicht gar nichts. Diese Schreckensvisionen sind für den Patienten wirklich, aber eben nur für ihn, »objektiv« ist alles Schein und Wahn.

Entsprechend hat man argumentiert: Die Jünger waren durch Jesus in so hochgespannte, überhitzte Erwartung versetzt worden, daß sie sich einfach nicht vorstellen konnten, daß mit dem allen Schluß sein sollte. Ihr Glaube, ihre Phantasie, ihre Sehnsucht, ihre Träume waren so stark, daß daraus diese »Ostervisionen« aufblühten.

W. Bousset (1865—1920), einer der liberalen Theologen, hat diese psychologische (in Wahrheit rationalistische) Deutung so formuliert: »Man ist auf kritischer Seite darin weithin einverstanden, daß es sich hier um einen *rein geistigen Vorgang in den Seelen der Jünger* hand-

le . . . Das Wichtigste ist, daß sich in den Seelen der Jünger die felsenhafte Überzeugung erhob, Jesus sei . . . der überweltliche Messias geworden . . . Der treibende Faktor war der gewaltige und unzerstörbare Eindruck, den Jesu Persönlichkeit in den Seelen der Jünger hinterlassen hatte.«

Ohne diesen psychologischen Apparat zu bemühen, hat R. Bultmann sachlich ganz entsprechend den Ton auf die Aktivität der Jünger (statt auf die Jesu!) gelegt: »Die Gemeinde mußte das Ärgernis des Kreuzes überwinden und hat es getan im Osterglauben . . . Wie der Osterglaube . . . entstand, ist in der Überlieferung durch die Legende verdunkelt worden und ist sachlich von keiner Bedeutung.«

Vom Osterereignis, von der Tat *Gottes,* von dem Sich-Zeigen Jesu rutscht der Akzent ab auf den Glauben, die Überzeugung, die Vorstellungskraft der *Jünger.* Aus einem göttlichen Handeln an Jesus wird ein Geschehen in den Jüngern, aus Erscheinungen werden Visionen.

Das alte Bekenntnis hat die Weichen schon ganz eindeutig gestellt! Bei »gesehen« liegen Initiative und Aktivität bei den Menschen, bei »erschienen« jedoch ganz und gar bei Jesus Christus selbst. »Erschienen« heißt: Jesus selbst nimmt die Sache in die Hand, die Aktivität bei den Ostererscheinungen liegt einzig und allein bei ihm.

Man kann auch von einer anderen Seite her die Unmöglichkeit der psychologischen Deutung aufweisen: Jene Jünger waren doch am Karfreitagabend — wir haben im vorigen Kapitel darüber gesprochen — zweifellos überzeugt: Es ist zu Ende. »Verflucht ist, wer am Holze hängt.« Die Jünger wußten: Hier ist ein Gottesurteil ergangen. Unter Gottes Gericht sind nun all unsere Wünsche und Träume zerplatzt wie schillernde Seifenblasen. Deshalb die Flucht zurück ins alte Handwerk, zurück zum See Genezareth.

Die Jünger waren wahrhaftig keine Leute, in denen noch glühende Erwartungen wohnten, aus denen diese phantasievollen »Visionen« hätten entspringen können. Sie waren alle ausgebrannte, verzweifelte Menschen.

Alles Reden von »Visionen« ist also völlig abwegig. *Jesus selbst,* der Auferweckte, machte sich sichtbar für seine Jünger.

Gegen allen Begriffsnebel!

Hier muß man heute genau hinhören. Es gibt manche Formulierungen, die das Entscheidende verschleiern. Wenn man z. B. in einem Schulbuch lesen kann: »Es geht weiter mit Jesus«, dann bleibt das sehr

schillernd. Auch der Satz »Jesus lebt« ist durchaus vieldeutig. Damit kann man auch meinen: Das, was Jesus in die Welt gebracht hat, dieses Modell von Humanität, dieses Sich-Einsetzen für den Verachteten und Geringen, hat seinen Jüngern nach seinem Tode so eingeleuchtet, daß sie beschlossen: im Namen Jesu machen wir weiter. Für uns ist die »Sache Jesu« nicht tot, sondern gerade sein Sterben besiegelt doch, wie radikal, wie total, mit welch letzter Hingabe er sie vertreten hat. Die »Sache Jesu« geht weiter; *wir* treiben sie fort.

Hier muß man sehr deutlich feststellen: Es gibt keine »*Sache* Jesu«, die man von seiner *Person* trennen könnte. Bei Buddha oder Mohammed ist das anders: Die »Sache« des Lehrers Buddha war seine Lehre. Die Lehre bleibt von Bedeutung auch ohne den Lehrer. Die Sache Mohammeds, des Propheten, waren seine Sprüche. Im Koran gesammelt, lebten sie auch ohne den Propheten weiter. *Die »Sache« Jesu aber ist Er selbst in Person!* Bleibt Jesus im Tode, dann ist alles am Ende: er selbst ist entlarvt als Lügner und Gotteslästerer, sein Wort als Wahn und Verführung.

Frau Sölle hat einmal formuliert: »Jesus ist auf dem Wege über das Bewußtsein einiger Leute in die Geschichte aller Leute auferstanden.« Das ist ein schwieriger Satz, der, in schlichtes Hochdeutsch übertragen, aussagt: Das, was Jesus wollte, hat einigen Leuten eingeleuchtet, und die haben es dann in die Welt hinausgetragen. Frau Sölle sagt sehr deutlich: »›An Christus glauben‹ heißt im *Entwurf* Christi leben . . . (Das) bedeutet: leben wie er gelebt hat . . . seinen *Traum* realisieren.« »Jesus« lebt also weiter, solange wir sein »Modell« weitertragen, er lebt weiter in unserer Aktivität. Andernfalls ist er endgültig gestorben, und zwar (wie Frau Sölle sagt) »umsonst«. — Heute muß man manchmal kritisch nachfragen: »Wenn du sagst: ›Jesus lebt‹, meinst du das denn nach dem Maßstab des Urmeters von 1. Kor. 15? Willst du sagen: *Gott* hat Jesus auferweckt, so daß er in sich selbst lebendig ist und ich mich betend zu ihm wenden kann?« — Wir stellen die Fragen nicht — wie einst die spanische Inquisition —, um Ketzer aufzuspüren und zu verurteilen. Aber wir stellen sie, um im »Begriffsnebel« klare Konturen zu finden. Wer nicht mit 1. Kor. 15 von einer Tat Gottes am toten Jesus sprechen kann, bei dem ist alles Reden von Ostern ein ungedeckter Scheck.

Privates Ostern oder Wende der Zeiten?

Nun müssen wir ein Stück weiterfragen. Wie ist nach der ältesten Zusammenfassung des Evangeliums Ostern genauer zu verstehen? Was ist positiv gesagt? Es gibt ja im Neuen wie im Alten Testament eine Reihe von Berichten, die davon sprechen, daß Menschen wieder ins Leben gerufen wurden, denken wir z. B. an den Sohn der Witwe von Zarpath, an Lazarus oder den jungen Mann in Nain! Ist das, was bei Jesus geschah, irgendwie damit zu vergleichen?

Was sich bei Lazarus oder anderen ereignete — diese Wiederbelebung eines Toten auf Zeit —, betrifft uns im Grunde nicht. Wir gönnen ihnen das ja, aber was geht es uns an? Was »interessiert« uns das? Das lateinische Wort »*Inter-esse*« bedeutet wörtlich »Darin-Sein«, im Geschehen mit drinstecken, einbezogen sein, mit der eigenen Person in den »Fall« verwickelt sein. In diesem Sinne »interessiert« uns die Auferweckung des Lazarus nicht. Sie war gewiß wichtig für ihn selbst und seine Angehörigen, aber sie bleibt eine »Privatsache«. Wir stecken nicht drinnen, sondern bleiben außerhalb.

Es ist nun wichtig, daß wir erkennen: bei Jesu Auferweckung ist das ganz anders. Da wird es für uns »interessant«!

Wir orientieren uns an einem »Denkmodell«, an der Aussage von den *zwei Äonen*. Das Judentum sagte: Es gibt eine *alte* Welt, eine Weltzeit voller Sünde, Tod und Teufel, Elend und Schmerz. Sie ist zwar Gottes Welt, aber eine gefallene, eine dämonisch verzerrte. Wir warten nun auf die neue Welt, die ganz Gottes Welt ist, heil und gut. Das griechische Wort für »Weltzeit« heißt Äon. So stehen sich gegenüber der *alte Äon* voller Finsternis und der *neue Äon* voller Glanz.

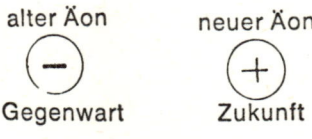

Abb. 3

In dieser Diagnose waren sich viele jüdische Gruppen einig. Wir stehen *noch* in der alten, teuflisch verdorbenen Welt. Der alte Äon ist unser gegenwärtiger Standort, die neue Welt liegt noch ganz in der Zukunft. In der Therapie suchte man jedoch verschiedene Wege: Die Pharisäer lehrten: Es gilt zu warten, zu fasten, zu beten, Buße zu tun (»Wenn ganz Israel nur einen Sabbat ganz hielte, würde sofort der

Messias kommen«). Den radikal denkenden Zeloten war das zu wenig, viel zu passiv: Wir müssen die neue Welt »herbeizwingen«. Wir werden einen »Heiligen Krieg« gegen das heidnisch Römische Reich beginnen. Da muß Gott doch für uns eintreten und die neue Welt herbeiführen! — Jedenfalls: beide Gruppen wissen sich *noch im Alten!*

Dahinein fährt nun die Botschaft des Neuen Testamentes, das »Jesus-Christus-Evangelium«, wie ein Trompetenstoß: Steht auf! Mit Jesus Christus, in seiner Person, ist das Neue *schon* hereingebrochen. Schon stößt die neue Welt Gottes wie ein Keil in die alte hinein. Der neue Äon, die Herrschaft Gottes hat einen Namen: Jesus. Sie hat ein Datum: Weihnachten, Karfreitag — und (alles wendend) Ostern.

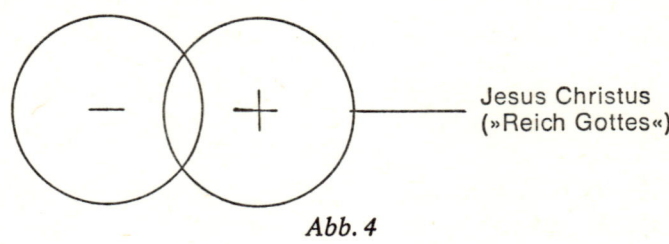

Abb. 4

Der Theologe Jürgen Moltmann sagt einmal: Jesu Auferweckung ist »nicht ein privates Ostern für einen privaten Karfreitag«. Das Ostergeschehen geht also nicht nur Jesus etwas an, so daß man sagen könnte: »Es ist ja schön für dich, daß du nach deinem Tode wieder ins Leben kamst. Diese Belohnung hast du für dein gehorsames Sterben wohl verdient. Aber was haben wir davon?« Nein, die Auferweckung Jesu Christi meint, daß die ganze alte Welt mit ihren Gesetzen des Todes, der Angst, der Verzweiflung und der Sinnlosigkeit aufgebrochen ist; daß das Gefängnis seine Gitter und seine Türen verloren hat und die neue Welt hereintritt. Wie könnte das auch anders sein bei Jesus, der ja nicht einfach ein »Privatmann« ist, sondern der »Gott-für-uns« und der »Mensch-vor-Gott«, der zweite Adam (vgl. Kap. IV).

Nun überlagert sich beides: das Alte und das Neue. Wir Christen stehen in der »Schnittmenge«, im *Schon* und im *Noch Nicht* (das wird uns im nächsten Kapitel beschäftigen).

Ich habe einmal in einem Kreis junger Ehepaare über Ostern als Zeitenwende gesprochen, da sagte ein junger Ingenieur, der mit Computern arbeitet: »Das hieße doch in meiner Sprache: *das Ganze ist neu programmiert.*« Eine treffende Beschreibung! In das alte Pro-

gramm, das da mechanisch abläuft, ist ein völlig neues Programm eingeschoben. Nun können wir singen: »Tod und Teufel muß sich schämen.« Diese Mächte fletschen zwar noch die Zähne, geben sich gewaltig und lassen ihre Muskeln spielen, aber sie sind besiegt, denn das Neue ist schon da.

Noch einmal: Jesu Auferweckung bedeutet nicht die »private« Wiederbelebung eines Toten, der dann doch wieder der Verwesung verfällt, sondern die »Äonenwende«. Ob die Funktionäre in der DDR, denen das »n. Chr.« (= »nach Christi Geburt«) hinter Jahreszahlen zu fromm erschien und die es durch »n. d. Z.« (= »nach der Zeitenwende«) ersetzten, wußten, was sie da taten? Daß sie in Wahrheit damit die universale Bedeutung Jesu Christi proklamieren? »Wende der Zeiten«! Tatsächlich, das geht uns an, da sind wir einbezogen, das ist von »Inter-esse« im Ursinn des Wortes!

Exkurs: Läßt sich Jesu Auferweckung beweisen?

In manchen Gesprächen mit Nichtchristen werden wir der Forderung begegnen: »Beweis mir das zunächst!« Wie verhalten wir uns da? Werden wir unsicher, ratlos? Hier lohnt es, genauer nachzudenken. Wir wollen das in drei Schritten tun: (1) In welche *Rolle* drängt uns der Zweifler, der von uns Beweise verlangt? Wir sollen zu *Verteidigern* Jesu werden — ist das unsere Aufgabe? (2) Was ist *sachlich* gemeint mit Beweisen für die Auferweckung? Welche Maßstäbe werden da vorausgesetzt? Können Christen sich darauf einlassen? (3) Gibt es *positive Anknüpfungspunkte* für ein Gespräch mit dem kritisch — auch historisch — fragenden Zeitgenossen?

1. Zeugen oder Verteidiger Jesu?
»Ich bin Gottes Kind, nicht Gottes Geheimrat«, betonte Johann Christoph Blumhardt, einer der Väter der Erweckungsbewegung im Schwabenland. D. h. ich weiß mich bei meinem Vater geborgen (auch wenn ich seine Wege nicht verstehe), ich kenne mich jedoch nicht in seinen geheimen Schubladen aus, gebe ihm keine weisen Ratschläge und kann keineswegs als ein christlicher »Dr. Allwissend« Gottes endzeitliche Pläne in allen Einzelheiten erläutern.

Entsprechend möchte ich hier formulieren: »Ich bin ein Zeuge Jesu, aber nicht Jesu Starverteidiger.« Das ist nicht mein Platz, nicht die mir aufgetragene Rolle! Wer von mir, kritisch zweifelnd, Be-

weise für die Auferstehung verlangt, der bringt sich in die Position des Richters, Jesus in die des Angeklagten, und mich beauftragt er mit der Verteidigung. Bringe ich nun Argumente vor, so wird er sie begut- oder beschlecht-achten, wird vielleicht alle als »völlig unzureichend« oder »einfach lächerlich« verwerfen. Bei anderen wird er eventuell auch zugeben »beachtlich«, »nachdenkenswert«. In jedem Fall aber betrachtet er sich als die oberste, letzte Instanz, die so oder so das Urteil fällt. D. h. er steht in der »Mittelpunkthaltung«, die wir (Kap. II und III) »Sünde« nannten. Selbst wenn dieser »Richter« am Ende der langen Verhöre mir, dem »Starverteidiger« Jesu, auf die Schulter klopfen und bemerken würde: »Du hast mich tatsächlich überzeugt«, selbst dann wäre alles falsch gelaufen. Da muß die Welt noch erst vom Kopf auf die Füße gestellt werden: Nicht *Jesus* hat sich als Angeklagter vor der richterlichen Instanz der menschlichen Vernunft zu rechtfertigen (und ich darf ihm als cleverer Assistent dabei helfen), sondern der *Mensch* hat sich als Sünder vor Gott zu verantworten — das ist die Ausgangsposition! Gott »verteidigen« zu wollen, das ist eine absurde Zumutung. »Wie verteidigt man einen Löwen?«, fragt einmal der Prediger Spurgeon. Man lasse ihn frei, das übrige wird er schon selbst besorgen, gibt er dann zur Antwort.

Jesus braucht nicht Verteidiger, er braucht mutig vorwärtsgehende Zeugen. Er will nicht von uns bewiesen werden, sondern will sich — auch durch unser kümmerliches Wort — selbst als der Lebendige erweisen.

Ist diese Grundposition klargestellt, dann ist damit die Tür zu einem sachlichen Gespräch mit dem fragenden Gegenüber keineswegs zugeschlagen, sondern erst richtig geöffnet.

2. *Jesu Auferweckung »beweisen«, hieße sie »beerdigen«*

Wenn der Fragende, der einen Beweis fordert, sich in die Rolle des Richters begibt, nach welchem *Maßstab* urteilt er dann, nach welchen *Kriterien* wird er dann bewerten? Wer — als historisch Fragender — sich überzeugen möchte, ob ein bestimmtes angebliches »Ereignis« tatsächlich stattgefunden hat, bedient sich dabei zumeist des »Analogieprinzips«. Er fragt: Geschieht Entsprechendes (Analoges) auch heute in meinem Erfahrungsbereich?

Wenn ich behaupte: »Friedrich der Große ist gestorben«, wird der Kritische daran keinen Augenblick zweifeln, denn: Jeder Mensch stirbt einmal. Zum Tod Friedrichs gibt es überall und zu jeder Zeit

Parallelbeispiele. Wollte ich jedoch behaupten: »Gestern konnte man auf dem Marktplatz in Unterweissach ein seltsames Monstrum beobachten: Der Kopf eines Krokodils saß auf dem Hals einer Giraffe, daran fügte sich der Körper eines Zebras, getragen von Elefantenbeinen, das Hinterteil zierte der Schweif eines Löwen — und das Ganze sprach fließend Schwäbisch!« — wollte ich das behaupten, würde ich lautes Gelächter ernten, denn wer hätte je Entsprechendes (Analoges) gesehen?

Diese Suche nach »Entsprechendem« ist ja durchaus vernünftig. Wenn sie sich aber verdichtet zu einem »Analogie-*prinzip*«, dann wird grundsätzlich behauptet: Etwas grundlegend Neues, Einmaliges kann nicht geschehen, denn (das ist die These): »Es geschieht nichts Neues unter der Sonne!« Alles scheinbar Neue ist nur das Alte in neuen Variationen. »Wenn Du mir nicht Paralleles zur Auferstehung Jesu, Belege für entsprechende Ereignisse, beibringst, erkläre ich die Auferweckung für unhistorisch, ungeschehen, unmöglich!« (Zu dem »Analogieprinzip« gesellt sich das »Kausalitätsprinzip«: alles muß nach Ursache und Wirkung erklärt werden).

Muß ich nun als Christ traurig den Kopf senken, weil ich solche Beweise nicht liefern kann? Nein, wenn ich genauer nachdenke, werde ich befreit aufatmen: »Gott sei Dank, daß solch ein Beweis nicht möglich ist; denn wäre er möglich, dann — wäre alles verloren!«

Wieso?

»Beweisen« heißt nach unserer bisherigen Überlegung, etwas rechtfertigen vor den Maßstäben, die uns in unserer Welt einleuchtend erscheinen, etwas einordnen in die »Kategorien«, die Schubläden und Fächer, die unsere Erfahrung parat hält. Wenn Ostern, wenn die Auferweckung Jesu aber wirklich die Zeitenwende, die Äonenwende bedeutet, dann muß dieser Versuch doch scheitern. Alle innerweltlichen Kategorien (Analogie, Kausalität) sind doch nach den Maßstäben des »alten Äon« gezimmert, stehen alle unter der Voraussetzung von Raum und Zeit, von Endlichkeit und Tod. Anders können wir ja in der alten Welt gar nicht messen, wiegen, ordnen . . .

Aber die Osterbotschaft schlägt ja gerade die Voraussetzung des ganzen Systems in Trümmer. Auferweckung bedeutet doch, daß Tod und Endlichkeit durchbrochen sind, daß alle so schön etikettierten Schubläden einen Riß bekommen haben, daß die Begriffe der alten Welt hier eben nicht mehr greifen. Hier bricht Gott selbst her-

ein, und für diese »Neuigkeit« hat die alte Welt keine Meßinstrumente, nicht einmal rechte Wörter. Wenn »beweisen« bedeuten soll, Ostern nach den alten Maßstäben zu vermessen, es in die alten Kategorien einzufangen, dann wäre eben mit diesem »Beweis« Ostern *beerdigt:* Wir hätten das Neue, das unsere ganze Welt aus den Angeln heben will, eingesargt. Die alte Welt hätte damit am Ende doch recht bekommen, der Tod hätte das letzte Wort.

Aber nun ist Christus auferstanden, nun ist »alles neu programmiert«, nun ist der alte Äon löcherig geworden. Ostern »beweisen« nach den Normen des Alten? Entsetzlicheres ließe sich doch gar nicht denken! Wie gut, daß das unmöglich ist! Gott sei Dank!

Professor Bohren wurde einmal gefragt, ob man den auferstandenen Jesus hätte photographieren können. »Der Film wäre total überbelichtet gewesen!«, hieß die scherzhafte und weise Antwort. Das endgültig (»eschatologisch«) Neue, das hier hereinbricht, läßt sich von keinem Tonband, keiner fotografischen Platte, keinem begrifflichen System, keinem gedanklichen Prinzip in den Griff nehmen. Es will nach uns greifen, uns neu machen.

Freilich, der Gedanke der »Analogie« wird nicht einfach zertrümmert, auch er wird »erfüllt«. Gott hat ein Geschehen verheißen, das in der Tat eine Entsprechung darstellt zur Auferweckung Jesu, nämlich die umfassende Totenauferweckung, die Neuschöpfung von Himmel und Erde. Dann werden wir mit neuen Augen, neuen Kategorien, neuen Begriffen auch die Auferweckung Jesu »begreifen«. Da stimmt dann die Regel, daß Gleiches nur durch Gleiches erkannt werden kann.

Wenn bei einer Diskussion ein atheistischer Professor aus der »Dritten Welt«, der ein leidenschaftlicher Anhänger der marxistischen Weltveränderung war, auf all unsere Einwände (das »Paradies« in der Sowjetunion, der CSSR, der DDR betreffend) beständig antwortete: »Wir werden ja sehen!«, — dann gehört dieser Satz im Grunde uns Christen. Allem Spott der anderen, auch allem eigenen Zweifel entgegen gilt Gottes Verheißung der neuen Welt. »Wir werden ja sehen!«

3. Am Kraterrand der Auferweckung Jesu

Ostern ist hereingebrochen in unsere alte Welt, wie ein Meteor vom Himmel einschlägt oder auch wie eine Bombe, die einen mächtigen Trichter in der Erde hinterläßt. Die Bombe oder der Meteor sind nicht zu sehen, was bleibt, ist der Kraterrand, an dem man entlang-

wandern kann. So ist auch das eigentliche Osterwunder selbst unserer Beobachtung entzogen, aber — wie Karl Barth treffend formulierte — Ostern hat einen »historischen Rand« in dieser Welt hinterlassen.

Wer mit einem ernsthaft fragenden Menschen, gerade auch mit einem forschenden Historiker ins Gespräch über Ostern kommt, wird bemerken, daß ein echter Historiker keineswegs ideologisch festgelegt ist (»So etwas *kann* nicht sein, weil es nicht sein *darf*«), sondern sich müht, unvoreingenommen zu beobachten. Hier ist solch eine »Kraterwanderung« eine hilfreiche Anknüpfung.

Ein Historiker weiß das Alter jenes *Urbekenntnisses* aus 1. Kor. 15 als »Ur-kunde« hoch einzuschätzen. — Er steht fragend vor dem Rätsel des *leeren Grabs,* das im Neuen Testament bei allen vier Evangelisten bezeugt ist. Die Jesusjünger waren sich mit ihren Gegnern einig über die Tatsache, daß das Grab leer war, wenn auch die Gegner die (historisch sehr problematische!) Diebstahltheorie auftischten. — Ebenso fragend steht der Historiker vor dem Rätsel der so überaus gut bezeugten *Erscheinungen* des Auferweckten. Daß die seelische Verfassung der tief niedergeschlagenen Jünger keineswegs der ideale Boden für Visionen war, leuchtet jedem nüchtern Denkenden ein. — Fragend steht er vor dem Rätsel der *inneren Verwandlung* der Jünger: Menschen, die sich hinter verrammelten Türen versteckten, fluchtartig zu ihrem alten Gewerbe zurückkehrten, provozieren einige Tage später die Welt mit der Botschaft: »Diesen Jesus, den ihr gekreuzigt habt, den hat Gott auferweckt!« Wie hat aus der tiefen Depression dieser Freimut entstehen können? Was ist dazwischen diesen Männern begegnet?

Der historische Rand ruft diese Fragen wach, die zu *Rätseln* werden. Gewiß, Rätsel sind nicht einfach die Tür zum Glauben. Rätsel sind Fragen, bei denen der Wissenschaftler sagt: Noch können wir sie nicht beantworten, aber prinzipiell müßte es möglich sein. Doch hinter diesen Rätseln steht das Geheimnis Gottes, und es könnte gut sein, daß bei unserem Osterzeugnis (das auf jeden Versuch zu »beweisen« aus guten Gründen verzichtet!) sich Gottes Tür für solch einen ernsthaft fragenden Menschen öffnet.

So ist der hochgelehrte und auch historisch sehr gebildete Dichter Rudolf Alexander Schröder beim Lesen der Ostergeschichten zum lebendigen Osterglauben gekommen.

B. Die Weite von Ostern

Über die »Wirklichkeit« von Ostern haben wir nachgedacht. Wirklichkeit ist mehr als *Tatsache.* »Tat-Sache« ist eine »Tat« (dahinter steht ein Täter), die zur »Sache« (zu einem Es, einem toten Ding) geworden ist. Gottes Taten aber werden nie zu »Sachen«, sondern bleiben »Wirklichkeiten«; d. h. sie *wirken,* strahlen aus, bestimmen Gegenwart und Zukunft.

Gottes Ostertat, die »alles neu programmiert«, strahlt nach allen Seiten aus, erfüllt den ganzen Horizont. Wie weit die Wirkung des Ostermorgens reicht, was alles sie neu ins Leben ruft, soll uns in Teil B beschäftigen. Dabei gehen wir mit Paulus vom Negativen aus und fragen:

Was wäre, wenn nicht . . .?

Diese negative Möglichkeit (für Paulus freilich eine Unmöglichkeit!) spielt er in demselben Kapitel 1. Kor. 15 in den Versen 14—19 durch. Er sagt: »Nehmen wir einmal an, Jesus wäre nicht auferstanden. Wie sähe die Christenheit, wie sähe die Welt ohne Ostern aus?«

Ich gebe die Verse in freier Übertragung wieder und wähle dabei aus:

Wenn Christus nicht auferstanden ist,
— dann ist unsere *Predigt* bloßes Geschwätz, leeres Stroh, nichts als Ideologie;
— dann ist der *Glaube* nichts als Illusion, wirklich »Opium des Volkes« (Marx) und »fürs Volk« (Lenin);
— dann sind wir *Apostel* und Prediger Lügner und Verführer, nicht nur »Volksverdummer«, sondern Gotteslästerer, die Gott Märchen andichten, wir sind falsche Zeugen, Meineidige;
— dann ist das Reden von *Sündenvergebung* nur ein Traum, zu schön, um wahr zu sein; dann sind wir alle an unsere Vergangenheit gekettet;
— dann sind die im Glauben an Christus *Gestorbenen* nichts als Material für Tod und Verwesung, nichts als Kandidaten der Verdammnis;
— dann sind wir *Christen* als betrogene Betrüger die elendesten, erbärmlichsten, bedauernswürdigsten Menschen überhaupt, sind Narren, Idioten.

Das ist in der Tat ein umfassender Kahlschlag. Paulus räumt die ganze Welt ab. Ein Osterlied aus dem 12. Jahrhundert redet ähnlich deutlich: »Wär' er nicht erstanden, dann wär' die Welt vergangen.«

Ich entsinne mich, daß ein lieber älterer Christ einmal sagte: »Wenn alles ein Irrtum sein sollte mit Jesus Christus, und wenn es nach dem Tode keine Auferstehung gäbe, dann bin ich doch immerhin 70 Jahre lang ein fröhlicher Mensch gewesen. Das ist doch auch etwas.«

Solche Töne finden wir bei Paulus nicht. Paulus fragt ganz radikal: »Ist der Scheck gedeckt?« Ist die Hoffnung fundiert? Ja, Paulus stellt im Grunde die harte Alternative: entweder Auferweckung oder Nihilismus. Entweder Christus oder das Chaos. Wenn Christus nicht auferweckt wurde, dann, Paulus zitiert ein altes Trinklied, das schon im Alten Testament genannt wird, »dann laßt uns essen und trinken, denn morgen sind wir tot.« Dann bleibt uns nur der Rausch des Augenblicks, nur die Lust und Gier dieser Stunde. Warum soll ich dann noch mit meinen Trieben kämpfen, warum mich dann noch um die Mitmenschen mühen? Warum soll ich mich nicht mit all meiner Kraft durchsetzen? Entweder Auferweckung oder das Recht des Stärkeren. Entweder Ostern oder das Nichts!

Paulus ist der Überzeugung, daß im Grunde keine Ethik, kein moralischer Entwurf in unserer Welt, ein wirkliches Fundament hat, wenn der Tod das letzte Wort behält. Dann ist alles absolut sinnlos!

Paulus betont ganz scharf: Wenn man dem christlichen Glauben die Auferstehung herausoperiert, dann ist es nichts als Wahnsinn, anzunehmen, daß noch irgend etwas übrig bliebe. Es gibt ja Menschen, die behaupten: »Jesus Christus ist gewiß nicht auferstanden, das ist sicher ein Mythos, aber die Bergpredigt ist großartig. Damit kann man doch vieles in unserer Welt tun, geradezu Revolutionäres!«

Das Gegenteil ist richtig: Wenn man die biblischen Aussagen von Jesus Christus ablöst, dann werden sie das gefährlichste Gift, das in der Welt überhaupt nur denkbar ist. Man kann das etwa am biblischen Schöpfungsglauben zeigen. Wir haben im I. Kapitel gesagt, daß der biblische Schöpfungsglaube den Menschen überhaupt erst dazu befreit hat, die Welt wissenschaftlich zu untersuchen und technisch zu bearbeiten. Indem z. B. deutlich wurde, daß Sonne und Mond keine Götter sind, sondern nur »Lampen«, die Gott schuf, konnte man Mondfahrten unternehmen. Weil Bonifatius wußte, daß die Donareiche nicht ein göttliches Zauberding, ein Tabu, sondern nur ein Stück Holz war, konnte er diesen Baum fällen, Bau- und Brennholz daraus machen.

126

Man kann also sagen: Die Möglichkeit von Naturwissenschaft und Technik liegt im biblischen Schöpfungsglauben begründet.

Aber — wenn ich diesen biblischen Schöpfungsglauben von Gott ablöse, die Verantwortung vor Gott ablehne, dann kommt dabei nichts als Ausbeutung, Vernichtung, Zerstörung und Dämonisierung dieser Welt heraus. Es ist keineswegs zufällig, daß die Vergeudung der Energie und die Umweltverschmutzung nicht etwa von Moslems oder von Buddhisten ausgegangen ist, sondern von Menschen, die — sagen wir es einmal hart — das Christentum »hinter sich« hatten, die die Schöpfung beherrschen wollten, ohne den Schöpfer zu ehren.

Wenn es zutrifft, daß die Gefährdung unserer Welt bis hin zur Atombombe wesentlich vom »christlichen« weißen Mann ausgegangen ist — und das läßt sich ja nicht bestreiten —, dann kann man mit Händen greifen: Es gibt in der Tat nichts Gefährlicheres, als die biblische Botschaft von dem Herrn abzulösen, der in der Mitte steht, nichts Zerstörerischeres als ein »Christentum« ohne den lebendigen Christus, nichts Verheerenderes als Menschen, die im »nachchristlichen Zeitalter« sich Jesus Christus »an den Schuhsohlen abgelaufen haben«.

Paulus hat den Mund keineswegs zu voll genommen, wenn er die These aufstellt: Christus oder das Chaos! Er hat recht, wenn er betont: Man kann das Christentum nicht ohne den lebendigen Herrn haben. Was übrig bliebe, wäre nicht ein Kadaver, der sich nützlich ausschlachten ließe wie ein altes Auto; übrig bleibt ein hochexplosives Giftgas. Übrig bleibt der Tod. Entweder Christus oder das Nichts!

»Nun aber ist Christus auferstanden . . .«

Über diese Landschaft voller Grauen, über dieses Totenfeld erklingt nun der Jubelschrei: »Nun aber ist Christus auferstanden!« Werde wach, verscheuche den Alptraum: es ist Ostern geworden.

Jetzt gilt es, all die negativen Sätze ins positive Gegenteil zu verkehren. Ein Trompetenstoß folgt nun dem andern:

Weil Christus auferstanden ist,
— darum gibt es in der Welt nichts Frohmachenderes, nichts Tröstenderes, nichts Helleres, nichts Wirkmächtigeres, nichts Realistischeres als die *Christus-predigt:* Hier spricht Gott selbst;
— darum gibt es in der Welt nichts Gewisseres, Fundierteres, nichts, was Lüge und Ideologie mehr entlarvt als der Christus-*glaube;*

— darum sind alle Apostel, Prediger, alle *Zeugen* Jesu Christi, Boten und Diener der einen lebenspendenden Wahrheit;

— darum ist unsere *Schuld* für immer und ewig *ausgetilgt,* »versenkt in der Tiefe des Meeres«;

— darum sind die im Glauben verstorbenen Menschen, denen das *ewige Leben* gehört, Kandidaten der Auferstehung;

— darum haben wir Christen Grund genug, die *glücklichsten,* fröhlichsten und in der Verfolgung die getrostesten unter allen Menschen zu sein.

Dem Kahlschlag folgt ein Grünen und Blühen: Es muß doch alles gut werden, weil Jesus auferstanden ist!

Wie die Strahlen der Sonne . . .

Das Osterlicht füllt mit seinem Leuchten den ganzen Horizont. Wir wollen die »Weite von Ostern« in uns aufnehmen, indem wir dem Aufleuchten einiger Strahlen zuschauen.

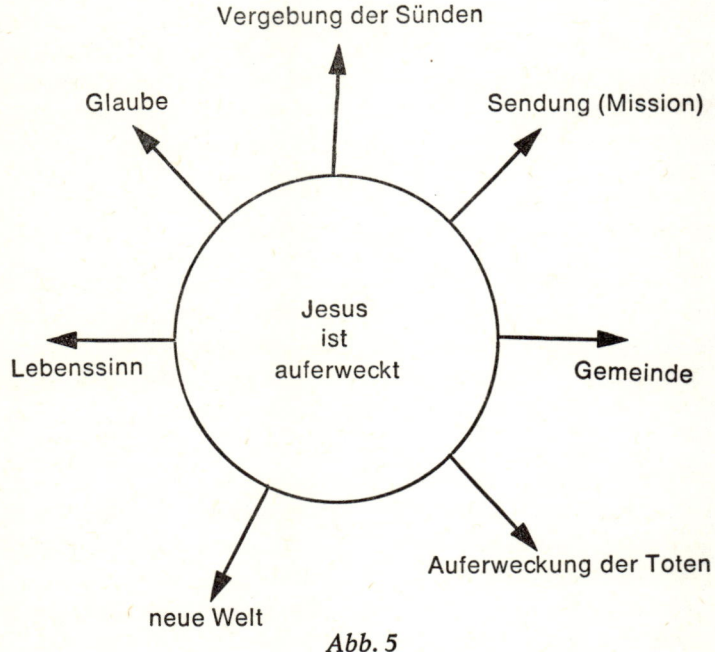

Abb. 5

1. Vergebung der Sünden

Paulus sagt: »Weil Christus von den Toten auferstanden ist, darum gibt es *Vergebung der Sünden*.« Nun ist »Vergebung« ja eine häufig gebrauchte »Kirchenvokabel«, die sich vielleicht schon etwas abgenutzt hat. Dennoch gilt: Vergebung der Sünden ist die Mitte der Osterbotschaft.

Es ist auffallend, daß in der Ostergeschichte immer wieder die Rede davon ist: »Die Jünger fürchteten sich.« Warum fürchten sie sich, als sie dem Auferstandenen begegnen? Wäre nicht Freude am Platz? Seit Karfreitag wissen die Jünger, wie es um sie bestellt ist. Wer sind sie denn? Petrus ein Verleugner, die übrigen Deserteure. Alle haben sie Jesus verloren gegeben, alle haben sie ihm abgesagt, und nun steht er, von Gott bestätigt, vor ihnen. Was wird er mit Leuten machen, die ihn verstoßen, verraten, verleugnet, ihm den Abschied gegeben haben? Jetzt muß doch das Gericht hereinbrechen! Der Weltenrichter tritt herein!

Doch dann geschieht das Erstaunliche in den Ostergeschichten, daß nämlich Jesus genau diese Leute wieder zu sich holt und sie zu seinen Boten macht.

Martin Luther hat einmal gesagt: Wenn ich Petrus malen müßte, dann würde ich auf jedes Härchen schreiben »Vergebung der Sünden«. Davon lebt der ganze Mann. Daraus besteht er, aus nichts sonst! Und Petrus selbst hat dafür gesorgt, daß man das Jesus-Christus-Evangelium und die Passionsgeschichte in der ganzen Welt nicht erzählen kann, ohne gleichzeitig von jener Stunde zu berichten, in der er, Petrus, diesen Herrn verraten hat. Das ist die größte Beichte, die es in der Weltgeschichte je gegeben hat. Wer von Jesu Christi Passion erzählt, der erzählt immer auch von des Petrus Schuld und Jesu Güte.

Vergebung der Sünden ist also der erste »Strahl«, der von der Auferweckung Jesu ausgeht. Dabei versteht man das eigentliche Wesen von Vergebung nur, wenn deutlich wird: Vergebung ist die Umkehrung von Schöpfung. Schöpfung heißt doch, daß Gott aus dem Nichts etwas macht. Aus dem Nichts ruft er die Welt ins Sein: Das kann nur Gott! Vergebung der Sünden heißt nun umgekehrt, daß aus etwas *nichts* wird. Wir Menschen können Schuld in unserem Leben vielleicht vergessen oder verdrängen, beschönigen oder daran verzweifeln — vernichten können wir sie nicht. Etwas, was wir in unserem Leben getan haben, das können wir mit keiner Macht der Welt ungeschehen machen. Vergebung der Sünden aber heißt, daß Gott unsere Sünde so

radikal auslöscht, daß sie nicht mehr existiert, bis ins Jüngste Gericht hinein nicht mehr da ist.

Vergebung der Sünden ist Umkehrung von Schöpfung; und nur wer aus dem Nichts etwas schaffen kann, der kann auch aus Etwas nichts machen. Das ist die Botschaft der Vergebung der Sünden. Billiger ist das nicht.

Auferweckung Jesu (so deuteten wir in Kapitel IV bereits an) bedeutet: Gott sagt Ja zu Jesu Sterben für uns, er ratifiziert die Versöhnung. Weil Ostern das Kreuz Jesu ins Licht rückt, darum heißt das grundlegende Wort: Vergebung der Sünden.

2. Mission

Der zweite »Strahl« der Auferweckung heißt »Mission«, »Sendung«. Weil Jesus Christus von den Toten auferweckt worden ist, darum »gehet hin in alle Welt und lehret alle Völker« (Matth. 28).

Alle Ostergeschichten sind zugleich Berufungs-, Sendungstexte. Wir sehen das an Paulus vor Damaskus. Wir sprechen ja in diesem Zusammenhang fast immer nur von der Bekehrung des Paulus, doch das ist nur die Hälfte. Die Bekehrung des Paulus ist gleichzeitig seine Berufung zum Völkerapostel gewesen, der in die Welt hinauszugehen hat. Ostern und Mission gehören zusammen.

Das wird ohne weiteres einsichtig, wenn wir folgendes erkennen: Zu Jesu Lebzeiten hieß an Jesus glauben: Ihm »nachfolgen«, und das war buchstäblich gemeint. »Glauben« hieß hinter ihm hergehen, bei ihm sein, weil man sich an seine Person gebunden hatte. Damit war aber die Nachfolge auf Galiläa und Judäa begrenzt, war ja nur da möglich, wo Jesus leibhaft gegenwärtig war.

Ostern heißt nun, daß diese räumliche Begrenzung aufgehoben ist, daß es keinen Punkt mehr gibt, weder in den Tiefen der Erde, noch in einer Weltraumkapsel Tausende von Kilometern über der Erde, wo Jesus, der Auferweckte, nicht anwesend wäre. Deshalb können jetzt überall Menschen in die Nachfolge Jesu gerufen werden, in aller Welt, unter allen Völkern. Seit Ostern ist Mission sinnvoll.

Ostern und Mission gehören zusammen. Wir müssen das noch vertiefen. Ostern (mit der Himmelfahrt, von der Lukas berichtet, zusammengefaßt) bedeutet die »Erhöhung« Jesu, seine Einsetzung zum Herrn über das All. Diese seine universale Herrschaft wird im Missionsbefehl (Matth. 28) durch das Wort »alle(s)« unterstrichen, das allein viermal erscheint: »Mir ist gegeben alle Gewalt ... Macht zu

Jüngern *alle* Völker . . . Lehret sie halten *alles* . . . Ich bin bei euch *alle* Tage.« Luther hat in seiner Übersetzung hinzugefügt: »Gehet hin in *alle* Welt.« Alle Menschen haben jetzt einen neuen Herrn. — Diese seine umfassende Herrschaft übt Jesus aber nicht aus wie ein weltlicher Imperator — mit Feuer und Schwert. Das Instrument seiner »Welteroberung« heißt Mission. Der Auftrag Jesu »Gehet hin!« schickt uns hinaus, macht uns zu »Ostermarschierern« für das Evangelium. Seit Ostern ist Mission notwendig (weiteres zu diesem Stichwort in Kapitel VI)!

3. Gemeinde

Diesen Auftrag, Menschen in seine Nachfolge zu rufen, hat der Auferstandene seiner *Gemeinde* gegeben, und damit sind wir beim nächsten »Strahl« der Auferweckung.

Paulus nennt die Gemeinde »den *Leib Christi*« (1. Kor. 12, 27). Das setzt die Auferweckung Jesu, sein Leben, voraus. Andernfalls wären wir ja nur Leichnam, Kadaver. Jetzt aber sind wir für Jesus das, was der Leib für uns ist: Organ des Handelns, Instrument für das Schaffen. Jesus will jetzt unsere Augen, Hände, Füße, Gedanken in Dienst nehmen für sein weltweites Wirken. Er *braucht* uns nicht, ist nicht auf uns angewiesen, wie ein Spruch sehr mißverständlich sagt: »Jesu hat keine Augen als deine Augen . . .«, aber — erstaunlich! — er will uns *gebrauchen,* möchte durch uns, mit uns arbeiten. Wir sind sein Leib.

Wenn Ostern den Einbruch der neuen Welt bedeutet, dann ist der »Leib« des Auferstandenen, dann sind wir Christen als Gemeinde Anfang, *Vorhut der neuen Menschheit,* die »ersten Freigelassenen der Schöpfung« (Moltmann). Wir tragen deshalb nicht dem Gestern die Schleppe nach, sondern dem Morgen die Fackel voran. Unser Glaube ist nicht Krückstock für Altersschwache, sondern Zeigestock, der in Gottes Zukunft deutet. Deshalb sollten wir Christen endlich aufhören, so dumme Reden zu führen wie: »Es gibt immer *noch* Menschen, die beten«, oder: »es gibt immer *noch* junge Menschen, die die Bibel lesen.« Dieses »*noch*« ist völlig unösterlich. Es gibt *schon* Menschen, die die Bibel lesen, und denen gehört die Zukunft. Ostern läßt keine Resignation zu, sondern motiviert zur Hoffnung: Wir sind nicht *noch,* *schon* sind wir!

Die Gemeinde Jesu Christi hat, und das ist ein ganz großer Auftrag, etwas Modellhaftes für die neue Welt. Paulus konnte sagen (Gal. 3, 28): »Da gilt nicht mehr Mann noch Weib, da gilt nicht mehr

Sklave noch Freier«, und wir könnten heute fortfahren: »da gilt nicht mehr Schwarzer noch Weißer, nicht mehr Intellektueller oder Hilfsschüler«. Es gibt keine biologischen Unterschiede in der Gemeinde Jesu Christi, die noch als Wertunterschiede gelten dürften! Daß Frauen etwa geringer wären als Männer, ist ein Gedanke, der zwar im Judentum vorhanden ist, aber mit christlichem Denken nichts zu tun hat. Auch die gewiß vorhandenen sozialen Unterschiede können in der Gemeinde Jesu Christi keine wertende Rolle spielen. Ist ein Hilfsarbeiter weniger Gottes Kind als ein Minister? Das gleiche gilt für rassische Unterschiede, Intelligenzverschiedenheit oder was immer wir nennen mögen. Eine Gemeinde wird sich daran bewähren müssen, wie weit sie es schafft, diese Unterschiede, diese Wertskala der alten Welt, nicht wieder aufstehen zu lassen.

Eine Gemeinde, in der die Menschen bewußt oder unbewußt je nach Geschlecht, sozialer Herkunft, Rasse oder Alter unterschiedlich eingestuft werden, lebt noch in den Formen der alten Welt. Es kommt aber alles darauf an, daß in der Gemeinde Jesu Christi schon etwas von dem Licht der neuen Welt sichtbar wird.

4. Auferstehung der Toten

Wir sprachen vom Zeigestock, der beharrlich auf Gottes Zukunft weist. Das bedeutet inhaltlich: Wir sind von Jesu Auferweckung her unterwegs zu unserer Auferweckung. Da besteht ein ganz enger, untrennbarer Zusammenhang.

Martin Luther drückt das einmal sehr plastisch aus: Wenn eine Frau in Geburtswehen liegt und die Hebamme feststellt, daß der Kopf des Babys »durch« ist, dann ist das Entscheidende gewonnen. So muß man das ansehen, sagt Luther; der Kopf ist durch: Jesus Christus ist schon im neuen Leben, und wer an ihn glaubt, der gehört zu ihm, so wie die Glieder mit dem Leib und dem Haupt fest verwachsen sind. Wenn Christus, unser Haupt, durch die Auferstehung »durch« ist, dann ist unsere Auferstehung gewiß. Der Kopf ist durch, und es kann nicht mehr zweifelhaft sein, was mit den Fingern und den Händen und den Füßen und dem Rest geschieht. Luther sagt wörtlich: »So ist unsere Auferstehung schon mehr als zur Hälfte geschehen, weil unser Haupt da ist.«

5. Neuer Himmel — neue Erde

Die Bibel ist nicht daran interessiert, daß irgendwo unsterbliche Seelen schweben, sondern sie spricht von der Auferweckung der Menschen, von der Neuschöpfung der Welt. Sie kündigt eine völlig verwandelte Schöpfung an, »da wird kein Leid und kein Geschrei und kein Schmerz mehr sein« (Offb. 21, 3—5).

Das erste Stück verwandelter Welt ist der Leib Jesu, deshalb ist die Tatsache des leeren Grabes nicht belanglos. Die Neuschöpfung hat an dem geschändeten, mißhandelten und zerschlagenen Leib des gekreuzigten Jesus angefangen. Der auferweckte Leib Jesu ist der Anfang neuer Welt, und was in Jesus angebrochen ist, das wird wie eine Lawine anschwellen und die ganze Welt erfüllen — alles neu!

Weil das so ist, darum sollten wir als Christen auch einen anderen törichten Ausdruck vermeiden, nämlich daß etwas »todsicher« sei. Damit bezeichnen wir normalerweise den Gipfel aller Sicherheit, etwas, das angeblich noch sicherer ist als das »Amen in der Kirche«. Aber das ist ganz unösterlich und darin gottlos gesprochen: Denn seit Ostern ist der Tod ein ganz unsicherer Kantonist, auf den kein Verlaß mehr ist. Er ist besiegt! Verlaß aber ist auf das »Amen in der Kirche«, daß nämlich Gott zu seinem umfassenden Osterversprechen stehen wird und alles neu schafft. Das ist »ostersicher«, »lebenssicher«, »christussicher«!

6. Leben voll Sinn

Weil Jesus Christus auferweckt ist, bekommt unser Leben *Sinn*. Paulus hatte ja gesagt: Auferweckung Jesu Christi oder Nihilismus, etwas anderes gibt es nicht. Entweder ist Christus auferweckt oder alles ist absurd!

Was hat denn eigentlich Sinn, wenn mit dem Tode alles endet? Was bleibt denn von unserem Leben, von all unseren Versuchen und Investitionen? Das alles wird doch von der erschreckenden Erkenntnis überschattet: Ich werde älter, ich bin ein Todeskandidat.

Was bleibt? Dinge, die einer sich erträumt und gewünscht hat, zerfließen und zerrinnen. Unternehmen, in die wir sehr viel Kraft und Liebe steckten, scheitern. Was soll's?

Paulus gibt in 1. Korinther 15 eine sehr deutliche Antwort: »Eure Arbeit ist nicht vergeblich in dem Herrn.« Was Christen im Namen Jesu tun, ist nie verloren, denn es geht mit hinein in die neue Welt.

Wir werden im letzten Kapitel noch näher darauf eingehen. Ich möchte hier nur kurz auf einen interessanten »Gedankensprung« bei Paulus eingehen. Er schließt das Kapitel 1. Kor. 15, diesen triumphalen Jubelgesang über die Auferweckung, dieses Spottlied auf den Tod, mit dem Satz: Nichts ist vergeblich, was für Jesus getan wurde. Der nächste Satz aber — Anfang von Kapitel 16 — lautet: Nun wollen wir auf die Kollekte zu sprechen kommen. Neue Welt und Kollekte — ist das nicht ein geradezu lächerliches Gegenüber — wie Mount Everest und Maulwurfshügel? Ist das nicht ein kurioser Salto? Für Paulus keineswegs! — Wer die Sinnfrage stellt, fragt nach dem Großen und Ganzen. Nur von dem Großen und Ganzen wird die kleinste Alltäglichkeit sinnvoll.

Weil mit Ostern das Große und Ganze — die neue Welt — gewiß ist, darum lohnt es sich, für die Mission oder die Hungernden in der Welt zu spenden. So praktisch ist das!

7. Osterglaube

Der letzte Strahl ist gewiß nicht der unwichtigste. Er bündelt das Ganze und gibt ihm die persönliche Zuspitzung: Weil Jesus auferweckt worden ist, darum kommen Menschen in den *Glauben* hinein. Wenn einer fröhlich und gewiß sagen kann: »Ich glaube«, dann ist das ein Wunder! Wieso? Luther sagt in seiner Erklärung zum 3. Glaubensartikel: »Ich glaube, daß ich nicht aus eigener Vernunft noch Kraft an Jesus Christus, meinen Herrn glauben kann . . .«. In Kurzfassung: Ich glaube, daß ich nicht glauben kann. Wir sahen in den Kapiteln II—IV, daß Sünde nicht Schwäche, Krankheit, Dummheit bedeutet, sondern — Tod! Deshalb ist es immer ein Stück Auferweckung, wenn einer zu dem gekreuzigten Jesus sagt: »Mein Herr und mein Gott.« Da hat zuvor der Auferweckte einen Toten mit seinem Schöpferwort angerufen: »Ich sage dir, steh auf!« So ist jedes Zum-Glauben-Kommen ein »kleines Ostern«: Ein Mensch wird herausgerissen aus der »Mittelpunktshaltung«, dem Kreisen um sich selbst, sein Zentrum wird aus ihm selbst hinausverlegt. Eine kopernikanische Wende geschieht: Jesus Christus wird der neue Bezugspunkt. Mein neuer Name ist sein Name: Ich bin ein Christ.

»Ein Kuchen«

Luther hat es griffig formuliert: Christus und ich — wir sind miteinander »*ein* Kuchen«. Vorher waren die Zutaten getrennt, aber jetzt

sind sie so ineinander verrührt, miteinander gebacken, daß sie untrennbar eins sind. Das weiß der Glaube: Jesus Christus und ich sind nicht zu scheiden. Was von ihm gilt, das gilt auch von mir. Von daher müssen wir zum Abschluß des Gedankenganges noch einmal den »Strahlenkranz« unserer Sonne entlanggehen (vgl. Abb. 5).

»Jesus ist auferweckt worden«, das ist zunächst gewiß ein Satz über *Jesus:* Damals, drei Tage nach Karfreitag, ist an diesem Jesus etwas geschehen. Ganz ohne mich, längst vor meinem Glauben! Aber nun ist Paulus der festen Überzeugung: »Jesus ist auferweckt«, das ist gleichzeitig ein Satz über *mich,* der ich an diesen Jesus Christus glaube. Wenn ich sage: »Jesus Christus ist auferstanden«, dann sage ich damit in einem Atemzug: »Meine Schuld ist mir vergeben«, und wer das nicht sagt, glaubt nicht an die Auferstehung Jesu Christi. Das eine ist nicht ohne das andere. »*Ein* Kuchen!«

Als Beispiel: Was halten Sie von der Aussage: »Da ist ein Mensch, der lebt, aber er atmet nicht.« Ein unsinniger Satz! Ein Mensch, der lebt, atmet. Ebenso unsinnig wäre der Satz: »Da ist ein Mensch, der atmet zwar, aber er lebt nicht.« Ein Mensch, der atmet, lebt. Beides gehört zusammen.

Genauso, sagt Paulus, gehören die beiden Sätze »Jesus Christus ist auferstanden« und »meine Schuld ist ausgelöscht« zusammen. Wenn ich glaube, daß Jesus Christus auferweckt ist, dann glaube ich, daß meine Schuld ausgelöscht ist. Und wer sagt: »Meine Schuld ist ausgelöscht«, der glaubt damit eben, daß Jesus Christus auferstanden ist (vgl. unseren ersten Strahl).

Umgekehrt: Wer den Satz bezweifelt: »Meine Schuld ist vergeben«, der bezweifelt und bestreitet eben damit die Auferweckung Jesu Christi. »*Ein* Kuchen!«

Jesus ist eben niemals eine Privatperson, die man isolieren und »für sich« nehmen könnte. Er ist stets der »Gott-für-uns«, der uns einschließt. Bei allem, was von ihm gilt, bin ich mit drin (vgl. »Interesse«!). Das ist die »Wirk-lichkeit« — das Wirkmächtige — des Ostergeschehens.

Nun können wir fortfahren, die Variationen »durchspielen«:
— »*Jesus Christus* ist auferweckt« — also gilt (2. Strahl):
Ich bin ein Gesandter, zur Mission berufen!
— »*Jesus Christus* ist auferweckt« — also gilt (3. Strahl):
Ich bin Glied an seinem Leibe, Werkzeug für seine Ziele, ich gehöre mit der Gemeinde zur Vorhut der »Schon-(wahrhaft)-Menschen«!

— *Jesus Christus* ist auferweckt« — also gilt (4. Strahl):
Ich werde auferstehen, zweifellos! Denn »Lässet auch ein Haupt sein Glied, welches es nicht nach sich zieht?«

— *»Jesus Christus* ist auferweckt« — also gilt (5. Strahl):
Ich bin ein Stück der zukünftigen neuen Schöpfung. Schon heute steht mein Leben im Sonnenaufgang, im »Vor-schein« der neuen Welt.

— *»Jesus Christus* ist auferweckt« — also gilt (6. Strahl):
Mein Leben in all seinen Kleinigkeiten wie die Welt (Natur und Geschichte) als ganze sind eingefügt in einen umfassenden Sinn; wir sind unterwegs zu Gottes großen Zielen. Und heute schon darf ich Mitarbeiter sein.

— *»Jesus Christus* ist auferweckt« — also gilt (7. Strahl):
Ich glaube: Ich hänge, klebe, bleibe an ihm. Und dieser Glaube ist nicht meine »Ein-bildung« oder »Vor-stellung«, sondern Kontakt mit der Wirklichkeit des lebendigen Gottes.

»*Ein* Kuchen!« Der Liederdichter singt: »Jesus lebt — mit ihm auch ich. Tod, wo sind nun deine Schrecken?«

Noch einmal: Es darf gelacht werden

Vom Osterlachen sind wir ausgegangen. Nachdem wir über Wirklichkeit und Weite der Auferweckung nachgedacht haben, kehren wir zu dem Osterjubel zurück. Luther sagt zum Tod: »Jetzt singst du wohl: Ich bin der Herr, König über alle Menschen, ich hab die Oberhand. Du wirst dich heiser- und totsingen.« Denn: »Gott will ein Gift machen. Das soll dem Teufel und dem Tode den Bauch so zerreißen, daß er selbst verschlungen wird.«

Am Schluß sollen zwei Illustrationen noch einmal den Osterjubel anstimmen:

Eine der MBK-Missionarinnen ist in Tokio tätig und arbeitet dort in dem Viertel der roten Lampen unter Prostituierten. Eines Tages besucht sie solch ein an Tuberkulose erkranktes Mädchen in der TBC-Station eines Krankenhauses.

Als sie das Zimmer betritt, trifft sie auf eine ganze Reihe von Patienten. Eine fällt ihr besonders auf, denn sie hat neben ihrem Lager sehr nachdrücklich eine Buddhastatue plaziert. Anscheinend will sie damit demonstrativ sagen: »Im Namen Buddhas liege ich hier, mein Geschick liegt in Buddhas Hand.«

Die Missionarin spricht mit allen Kranken, am Ende schenkt sie jeder ein Johannesevangelium.

Einige Tage später erfährt sie zu ihrem Erstaunen: Die junge Buddhistin liest jeden Tag eifrig das Johannesevangelium! Was mag sie dazu gebracht haben?

Etwas ganz Eigenartiges kommt heraus. Man hatte der Missionarin dort in diesem TBC-verseuchten Krankenzimmer einen Pfirsich angeboten. Dahinter stand vielleicht die Überlegung: Was mag diese Christin, diese weiße Frau, jetzt tun? Keinesfalls wird sie eine Infektion riskieren. Wie wird sie sich höflich aus der Affäre ziehen? Doch die Missionarin hat den Pfirsich mit freundlichem »Danke« angenommen und vor den Augen aller Patienten gelassen verzehrt. Das war für die junge Buddhistin der entscheidende Anstoß. »Wenn die das wagt, dann muß sie einen kennen, der stärker ist als der Tod und die Furcht vor ihm. Den einen muß ich kennenlernen.« So griff sie nach dem Johannesevangelium und las die Botschaft dessen, der sagt: »Ich bin die Auferstehung und das Leben.«

Seltsam, da beginnt ein überzeugter Nicht-Christ in der Bibel zu lesen, nicht weil ein Christ gepredigt, sondern weil ein Christ fröhlich und furchtlos einen Pfirsich gegessen hat!

Klingt nicht hinter dieser Begebenheit, die vielleicht nicht gleich zum Nachmachen, aber gewiß zum Nachdenken ist, das Osterlachen auf?

Als zweite Illustration für den Triumph über den Tod stelle ich den Schluß einer Predigt hierher, einer gewaltigen Karfreitags- und Osterpredigt von Hermann Friedrich *Kohlbrügge* (1803—1875), der besonders in Elberfeld wirkte. Kohlbrügge geht da einem uns sehr fremden Gedanken nach: Er stellt sich vor, daß — Jahre nach seinem Sterben — man den Friedhof, auf dem er beigesetzt wurde, bereinigen und dann auf seinen Totenschädel stoßen könnte. Und das Zeichen der Verwesung wird ihm zum Siegeszeichen für den Todesbezwinger.

»Wenn ich einmal sterbe — ich sterbe aber nicht mehr —, und es findet jemand meinen Schädel, dann predige es ihm dieser Schädel noch: ›Ich habe keine Augen, dennoch schaue ich Ihn; ich habe kein Gehirn noch Verstand, dennoch umfasse ich Ihn; ich habe keine Lippen, dennoch küsse ich Ihn; ich habe keine Zunge, dennoch lobsinge ich Ihm mit euch allen, die ihr Seinen Namen anruft. Ich bin ein harter Schädel, dennoch bin ich ganz weich geworden in seiner Liebe. Ich liege hier draußen auf dem Gottesacker, dennoch bin ich drinnen im Paradies. Alles Leiden ist vergessen, das hat uns Seine große Liebe

getan, als Er für uns Sein Kreuz trug und hinausging nach Golgatha.«

Kann es einen größeren Triumph geben über den Tod und sein Grauen als die Tatsache, daß nun gar ein Totenschädel noch von Ostern predigt? »Tod, wo ist dein Stachel, Hölle, wo ist dein Sieg?«

Zusammenfassung von Kapitel V

Vorbemerkung: Das »Ostergelächter« der alten Kirche zeigt den Horizont an: Christen leben vom Sieg über die gottfeindlichen Mächte (»Tod und Teufel muß sich schämen«).

A. Die Wirklichkeit (Realität) der Auferweckung

1. **Das älteste Osterbekenntnis, 1. Kor. 15, 5 ff.** (in der aramäischen Urfassung sehr bald nach der Auferweckung Jesu fest formuliert, geprägt zum Einprägen), stellt die klassische Zusammenfassung des »Jesus-Christus-Evangeliums« dar:

   a) betont wird darin das »wirklich tot« (»begraben«), das alle Scheintotphantasien ausschließt;

   b) differenziert wird zwischen »auferweckt« (das grundlegende Geschehen bleibt Geheimnis zwischen Gott und dem Sohn) und »erschienen«. Die Erscheinungen Jesu schaffen die Osterzeugen und berufen sie zu Osterboten;

   c) dabei liegt die Aktivität ausschließlich auf Gottes (Christi) Seite: Alle Arten von »Visionshypothesen«, die die Initiative auf die Jünger verlegen, sind damit von vornherein abgewiesen;

   d) das Geschehen von Karfreitag und Ostern wird verankert im Heilsplan Gottes (»nach der Schrift«) und bewirkt unsere Rettung (»zur Vergebung der Sünden«).

2. **Abgrenzungen:**

   a) Gegen allen »Begriffsnebel« ist heute Klarstellung geboten. Der Grund-satz »Gott hat Jesus auferweckt« beschreibt zunächst ein Geschehen an Jesus, nicht in den Köpfen und Herzen der Jünger. Nicht nur die »Botschaft«, das »Modell«, der »Traum« Jesu lebt in Herzen und Händen der Jünger weiter (»Wirkungsgeschichte« wie bei Goethe oder Marx). Er selbst ist leibhaft, personhaft auferweckt, ist unser Gegenüber; an ihn richtet sich unser Gebet.

   b) Von daher sind Formulierungen wie
   »Auferstehung ins Kerygma« (Bultmann),
   »Auferstehung ins Bewußtsein« (Sölle),
   »Weiterereignung der Sache Jesu« (Marxsen),
   »Es geht weiter mit Jesus« (Schulbuch)
   abzuweisen.

3. **Zur Frage der »Beweisbarkeit« der Auferweckung** (Exkurs):

a) Die **Forderung** nach dem Beweis entspringt als solche der »Mittelpunktshaltung« des (»autonomen«) Menschen und drängt den Christen aus seiner Rolle als Zeuge Jesu in die (ganz unangemessene) seines Verteidigers. Das ist vom Ansatz her »gott-los«!

b) Wenn als **Kriterien** des Beweises allgemeine, innerweltliche Prinzipien wie »Analogie« oder »Kausalität« genannt werden, dann sind diese Maßstäbe von vornherein unangemessen. Sie sind entworfen unter den Bedingungen des »alten Äons« (Tod und Vergänglichkeit als Axiom). Eben diese »alte Welt« hat aber Jesu Auferweckung aufgesprengt. — Der Beweisforderung nachkommen zu wollen, hieße also gerade: den neuen Wein in alte Schläuche füllen, Ostern »beerdigen«! — Das gilt auch für die neuerdings häufig benutzte Kategorie »**Kontingenz**«. Hier wird gesagt: »**Nur Neues** geschieht unter der Sonne!« Ostern wäre dann nur eine »Neuigkeit« unter allen anderen im Rahmen dieses Äons, nicht das end-gültig, eschatologisch Neue, das alles andere »alt« werden läßt.

c) Ein sinnvolles **Gespräch** mit dem historisch echt Fragenden und Suchenden ist allerdings möglich angesichts des »**historischen Randes**« der Auferweckung. Hinter den Rätseln, die sich hier dem Historiker stellen (leeres Grab, Erscheinungen, innere Umwandlung der Jünger) wohnt das göttliche Geheimnis, dessen Offenbarung dem »Aufrichtigen« verheißen ist.

B. Die Weite (der Radius) **der Auferweckung**

1. **Negativ:** Mit einem gewaltigen »Kahlschlag« (»Wenn Christus nicht auferstanden wäre . . .«) verdeutlicht Paulus (in 1. Kor. 15, 12 ff.), daß die Auferweckung Grund und Herz christlichen Glaubens darstellt. Ohne dies ist **alles nichts!** Er spitzt die Alternative zu: Christus (Ostern) oder Chaos, Christus (Ostern) oder Nihilismus und Absurdität. Paulus ist nicht an irgendeiner »vertröstenden« Meinung interessiert, sondern an wirklich fundierter Hoffnung!

2. **Positiv:** Jesu Auferstehung ist nicht ein isoliertes (»privates«) Geschehen, das auf ihn beschränkt bleibt, sondern Einbruch der neuen Welt, des »Reiches Gottes«, (»alles neu programmiert«), ein Geschehen, das uns einbegreift (uns »inter-essiert«).

3. Die **Entfaltung** (Bild der Ostersonne):
Die Auferweckung Jesu schließt in sich ein und schließt damit für uns auf:

a) die **Sündenvergebung:** Ostern bedeutet Gottes Ja zum Karfreitag, Ratifizierung des Opfertodes Jesu für uns.

b) **Mission:** Die universale Erhöhung Jesu als »Herr« (Kyrios) begründet das Recht eines jeden Menschen, seinen Herrn kennenzu-

lernen, und die Pflicht (»Bringeschuld«) der Christen zum weltweiten Zeugnis (Matth. 28).

c) **Gemeinde:** Als »Leib Christi« (1. Kor. 12), des Auferweckten, ist die Gemeinde Vorhut, Avantgarde der neuen Menschheit (wir sind nicht »noch«, sondern »schon« Christen!). Dabei werden grundsätzlich die Rang- (Wert-)unterschiede der alten Welt (biologischer, sozialer, rassischer, bildungsmäßiger Art) durchbrochen (Gal. 3, 28).

d) **Totenauferweckung:** Als »Erstling« eröffnet Jesu Auferweckung die umfassende Auferweckung der Toten, als »Haupt« seiner Glieder zieht er diese mit sich in sein Leben.

e) **Neue Welt:** Der verwandelte Leib des gekreuzigten Jesus ist das erste »Stück« neuer Schöpfung und darin Verheißung (»erste Rate«) einer universalen Neuschöpfung von Himmel und Erde.

f) **Beantwortung der Sinnfrage** (statt Nihilismus): Nur von Ostern — vom Sieg des göttlichen Lebens — her kann die Sinnfrage als Frage nach dem **Ganzen** umfassend beantwortet werden. Sonst bleibt, wenn der Tod die letzte Instanz ist, alles absurd. Nun aber ist keine »Arbeit im Herrn« vergeblich.

g) **Der Glaube:** Persönlicher Glaube ist Zeichen für das »kleine Ostern«, in dem der in sich verkrampfte (»tote«) Mensch für Gott und damit zum Leben auferweckt wird (Kopernikanische Wende).

4. Entscheidend ist bei all diesen Aspekten (a bis g), daß der Satz »Jesus ist auferweckt« zugleich eine Aussage über Jesus ist (dies ist grundlegend) wie eine Aussage, die den Glaubenden einschließt. Wer seine eigene Auferweckung (die Konsequenz) bezweifelt, stellt damit zugleich Jesu Auferweckung (die Basis) in Frage. Jesus, als der »Gott-für-uns«, ist hier nie von uns zu isolieren (Luther: Wir sind »**ein** Kuchen«).

VI. Zukunft — Futur oder Advent?

Nur für »Legastheniker«

Dieses letzte Kapitel ist im Grunde genommen ausschließlich für »Legatheniker« gedacht, also für Leute, die größte Schwierigkeiten mit dem Lesen und Schreiben haben. Wenn es nämlich um das Endgültige und Letzte (das »Eschaton«) geht, um die »neue Welt«, und das ewige Leben, dann versagt unsere Sprache, und unsere Vokabeln, die alle aus dieser Welt stammen, kommen an ihre Grenze, stranden und zerbrechen.

Gerade an der Sprache der Bibel wird das deutlich: Das ganz Neue, ganz andere, ganz Unausdenkliche wird *nicht* etwa *beschrieben* wie ein Gegenstand, den wir in Raum und Zeit vorfinden und »begreifen« können. Es gibt keine Fotoreportage über das »himmlische Jerusalem«, keine Landvermessung und Landkarte, auch keinen Fahrplan, der den Weg dorthin nach Stationen und Terminen festlegt. Nein, auch die Bibel beschreibt nicht, sie *»be-deutet«*, d. h. Zeichen werden aufgestellt, Hinweistafeln.

Auf zweierlei Weise geschieht das: einmal wird das Schönste und Kostbarste unserer alten Welt, der ersten Schöpfung Gottes, zum Gleichnis (nicht zur Gleichung!) für das Kommende (Fest, Hochzeit, Braut — Bräutigam, Ernte, Gold, Edelsteine): So »ähnlich« wird es sein — nur unendlich größer und schöner! Andererseits wird das Verzerrte, Quälende der alten, gefallenen Welt ausradiert und abgeräumt: »Und der Tod wird nicht mehr sein, noch Leid noch Geschrei noch Schmerz wird mehr sein« (Offb. 21, 4). So — nicht mehr!

Mit Gleichnis und Gegensatz deutet also die Bibel auf das ganz Neue hin. So ist die Offenbarung des Johannes von einem »Seher« geschrieben — nicht von einem »Denker« (A. Schlatter), redet in prophetischer Bildersprache, nicht in wissenschaftlicher Begriffssprache. Gerade die Bibel macht es uns bewußt: Nur für »Legastheniker«!

Der große Tübinger Theologe Adolf Schlatter erzählt vom Sterben seines Vaters, der ein gestandener Schweizer Kaufmann und ein ebenso bewährter Christ war. Es gab harte Wochen vor dem Sterben, und eines Tages liest die Mutter dem alten Vater jene Verse von den goldenen Gassen und den Perlentoren vor.

Darauf macht Vater Schlatter eine abwehrende Handbewe-

gung und sagt: »Es verlangt mich nicht nach dem Plunder, aber danach verlangt mich, am Hals des Vaters zu hängen« (Luk. 15, 20).

Ja, was sollte das, wenn die Straßen der neuen Welt nicht mit Asphalt, sondern mit Gold belegt wären? Und wenn die Mauern und Tore nicht aus Grauwacker bestünden, sondern aus Smaragd und Topas? Und wenn da Lebensbäume grünten, die nicht einmal im Jahr, sondern einmal pro Monat Früchte tragen? Das alles wäre nichts, eben »Plunder«, wenn die Mitte leer bliebe; und diese Mitte ist der Vater.

»Ich will doch nur beim Vater sein«, wie der verlorene Sohn nach Hause kommen, sagt der Sterbende. Für wen das nicht die Mitte ist, für den hat der Himmel nichts zu bieten. Der berühmte Sohn Adolf schließt seine Lebensbeschreibung mit dem Satz: »Meine Theologie hat mir nichts anderes verschafft, als was der Vater sterbend ausgesprochen hat; aber ich denke, das ist genug.«

Standort: »Schnittmenge«

Was bringt uns die Zukunft? Wir wollen dazu an einige Zeichnungen aus Kapitel V anknüpfen:

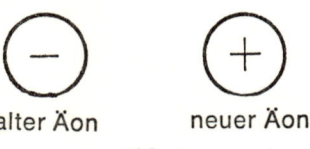

alter Äon   neuer Äon

Abb. 1

Da ist einmal die alte Welt, die ein großes Minus trägt. Gewiß, sie ist Gottes Schöpfung, aber sie lebt in Rebellion gegen ihren Herrn. Deshalb ist sie eine Welt, in der nun Sünde, Tod und Teufel regieren. In dieser alten »pervertierten« Welt stehen wir noch, sagte das Judentum, aber wir erwarten die neue, vollkommene Welt Gottes, die Welt, die das große Pluszeichen trägt. Morgen! Übermorgen! Irgendwann!

Wir haben nun im letzten Kapitel diese Zeichnung bereits korrigiert:

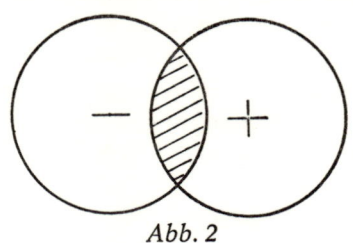

Abb. 2

Die neue Welt, die Welt Gottes, ist in Jesus Christus in die alte hereingebrochen. »Die Zukunft hat schon begonnen.«

Wo ist unser Platz heute? Wir stehen, mathematisch gesprochen, in der Schnittmenge, also da, wo sich beide Welten überlagern. *Noch* gehören wir zur alten, und doch stehen wir *schon* in der neuen; schon sind wir Gotteskinder, noch leben wir täglich als Sünder von der Vergebung. Dieser merkwürdige Zustand, in dem sich diese beiden Welten überschneiden, beginnt mit der Ankunft Jesu Christi und endet mit seiner Wiederkunft. Seither steht alle Geschichte im Zeichen einer unerhörten Spannung, einer schreienden Dissonanz. Unser Standort heute ist mitten in der »Schnittmenge«. Von daher können wir in zwei Richtungen blicken und fragen: Gehen wir vom *Jetzt* aus, dann lautet die Frage: *»Was bleibt?«* Was bleibt, was ist gültig von dem, was heute ist? — Wenn wir in das große Morgen hinüberschauen, heißt die Frage: *»Was kommt?«*

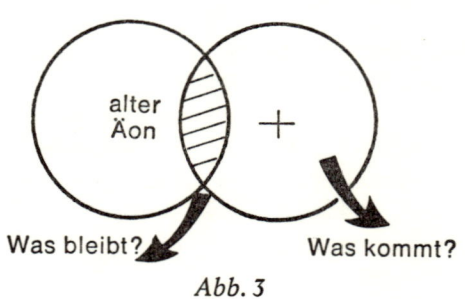

Abb. 3

A. Was bleibt?

Gesucht wird der neue Mensch

Es ist nun schon einige Jahre her (November 1974), da berichteten die Zeitungen von einer merkwürdigen Beerdigung auf einem Friedhof in Hamburg. Etwa 1300 junge Leute waren dort zusammengekommen, und nachdem der Pfarrer, wie zu lesen war, recht verlegen und gehemmt geamtet hatte, trat ein inzwischen schon etwas angejahrter Studentenführer an das Grab, warf Erde hinein und rief: »Holger, der Kampf geht weiter!«

Es handelte sich um die Beerdigung von Holger Meins, der zur

Baader-Meinhof-Gruppe gehörte und seinem Leben durch einen Hungerstreik selbst ein Ende gesetzt hatte.

Gewiß sind wir keine Baader-Meinhof-Sympathisanten. Wir distanzieren uns zu Recht scharf von ihren Zielen und Methoden, stehen bestürzt vor Terror und Mord. Dennoch muß gerade uns Christen ein solches Sterben betroffen machen, ja elektrisieren. Was für eine glühende Sehnsucht muß in einem solchen jungen Menschen brennen, der sagt: »Das Alte muß weg, Neues muß her. Weg müssen die alten Verhältnisse, wir brauchen eine neue Gesellschaft. Weg muß der alte Mensch, wir brauchen neue Menschen, koste es, was es wolle. Neues muß her, und wenn auch mein Leben draufgeht, und wenn ich die Leute durch mein Verhungern vorwärtsschocken muß.« Solch ein Sterben kann Christen nicht unberührt lassen. Haben wir eine Antwort auf diese Sehnsucht, Brot für diesen Hunger?

Ist Quantität schon Qualität, ist Was schon Wer?

Man spricht heute viel vom Umbruch in der Gesellschaft, besonders in der jungen Generation. Was heißt das eigentlich?

Im Jahre 1945 gab es ein Volk zwischen Trümmern und Ruinen, vor Scherben und an Gräbern, ein Volk am Ende. Dann kam das vielbestaunte Wirtschaftswunder, und 20 Jahre später standen wir Deutschen da und sagten: »Nun bin ich wieder wer.«

»Ja, wieso bist du denn wieder wer?«

»Nun, ich habe es zu was gebracht.«

»Was heißt das denn?«

»Ich bin zu was gekommen.«

»Und was hast du davon?«

»Nun kann ich mir was leisten.«

Die Sprache ist schon höchst verdächtig. Sie wimmelt nur so von sächlichen Ausdrücken — »Ich bin zu *was* gekommen, habe es zu *was* gebracht, kann mir *was* leisten. Nun bin ich wer!« Sind wir denn Sachen? Werden wir *wer* durch *was*?

So entsteht — für viele verwunderlich — in der Mitte der sechziger Jahre eine gärende Unruhe unter der jungen Generation. Junge Menschen stellen eine Frage, die Christen eigentlich sehr gut verstehen müßten, nämlich die Frage: »Was soll das alles? Ich habe was, gewiß. Ich kann mir was leisten, schön. Aber wer bin ich? Was soll ich? Was gibt meinem Leben Sinn und Tiefe?«

Vielleicht lautete die Antwort: »Seht doch, jetzt könnt ihr konsumieren, genießen.«

»Ja, wozu sollen wir denn konsumieren?«

»Logisch, damit mehr produziert werden kann! Die alten Autos müssen verbraucht werden, damit neue vom Fließband kommen.«

»Und warum soll produziert werden?«

»Nun, damit wieder mehr konsumiert werden kann.«

Das Ganze ist ein einziger großer Kreislauf, genauer: eine Spirale, die sich beständig ausweitet.

»Und das soll alles sein?« fragen junge Menschen. »Produzieren und konsumieren und dann produzieren und konsumieren? Das soll der Sinn meines einen, unwiederholbaren Lebens sein? Ich habe doch nur eine begrenzte Spanne Zeit, ist mehr nicht ›drin‹? Bin ich denn nur das, was ich leiste?« (Wir haben das ja im ersten Kapitel ausgerechnet: Kraft mal Weg durch Zeit; am Ende Null mal Null durch Unendlich.) »Ist denn Quantität schon Qualität?«

Weiter: »Kann das eine gerechte Welt sein, in der vielleicht 60 Prozent der Menschen mit dem Existenzminimum leben, 20 Prozent mit dem Hungertod kämpfen und die restlichen 20 Prozent mit Reklame überschüttet werden, wie man am wirkungsvollsten Entfettungskuren durchführen könne? Was für eine verworrene, abstruse Welt!«

»Das Bestehende ist nicht gut«, sagte die junge Generation. »Das Alte muß weg. Neues muß her, und zwar radikal.«

Ich denke, man kann all das Gären in der jungen Generation auf eine ganz einfache Formel bringen, die man als Annonce in eine Zeitung setzen könnte: »*Gesucht wird der neue Mensch.*« Ob Christen bei diesem Stichwort hellhörig werden?

Wege zum »neuen Menschen«?

Wie wird er denn gesucht? Ich werfe nur ein paar Schlaglichter.

a) Der neue Mensch wird gesucht *bei dem Mann mit dem weißen Kittel,* beim Wissenschaftler, vor allem beim Mediziner und Biologen. Denken wir nur daran, wie vor einigen Jahren die ganze Menschheit sozusagen am Fernsehen das Sterben eines Patienten miterlebte, dem der Chirurg Christian Barnard als erstem ein fremdes Herz eingepflanzt hatte. An diese erste Herztransplantation heftete sich die Hoffnung von Millionen. Dieser Traum ist zu Ende!

Dann ließ sich in Amerika ein Psychologieprofessor namens James Bedford bei minus 198 Grad in flüssigem Heliumgas einfrieren mit der

testamentarischen Festlegung, man dürfe ihn erst wieder auftauen, wenn die Krebskrankheit besiegt sei. Es gab damals in der Bildzeitung eine Leserzuschrift: »Wird der sich wundern, wenn er nicht wieder wach wird.«

Gesucht wird der neue Mensch — und der Mann im weißen Kittel soll ihn produzieren, der Mediziner oder der Biologe, etwa der Genetiker, der in die Erbstruktur des Menschen, in die Chromosomen eingreifen, der eine Art Mikrochirurgie vornehmen und so den neuen Menschen züchten soll. Der neue Mensch durch Gen-Manipulation?

Ich las folgenden Vergleich: Man stelle sich eine Bibliothek mit 200 000 Bänden vor. Jemand erhält den Auftrag, daraus ein Buch herauszusuchen, dessen Titel ihm nicht genannt wird. Dieses Buch hat etwa 700 Seiten. Er soll aus diesem nicht genannten Buch eine nicht genannte Seite heraussuchen, denn auf dieser ist irgendwo ein Buchstabe verdruckt. Diesen Buchstaben gilt es zu finden und zu korrigieren. Wie lange — wie viele Leben lang — mag der arme Bibliothekar suchen müssen? In dieser Größenordnung etwa bewegt sich die Chance, die ein Genetiker hat, positive Veränderungen hervorzurufen.

Gleichwohl: Gesucht wird der neue Mensch beim Mann mit dem weißen Kittel.

b) Andere wissen es besser: »Nein, nein, der weiße Kittel tut es sicher nicht, sondern *die rote Fahne*. Der Defekt des Menschen sitzt nicht innen, es ist nicht die Erbmasse, sondern es sind die Strukturen ringsum, die gesellschaftlichen, wirtschaftlichen und politischen Strukturen, die ihn verderben. Macht kaputt, was euch kaputt macht! Verändert die Umwelt ringsum, und es wird neue Menschen geben.« Wirklich?

Es erwacht heute in der Sowjetunion bei jahrelang marxistisch indoktrinierten jungen Menschen brennend die Frage nach dem persönlichen Tod. Immer hat man ihnen gesagt: »Die nächste, die übernächste, vielleicht auch erst die dann folgende Generation bringt den neuen Menschen. Die wird das Ziel erreicht haben, die klassenlose Gesellschaft, in der alle miteinander befriedet sind.«

Doch diese junge Generation fragt heute: »Was ist mein persönlicher Anteil daran, wenn ich doch mit meiner Generation abtreten muß? Was habe ich von dem, was ich doch nicht mehr erlebe? Gibt es nichts für mein Heute, nichts über den Tod hinaus?«

Die jungen Leute in der Sowjetunion stehen im Grunde vor einem makaberen Bild. Da ist ein Berg, aufgeschüttet von Skeletten, gebaut aus den Gebeinen vieler vergangener Generationen; und oben auf die-

sem Berg tanzt und jubelt die letzte Generation. Alle vorherigen Geschlechter waren nur Material für diese Zukunft.

»Was haben wir davon?« — Die Frage nach dem Tod ist eine Frage, mit der der Marxismus heute nicht mehr fertig wird.

c) Wieder andere suchen den neuen Menschen *mit Hilfe der Spritze*, nämlich der Spritze, mit der die chemischen Paradiese erreicht werden sollen: »Wenn wir uns nur genügend mit Psychopharmaka und Drogen vollpumpen, muß es uns doch gelingen, diese Welt mit ihren Problemen und ihrer Ungerechtigkeit, ihrer Dunkelheit und ihrer ganzen Schwere unter uns zurückzulassen und in die Sphäre der reinen Farben, der vollen Harmonie aufzusteigen.« Ein Trip ins »Jenseits«! Umso schlimmer ist dann der Rückschlag, der harte Aufprall auf dem Steinboden der alten Welt. Dann muß man zu einer stärkeren Droge greifen, die Dosis erhöhen, den Aufstieg beschleunigen, bis schließlich in vielen Fällen am Ende der Selbstmord steht. Eine tödliche »Himmelfahrt« — ohne Christus!

Und doch: Letztlich sind diese jungen Leute ausgezogen, den neuen Menschen zu suchen. Es ist geradezu eine »religiöse« Sehnsucht, die sie fortreißt. Wer das einmal verstanden hat, der muß sie liebhaben, diese Rauschgiftsüchtigen. Das eine haben sie jedenfalls verstanden: Wir brauchen den neuen Menschen.

d) Gesucht wird der neue Mensch von vielen auch *mit dem Taschenbuch unter dem Arm*. Das sind meist jüngere Menschen, die man sich so vorstellen muß: *Er* schiebt den Kinderwagen (denn dazu hat er sich emanzipiert, und das ist ja auch schön und richtig), *sie* hat ein Taschenbuch unter dem Arm, nämlich ein psychologisches oder pädagogisches (das ist ja auch schön und richtig). Die beiden wollen ihr Kind zum neuen Menschen erziehen. Dahinter steckt der Gedanke, der wohl jeden überfällt, der als Vater oder Mutter zum ersten Mal ein kleines Kind auf dem Arm trägt: »Muß denn dies, mein Kind, auch all das wieder erleben, all diese Frustrationen, diese Ängste, dieses Eingeklemmtsein, dieses Fehlgeleitetwerden? Könnte nicht dieses mein Kind sozusagen ganz neu anfangen?«

Vor einigen Jahren posaunte man laut in die Welt hinaus, man müsse die Frustration (Mißerfolgs- und Verbotserlebnisse) abbauen, dann gäbe es keine Aggressionen mehr. Aller Zerstörungsdrang sei nämlich nur auf jenen Anstoß zurückzuführen, der dadurch entsteht, daß man immer wieder gegen frustrierende Mauern rennt; Aggression sei nur Reaktion darauf.

Der Verhaltensforscher Konrad Lorenz (für den, genau umgekehrt,

die Aggression ein spontaner Trieb im Menschen ist, eine biologische Notwendigkeit) berichtet von einem amerikanischen Kollegen, der sich zu Studienzwecken in Deutschland aufhält. Eines Tages kommt er ganz kleinlaut zu Professor Lorenz und bittet ihn: »Darf ich nicht noch ein paar Monate länger hier arbeiten?« Dann rückt der Amerikaner mit einem ganz privaten Grund heraus: »Meine Familie bekommt Besuch von einer Familie mit ›non-frustration-children‹ (also von Kindern, die man bewußt so erzogen hat, daß sie nicht frustriert werden), und das ist so furchtbar, daß ich lieber den ganzen großen Teich, den ganzen Atlantik, dazwischen haben möchte.« Non-frustration-children sind die aggressivsten, die es gibt, und Konrad Lorenz hat begründet, warum das so ist.

Die Frage nach der Erziehung ist sicher eine ungeheuer wichtige Frage. Aber wird so der neue Mensch geschaffen? Steigt die »neue Kreatur« aus dem pädagogischen Lehrbuch?

e) Wieder andere suchen den neuen Menschen mit der *Einkaufstüte* in der Hand. Die darf beileibe nicht aus Plastik sein, sondern aus solidem Papier, und darauf steht: »Garantiert biologisch gedüngte Kartoffeln.« Der neue Mensch wird also gesucht bei einer Reformkostideologie. Nichts gegen die Reformhäuser, nichts gegen gesunde Ernährung, nichts gegen biologische Düngung, doch es gibt Menschen, die offenbar meinen, das Heil müßte irgendwo zwischen Knäckebrot und Selterswasser zu finden sein. (Man spricht heute von «makrobiotischer Kost«). Wir alle kennen aus der Reklame das Zauberwort »Natur« — »Brot ist gebackene Natur«, heißt es dann im Fernsehen. Der Satz ist sicher richtig, nur wenn man Knollenblätterpilze backen könnte, wäre das nicht auch »Natur«? Auch das »Zurück zur Natur« holt uns nicht aus der alten Welt heraus.

Die Archäologen haben festgestellt, daß schon unsere ganz »natürlich« lebenden Ur-Vorfahren mit Bandscheibenschäden, Zahnschmerzen, Verkalkung und Krebs zu kämpfen hatten. Natürliche Lebensweise ist gewiß heute sehr wichtig, ist lebenserhaltend, aber schafft sie den neuen Menschen?

f) Dann gibt es solche, die den neuen Menschen im *Buddhasitz und im Zeichen der Lotosblume* suchen. »Meditation« ist das Zauberwort. Nicht Weltveränderung, sondern der Gang nach innen, zu den Brunnenstuben des Ich und des Seins überhaupt. Da muß doch das eigentliche, das verschüttete, das wahre Selbst zu finden sein, wohl auch der wahre Kontakt zum ganzen Universum.

Gesucht wird der neue Mensch. Das ist ein durchgehendes Thema in

unserer Zeit. Gesucht wird er an den verschiedensten Orten, und groß ist die Variationsbreite der Methoden. Goethe nahm einmal bei einem Spaziergang mit Freunden eine Schmetterlingspuppe auf, hielt sie ans Ohr und sagte: »Ich bitte euch, wie das pocht und klopft darin, wie das hüpft und ins Leben hinaus will.« Das könnte eine Beschreibung sein für das Gären in einer ganzen Generation.

»Ich bin der Weg . . . das Leben«

Was sagen die Christen zu all dem? Sie sagen, was die meisten wahrscheinlich schon vermuten: »So nicht.« Sofort kommt der Vorwurf: »Das hat man von euch ja auch nicht anders erwartet. Es ist typisch für euch, ›so nicht‹ zu sagen. Christen scheinen sich berufen zu fühlen, immer das Haar in der Suppe zu finden. Und sollte einmal kein Haar in der Suppe sein, schütteln sie so lange den Kopf darüber, bis sich am Ende doch eins drin finden läßt. Dann triumphieren sie: ›Seht ihr wohl, so nicht!‹«

Nun wären die Christen in der Tat töricht, pharisäerhaft, eingebildet und ungebildet, wenn sie behaupten wollten, auf all diesen Wegen — z. B. durch politische Reformen oder durch Erziehung — würde sich in unserer Gesellschaft nichts positiv verändern lassen. Im Gegenteil: Sich bei solchen Verbesserungen, solchen Veränderungen mutig zu engagieren, ist auch Auftrag des Christen: »Suchet der Stadt Bestes!« Aber hier geht es ja nicht um Relatives, sondern um das Absolute, nicht um mehr oder weniger, sondern ums Ganze, nicht um Verbesserung, sondern um Erlösung, um den neuen, den heilen Menschen. Und an dieser Stelle setzt der Protest der Christen ein. Daß auf irgendeinem dieser Wege der neue Mensch, die neue Schöpfung hervorgebracht werden könnte, das bestreiten die Christen allerdings. Und zwar sind sie nicht deshalb skeptisch, weil sie überall die notorischen Miesmacher sein wollen, sondern weil sie von einer Diagnose herkommen, die durch Jesus Christus gestellt ist, und diese Diagnose lautet so: »Wenn es nötig war, daß dieser Jesus Christus für uns gestorben und auferweckt ist, dann gibt es offenbar an diesem Jesus Christus vorbei keinen Weg zum neuen Menschen. Es ist in keinem andern Heil« (Apg. 4, 12).

Wenn es einen anderen Weg zum neuen Menschen gäbe, dann sollten wir Christen doch aufhören, immer von Jesus, von seinem Kreuz und von seiner Auferstehung zu reden. Dann wäre Christus umsonst

gestorben. »So nicht« sagen wir Christen nur deshalb, weil wir Karfreitag und Ostern als die einzige Rettung bezeugen.

Exkurs: Selbsterlösung ist Selbstmord

»Die mit des Gesetzes Werken umgehen, die sind verflucht« (Gal. 3, 10). Die Formulierung »des Gesetzes Werke« steht bei Paulus und bei den Reformatoren für den Versuch des Menschen, sich selbst neu zu machen, sich selbst zu erlösen. Dieser Versuch scheitert (»verflucht«), ja, das Gesetz hat eine geradezu mörderische, vernichtende Kraft. Wir haben zu Beginn den Selbstmord von H. Meins erwähnt. U. Meinhof, A. Baader, G. Enßlin, J. K. Raspe sind ihm gefolgt. Wir wollen versuchen, den Hintergrund ein wenig auszuleuchten (dabei nehme ich Gedanken von C. Fr. von Weizsäcker auf).

1. Die Bewegung der jungen »Linken« (Studentenbewegung) hat mit einem hohen und kompromißlosen *moralischen Anspruch* begonnen: Wir fordern im Namen der *Gerechtigkeit* eine neue Gesellschaft, und durch sie wollen wir den neuen Menschen! Viele wurden von diesem leidenschaftlichen Eifer für das Neue zutiefst ergriffen.

2. Den Versuch, diese kompromißlosen Forderungen in der Welt der Realitäten zu Stand und Wesen zu bringen, bedeutete nichts weniger als das Unternehmen des sagenhaften *Riesen Atlas,* das ganze Weltgebäude auf den eigenen Schultern zu tragen. Ein titanisches Unternehmen! Hier mutet der Mensch dem Menschen zu, was nur Gott vermag: Neuschöpfung!

3. Aber der Versuch mußte doch gelingen, sollte nicht der Anspruch widerlegt und Lügen gestraft werden. Als die praktische Durchführung an dem Widerstand des Bestehenden scheiterte, führte das bei den »moralisch sensiblen Menschen zum *Selbsthaß*« (v. Weizsäcker).

4. Dieser Selbsthaß aber wurde nach außen projiziert, wurde »*Haß gegen andere*«, entlud sich schließlich (dem eigenen hohen moralischen Anspruch scharf widersprechend) in Terror und Mord, was die »Linken« völlig ins Abseits drängte.

5. Dieses ganze Gefälle führte zu einer tiefen *Verzweiflung.* Den Produkten der Verzweiflung aber wohnen »*selbstmörderische*

Konsequenzen« inne. (Als C. Fr. von Weizsäcker das schrieb, lebten Meinhof, Enßlin, Baader, Raspe noch; die Sätze haben also geradezu »prophetische« Weitsicht gehabt).

6. So wird hier die vernichtende, selbstmörderische Auswirkung jedes Selbsterlösungsversuchs wie unter dem Brennglas beispielhaft deutlich. »Christus oder Chaos«, sagten wir im vorigen Kapitel, der neue Mensch ohne Christus wäre ein menschenfressendes Ungeheuer.

7. Nicht zur »moralischen Entrüstung« sind hier Christen aufgerufen, sondern zu tiefem Erschrecken darüber, wie buchstäblich das Wort der Bibel von dem (selbst)-mörderischen Charakter aller Erlösungsversuche (Gesetz) an Christus vorbei sich bewahrheitet, und aufgerufen sind Christen zu der dringenden Bitte: »Dein Reich komme!«

»Wiedergeboren zu einer lebendigen Hoffnung«

Nun wäre es allerdings billig, bei dem »so nicht« stehenzubleiben. Wenn »so nicht«, wie denn?

Im 1. Petrusbrief steht der Satz: »Gelobt sei Gott, der Vater unseres Herrn Jesus Christus, der uns nach seiner großen Barmherzigkeit *wiedergeboren hat* zu einer lebendigen Hoffnung durch die Auferweckung Jesu Christi von den Toten« (1, 3). Das Aufregende in diesem Vers ist das Wörtchen »*hat*«. Das ist Perfekt, heißt: »fertig, geschafft«! Wie ist es also mit dem neuen Menschen, der gesucht wird? Christen müssen die Antwort geben: »Der neue Mensch ist *schon* da.«

Ja, wo ist er denn? Er ist da in allen, die von sich sagen können: »*Wiedergeboren* zu einer lebendigen Hoffnung.«

Jetzt geht es Ihnen wahrscheinlich so wie mir, daß ich mir nämlich einen Spiegel holen, mich darin betrachten und dann sehr zweifelnd fragen möchte: »Bist du es etwa?« Oder daß eine Frau ihren Mann anguckt und sagt: »Was, etwa du? Der neue Mensch?«

An dieser Stelle müssen wir zunächst einmal ganz energisch von uns wegschauen und auf Jesus Christus blicken. Er ist der neue Mensch! Erinnern wir uns an das Wort von Luther: »Der Kopf ist durch«, das Entscheidende an der neuen Geburt der ganzen Welt ist schon geschehen. Der neue Mensch ist also in allererster Linie Jesus Christus selbst. Er ist der Anfänger, er der Vollender.

»Ich war tot . . .«

Mir ist das einmal fast schockartig aufgegangen an einem Satz, der in der Offenbarung des Johannes steht. Da sagt Jesus: »Ich *war* tot« (1, 18). Dieser Satz enthält ungeheuren Zündstoff. Von vielen uns lieben Menschen müssen wir sagen: »Sie *sind* tot.« Präsens! Und von uns allen miteinander wissen wir: »Wir *werden* einmal tot *sein.«* Futur!

Aber wenn das möglich wäre, daß einer vom Tod in der Vergangenheitsform redete — »ich *war* tot, ich habe den Tod hinter mir, die Sache mit dem Tod ist für mich passé, ich bin durch, das ist erledigt« — wenn das möglich wäre, dann wäre wirklich der neue Mensch da. Dann wäre der Tod tot!

Der neue Mensch ist also zunächst Jesus Christus selbst, aber dann auch jeder, der zu ihm gehört — »wiedergeboren zu einer lebendigen Hoffnung«. Deshalb darf ich den Satz nicht zurücknehmen, daß wir als Christen neue Menschen sind, wie immer wir uns vor dem Spiegel auch erleben mögen. Menschen, die Jesus Christus gehören, sind neue Menschen, das heißt, sie stehen in der »Schnittmenge« (Abb. 2). Sie sind neue Menschen mit Zahnschmerzen und Liebeskummer, neue Menschen, die sich immer wieder mit Schuld beladen, neue Menschen, die vielleicht unter Depressionen und unter mancherlei Ängsten leiden; und doch gilt: »wiedergeboren zu einer lebendigen Hoffnung«!

»Wie alt bist du?«

Der bekannte Missionswissenschaftler Walter Freytag erzählt von einem Gespräch, das er einmal in Afrika beim Stamm der Dschagga führte. Da fragte er jemanden: »Wie alt bist du?«, und dieser Dschagga antwortete: »Zwei Jahre.« Das Besondere daran ist nicht, daß einer mit zwei Jahren schon so deutlich sprechen kann, das Besondere ist vielmehr, daß es sich da um einen Mann handelte mit schon ergrautem Haar und einem ganz zerfurchten Gesicht. Was meinte der Alte mit »Ich bin zwei Jahre alt«? Er wollte ausdrücken: Seit zwei Jahren lebe ich, nämlich seit ich diesem Jesus Christus begegnet bin. Wie alt er, biologisch gesehen, war, das wußte dieser Dschagga wahrscheinlich gar nicht. Seit zwei Jahren »wiedergeboren«!

»Wie alt bist du?« — Es gibt Christen, die können das mit Tag, Jahr und Stunde datieren. Andere können das nicht so genau angeben. Die ersten können sich freuen, und die zweiten brauchen nicht traurig

zu sein. Entscheidend ist ja nicht, daß ich meinen Geburtstag weiß, entscheidend ist, daß ich lebendig bin »wiedergeboren zu einer lebendigen Hoffnung«. Ich weiß, ich lebe!

Vielleicht gehören Sie zu den Menschen, die das nicht sagen können, die eingestehen: »Ich weiß überhaupt nicht, wovon eigentlich die Rede ist.« Dann dürfen Sie ernst und froh nehmen: Auch Sie sollen leben! Das ist ja gerade die große Einladung an alle. Wir alle dürfen uns ansehen als Menschen, die Jesus Christus in sein Leben hineinziehen will. Wir alle sind zu diesem neuen Leben herzlich eingeladen. Seit Jesus gestorben und auferstanden ist, hat jeder ein Anrecht auf dieses neue Leben.

»Wie alt bist du?« — Jeder Christ hat seinen kleinen Geburtstag, den Tag, an dem er zum Glauben gekommen ist. Es gibt aber auch einen großen Geburtstag, den wir alle miteinander teilen: Ostern, die Auferstehung Jesu, ist der große Geburtstag des neuen Menschen: »wiedergeboren durch die Auferweckung Jesu Christi«.

»Kommt, sagt es allen weiter!«

Vielleicht entdecken wir, daß wir als Christen im Umbruch der Gegenwart eine wichtige Aufgabe haben. Wenn nämlich die ganze Welt schreit: »Gesucht wird der neue Mensch«, wir Christen aber melden können: »Er ist schon da!«, dann sind wir der Welt die Botschaft schuldig, daß der neue Mensch in Jesus Christus geboren ist und daß alle neu werden können. Wir sind ihr das schuldig!

Paulus hat das sehr scharf formuliert: »Ich bin ein Schuldner der Griechen und der Barbaren, der Gebildeten und der Ungebildeten« (Rö. 1, 14). D. h. also: Die anderen haben ein *Recht* darauf, daß wir ihnen das sagen. In unserem Grundgesetz sind ja die sogenannten Menschenrechte verankert — das Recht auf Freizügigkeit, auf freie Meinungsäußerung usw. Das oberste Menschenrecht, das allerdings in der UNO und im Grundgesetz nicht fixiert ist, das aber seit Ostern über jedem Menschen steht, lautet: Jeder hat das Recht, seinen Herrn kennenzulernen. Auch der Landstreicher, auch der Ausgeflippte, auch der Alkoholiker, auch der ideologisch Gepanzerte oder der vollkommen Gleichgültige hat ein Recht darauf. Sie sind unsere »Gläubiger«. Wir Christen sind die Schuldner. Und diese Schuld ist eine »Bringe-Schuld«: »Geht hin!« sagt Jesus (Matth. 28).

Es ist nicht ein Stück christlicher Güte, wenn wir anderen von Jesus sagen, wir sind dabei lediglich unserem Auftrag gehorsam.

Sicher wird das nicht so geschehen können, daß wir uns vor anderen aufbauen und sagen: »Seht uns doch an! Hier sind wir, die neuen Menschen. So müßt ihr auch werden.« Nein, wir werden leider immer wieder von uns wegweisen müssen: »Seht bitte nicht so sehr auf uns. Wir sind leider immer wieder Bodenpersonal, das den Chef disqualifiziert. Unser Herr ist ganz anders, viel besser. Seht an uns vorbei, über uns hinauf, seht Ihn an!«

Attraktives Christenleben

Wenn wir allerdings so alle Scheinwerfer von uns weg, auch von unserem Christsein weg, auf Jesus Christus lenken und nur ihn ins Licht rücken wollen, dann strahlt davon auch etwas in unser eigenes Leben zurück — so wie der Mond das Sonnenlicht reflektiert.

Vor einiger Zeit strengte das Zentralkomitee der kommunistischen Partei in der Sowjetunion eine Untersuchung an, um herauszufinden, warum die Gemeinde der Baptisten so enorm wuchs — trotz aller Repressionen, trotz aller atheistischen Propaganda. Dabei stieß man auf vier Gründe:

1. Diese Christen sind gute Facharbeiter. — Christen sind keine schlechteren Arbeiter, keine schlechteren Schüler, keine schlechteren Studenten als die anderen.

2. Die Christen haben das Alkoholproblem, für die Russen eine ganz große Schwierigkeit, gelöst, d. h. diese Christen sind befreit von triebhaften Zwängen, von Sucht und Gier.

3. Da, wo sie an ihrem Arbeitsplatz stehen, schaffen sie Frieden zwischen Menschen, die sich streiten. Sie führen keine großen Parolen im Munde (»Befreiung der Welt vom Imperialismus« usw.), aber in ihrem Lebensbereich schaffen sie Frieden.

4. Sie lassen niemand ungetröstet sterben. Warum? Weil sie etwas sagen können von dem neuen Menschen, den auch der Tod nicht töten kann, weil sie den kennen, der den Tod hinter sich hat.

». . . Du aber bleibst«

Unsere Ausgangsfrage lautete: *Was* bleibt? Was bleibt von der »Schnittmenge«, von dem, was sich da überlagert? Was bleibt von Ihnen, was bleibt von mir?

Was wir unseren *Körper* nennen, das bleibt gewiß nicht. Er wird

in einem Verwesungsprozeß zergehen, und die Atome unseres Körpers werden von anderen Lebewesen wieder aufgenommen. Er geht zurück in den Kreislauf der Natur.

Wie ist das mit dem *Geist,* mit dem so kunstvollen Apparat, mit dem wir denken, logische Verknüpfungen schaffen, Begriffe formulieren, uns wechselseitig verständigen? Auch dieses Denkvermögen ist gebunden an die kleinen grauen Zellen im Gehirn und vergeht mit ihnen.

Ob die *Seele* bleibt? Wenn man »Seele« so definiert, wie es die Psychologie tut, als den Raum der »Bewußtseinserscheinungen«, als den Teil meines Wesens, mit dem ich empfinden, wollen, gestimmt sein kann, Angst und Sehnsucht erfahre, mich an Musik erfreue, vor einem Bombenkrieg zittere, dann muß gesagt werden: auch diese Seele bleibt nicht.

Das alles bleibt so wenig wie die Ideologien und Philosophien, um die wir streiten, die politischen Systeme, die wir aufbauen und zerstören, die Kunstwerke, die wir schaffen, die Pflanzen und Tiere, die wir aufziehen.

Ja, was bleibt denn?

Es gibt einen bekannten Kanon: »Alles ist eitel, *du* aber bleibst und wen du ins Buch des Lebens schreibst.« Man darf also im Grunde nicht fragen: »*Was* bleibt?«, die Frage wandelt sich: »*Wer* bleibt?« Dann kann die Antwort nur heißen: »*Er,* Jesus Christus bleibt; und es bleiben diejenigen, die zu Jesus Christus gehören.«

Daß ich wieder ich sein werde, das liegt nicht daran, daß ich irgend etwas »Feuerfestes« in mir trage, das aus sich den Tod überdauert, sondern daß Jesus Christus mich festhält. Er sagt das selbst einmal so: »Freut euch, daß eure Namen im Himmel angeschrieben sind« (Luk. 10, 20). »Name« bezeichnet hier nicht nur eine austauschbare Vokabel, nicht nur eine Sammlung von Buchstaben, ist nicht »Schall und Rauch«, sondern meint unsere Person selbst. Diese meine Person, mich selbst, wird Jesus durch den Tod hindurch festhalten.

Dieses Kapitel stellt jedem von uns persönlich die Frage: Werde ich bleiben? Hinter der Frage steht die große Einladung, uns an den zu halten, der bleiben wird, wenn das Alte zerfällt.

Gesucht wird der neue Mensch. In Jesus Christus ist er da, und dieser Jesus Christus will nicht für sich bleiben, sondern er will uns alle in sich »ein-leiben«, will uns, wie Paulus sagt, wie Glieder, die an dem Haupt festgewachsen sind, mitnehmen.

»*Wiedergeburt*« heißt die Antwort der Bibel auf die so drängende Frage nach dem neuen Menschen. Und diese Wiedergeburt bedeutet

das »Umgetopftwerden«, die Transplantation meines Lebens — heraus aus dem alten Äon, hinein in die Christuswirklichkeit.

B. Was kommt?

Zauberformel »Zukunft«

In den letzten Jahrzehnten hat *ein* Wort alle Zeitgenossen verzaubert: *Zukunft.* Das Stichwort »Utopie« (E. Bloch) bekam einen ungeheuren Sog, ein anderes Stichwort vielleicht noch mehr: *Wachstum.* Wenn der erste Bundeswirtschaftsminister der Nachkriegsjahre, der »Wirtschaftswunder-Minister«, eine seiner Lieblingsvokabeln aussprach, sie geradezu zelebrierte, dann schnalzte die ganze Nation vor Vergnügen. Die Vokabel hieß »Bruttosozialprodukt«. Daß das Bruttosozialprodukt wuchs und wuchs und wuchs — das war das große Erlebnis des Wirtschaftswundervolkes. Daran heftete sich eine ganze Ideologie der Komparative, der Steigerungsformen: immer schneller, immer reicher, immer besser, immer glücklicher, immer zufriedener, immer heller — immer mehr! Zauberwort »Zukunft« — Zauberwort »Fortschritt«.

Je mehr — desto besser!

Wenden wir uns zunächst dem »Lebensgefühl« der Jahre etwa ab 1950 zu:

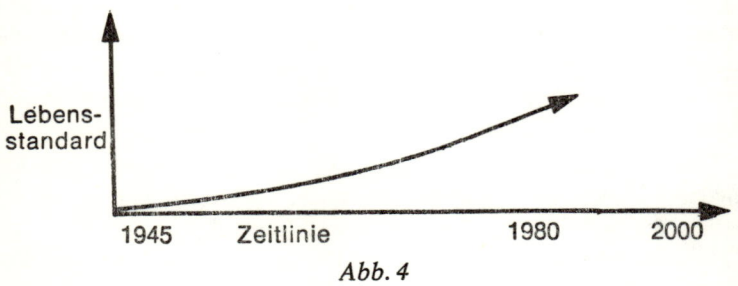

Abb. 4

In unserer Zeichnung finden wir die waagerechte Zeitlinie, und alles, was rechts von dem Zeitpunkt ist, den wir inzwischen erreicht haben, liegt in der Zukunft. Nun war man — jedenfalls bis vor einiger

Zeit — überzeugt, daß es in der Zukunft ständig aufwärtsgehe. »Lebens*qualität*«, erfülltes, lohnendes Leben, wurde vielfach mit »Quantität« (Mengenwachstum) gleichgesetzt: »Mehr« war gleich »besser«! Und man war überzeugt, dieser »Lebensstandard« (welch ein vielschichtiges Wort!) würde von Jahr zu Jahr in einer stetig nach oben wachsenden Kurve zunehmen.

Das waren »rosige« Zukunftsaussichten, und Politiker wie Wissenschaftler begannen sich zunehmend der Zukunftsforschung und -planung zuzuwenden.

1960 sprach Kennedy: »1970 sind wir auf dem Mond«, und es geschah also. Nun ist festzuhalten: Solches Planen für morgen und übermorgen ist dringend notwendig. Wer heute eine Brücke bauen will, muß wissen, ob sie auch im Jahre 1990 voraussichtlich noch den Verkehr verkraften wird. Wer da nicht überlegt, handelt verantwortungslos. Zukunftsforschung ist in diesem Sinne zunächst einfach das Hochrechnen und Weiterplanen dessen, was erwartungsmäßig »anfallen« wird.

Zu dieser rationalen Planung für morgen trat — sprachlich gefüllt mit dem Wort »Futur« = Zukunft — als neue Wissenschaft die *»Futurologie«,* die optimistisch ganz neue, nie dagewesene Projekte entwarf, Alternativen zu allem bisherigen Wohnstil, zum gewohnten Verkehrswesen, den Ernährungsmöglichkeiten usw.

Mit dem Stichwort »Zukunft«, »Futur«, verband sich in jenen Jahren oft geradezu ein Rausch, ein Taumel, ein Fieber, ein Glaube an die Plan- und Machbarkeit aller Dinge. Alles drehte sich nach der Melodie von Ludwig Uhlands »Frühlingsglaube«: »Die Welt wird schöner mit jedem Tag, man weiß nicht, was noch werden mag, das Blühen will nicht enden.«

Darin war man sich in West und Ost einig *(Mao:* »Die Welt schreitet vorwärts, die Zukunft ist glänzend, und niemand kann diese allgemeine Tendenz der Geschichte ändern«).

Die *»Zeitbombe« tickt*

Doch dann bahnte sich vor ein paar Jahren ein Umbruch an, den einige mahnende Stimmen schon länger angekündigt hatten. Dieses »Wachwerden« löste im Gefühl vieler Zeitgenossen plötzlich einen ungeheuren Temperatursturz aus. Die Zukunft erscheint nun wie eine schwarze Gewitterwand, die auf uns zukommt. Im Jahre 1972 kam das vielgelesene Buch »Die Grenzen des Wachstums« heraus.

Frappierend ist schon das Titelbild der Taschenbuchausgabe (1973). Da sieht man unseren guten alten Globus, wie er von einem Riesenfuß zerstampft wird, so als ob das Ganze nur aus Plastik wäre. In diesem Buch finden sich Untersuchungen eines Teams von Wissenschaftlern, des sog. Club of Rome. Es geht ihnen um die mittel- und langfristige Weltentwicklung. Dazu haben sie die gegenwärtigen Tendenzen in unserer Welt beobachtet, in Zahlen gefaßt, dem Computer eingespeist und die voraussichtliche Weiterentwicklung hochgerechnet. Berücksichtigt wurden Industrialisierung, Bevölkerungswachstum, Ernährung der Menschheit, Energieverbrauch und Umweltverschmutzung. Dabei sind diese fünf Bereiche ja vielfältig ineinander verzahnt. Welternährungsproblem und Weltbevölkerungsexplosion hängen zusammen, ebenso die Frage der Industrialisierung mit dem Energieproblem und der Frage der Umweltverschmutzung. Diese Tendenzen bedingen sich wechselseitig, steigern einander. Ein ganzes System von »Vernetzungen« wird sichtbar.

Das Ergebnis der Hochrechnung von 1972 lautete: Das ganze Weltsystem — nicht nur das Weltwirtschaftssystem — muß zwischen dem Jahre 2000 und 2100 zusammenbrechen. Ein »Welt-Kollaps« steht bevor! Wohlgemerkt, das sagten die Leute im »weißen Kittel«, Wissenschaftler, also nicht Zeugen Jehovas!

Vor einiger Zeit erschien in einer Zeitung ein Foto von jungen Demonstranten, die mit Plakaten unterwegs waren: »Im Jahre 2001 verhungert dein Enkel.« Damit formulierten sie populär und brutal, was Wissenschaftler in Grafiken und Statistiken vorgerechnet hatten: Die Ungeborenen sind heute schon die eigentlich Unterdrückten.

»Endzeitkurve der Erde?«

Die Hochrechnungen ergaben, daß das Wachstum nicht nur gleichmäßig (»linear«) ansteigen (Formel: »immer schneller, immer mehr«), sondern in steter Beschleunigung (»exponentiell«) fortschreiten würde (Formel: »immer schneller schneller, immer schneller mehr . . .«); vgl. etwa das Schlagwort »Bevölkerungsexplosion« (in etwa 30 Jahren verdoppelt sich die Weltbevölkerung). Nach dem Entwurf von 1972 würde dann um das Jahr 2000 oder einige Jahrzehnte später der totale Zusammenbruch eintreten (keine Energie, kein Brot mehr . . .). Man sprach von einer »Endzeitkurve der Erde«.

Inzwischen hat der Club of Rome (1974, dann 1976) neue Berechnungen vorgelegt, die aufzeigen, daß die Entwicklung in den verschie-

denen Kontinenten sehr unterschiedlich verlaufen dürfte (etwa Bevölkerungswachstum oder Energieverbrauch). Es gibt nicht ein einheitliches Weltsystem, sondern große regionale Unterschiede. Die zweite Veröffentlichung trägt den Titel »Menschheit am Wendepunkt« und zeigt als Titelbild neben dem Globus eine Uhr, deren Zeiger auf 5 Minuten vor 12 stehen! Auch die Neuberechnungen wurden als eine »Statistik des Grauens« bezeichnet (»Die Zeit«).

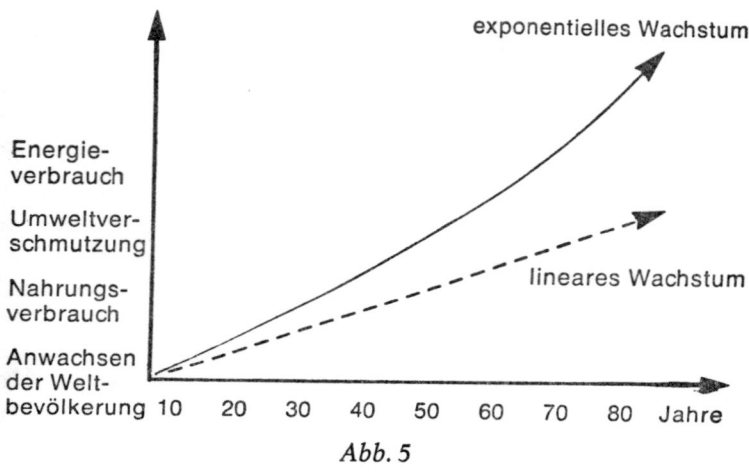

Abb. 5

Als Kern des Problems schält sich die *Energiefrage* heraus und das immer steiler werdende *Nord-Süd-Gefälle* (Unterschied zwischen den reichen — kapitalistischen oder kommunistischen — Industriestaaten und den armen Entwicklungsländern).

Die Dinge liegen ja auf der Hand. Vor 200 Jahren gab es im wesentlichen vier *Energiequellen:* Wind, Sonne, Wasser, Holz. Damit wurde alles betrieben, ob Schiffe, Mühlen oder Sägewerke, und all die verbrauchte Energie erneuerte sich im natürlichen Kreislauf ständig. Diese Energie »regenerierte« sich.

In den letzten 200 Jahren haben wir dann angefangen, Bodenschätze als Energiequellen zu nutzen. Zunächst Torf und Kohle, dann Erdöl und Erdgas. Die Rechnungen besagen nun: Ganz optimistisch berechnet reicht z. B. das Erdöl vielleicht bis zur Jahrtausendwende. Diese »fossilen« Energien — darin liegt das Problem! — erneuern sich eben nicht wieder wie Wind oder Wasser, sondern sie werden ausgeschöpft, und die »Ressourcen« sind leer. Neue Quellen wie die Atomkraft brin-

gen zugleich ungeheure Gefahren mit sich. Mensch und Natur haben sich auseinanderentwickelt. Der Mensch droht die Natur und damit sich selbst zu zerstören.

Umkehr oder Untergang!

»Menschheit am Wendepunkt« hieß der Titel beim zweiten Bericht des Club of Rome: 5 Minuten vor 12! Umkehr jetzt! Umkehr in dieser Generation! Umkehr, bevor »the point of no return« erreicht wird, der Punkt, an dem es kein Zurück mehr gibt. »Umkehr oder Untergang« — heißt die Alternative. Ein Drittes ist ausgeschlossen.

Dabei schätzen viele die Chancen zu solch einer Umkehr recht gering ein. Denn die ganze Menschheit müßte umkehren, unabhängig von den verschiedenen wirtschaftlichen und gesellschaftlichen Systemen. Bezeichnenderweise gibt es an dieser Stelle keinen Unterschied zwischen Kommunisten und Kapitalisten: Sie haben alle miteinander auf nichts anderes gesetzt als auf Wachstum und Expansion. Es besteht da auch keine prinzipiell andere Haltung in den Entwicklungsländern. Auch diese streben eben Wachstum an.

Doch ist das denkbar: Umkehr einer ganzen Generation? Umkehr der ganzen Weltbevölkerung? Weg vom Wachstumstraum, zurück zum Lebensnotwendigsten? Oder wird das andere eintreten: Verdrängung (»das ist so schrecklich, daran wollen wir lieber nicht denken; vielleicht trifft es ja auch unsere Generation nicht«) oder Fatalismus (»da kann man ja ohnehin nichts machen«) oder die Notwehr der Starken (»wir werden uns halt die Bodenschätze, wenn es sein muß, mit Gewalt besorgen; wir haben ja entsprechende Waffen«).

»Entmutigungsgesellschaft«

Der Philosoph Georg Picht hat formuliert: Wir sind unterwegs zu einer »Entmutigungsgesellschaft«, in der man resigniert den Kopf hängen läßt, obwohl Experten fieberhaft an neuen Modellen arbeiten (»Kapitalisten« wie »Anarcho-Marxisten«). Ob er darin recht hat? Als uns vor Jahren arabische Staaten den Ölhahn zudrehten und die Autobahnen am Sonntag leer blieben, schien ein gewisser Zukunftsschock viele Gemüter zu treffen. Aber das scheint vergessen. Leben wir vielleicht eher in einer »Verdrängungsgesellschaft«, die, den drei asiatischen Äffchen gleich, der Parole huldigt: »Nichts hören, nichts sehen, nichts davon sagen«? Werden wir bald in einer daraus erwach-

senden »Neurosengesellschaft« stehen? Oder gewinnt ein »ruchloser Optimismus« (Schopenhauer) das Feld: »Wir werden es schon schaffen!«?

Viele dämmern heute noch in bequemer Ahnungslosigkeit dahin, leisten sich die komfortable Bewußtseinsleere des »Was geht mich das an!«

Doch: Wie die einzelnen oder die Gesellschaft sich auch subjektiv dazu stellen mögen, objektiv ist aus dem Frühlingslied Uhlands ein Herbstgedicht geworden: »Die Welt wird kälter mit jedem Tag, man weiß nicht, was noch werden mag, das Dunkel will nicht enden . . .«

»Das kommt auf uns zu«, sagen die Leute im weißen Kittel.

Christsein um »fünf vor zwölf«

Was geht uns Christen das an? Eines ist gewiß: Wir Christen, die Gemeinde, die Theologen, sind »zur Sache« gerufen. Was ist unsere Botschaft in dieser Stunde? Unbestreitbar haben auch manche Theologen in den vergangenen Jahren eifrig mitgesungen in dem großen Chor: Veränderung der Welt im Sinn technischer Evolution, Machbarkeit der Dinge, marschier vorwärts, Christ!

Selbstbesinnung wird zunächst bedeuten: Wir müssen entdecken, daß die Grundvokabel unseres Glaubens nicht »Futur« heißt. (Wir haben auch nicht einen Gott mit »Futurum als Seinsbeschaffenheit«, Bloch/Moltmann.) Dieses Wort darf uns weder faszinieren noch schrecken. Die christliche Grundvokabel heißt »Advent«. Wo liegt der Unterschied?

»Futur« (im Lateinischen die Zukunftsform von »sein«) ist das, was morgen sein wird, was entweder ohne unser Zutun kommt (»Auf jeden September folgt wieder ein Mai«) oder das, was wir planend und handelnd herbeiführen. Futur liegt auf der Ebene unserer Welt, auf der Horizontalen.

»Advent« meint natürlich nicht jene Zahl von vier Wochen, die dem Weihnachtsfest vorausgehen, sondern das »Auf-uns-zu-Kommen« Jesu Christi, seine Wiederkunft. Die ist uns nicht verfügbar, nicht planbar und machbar. Jesu Christi Advent und das Reich Gottes sind nicht das Produkt von Evolution oder Revolution, sie brechen — »senkrecht von oben« — aus der Vertikalen in unsere Welt herein: Gott selbst kommt!

Es ergeht uns seltsam mit unseren Fragen »Was bleibt?« (A) und »Was kommt?« (B). Genauso wie wir im Teil A unseres Kapitels die

Frage »*Was* bleibt« in »*WER* bleibt?« umformulieren mußten, so müssen wir jetzt die Frage »*Was* kommt?« in »*WER* kommt?« verändern.

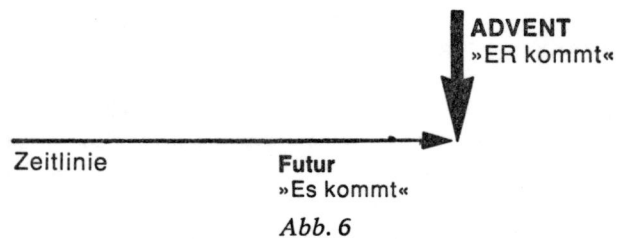

ADVENT
»ER kommt«

Zeitlinie   **Futur**
»Es kommt«

Abb. 6

» *Adventsgemeinde* «

Wir Christen haben in eine »Entmutigungs-« oder »Verdrängungsgesellschaft«, jedenfalls in eine vom *Futur* bestimmte Menschheit, dieses eine Wort »*Advent*«, »Er kommt«, hineinzurufen. Der Physiker und Philosoph Karl Friedrich von Weizsäcker hat schon vor Jahren bei einem Vortrag betont: »Eine Kirche, die nicht auf die Wiederkunft ihres Herrn wartet, hat den Kern ihres Wesens verloren.« Das heißt: Entweder sind wir Christen heute Adventsgemeinden (nicht »Adventisten«), oder die Welt hat uns wahrlich nicht nötig. Christen, die nicht Adventsgemeinde sind, sind Licht, das nicht leuchtet, Salz, das »dumm« wurde, und sind in der Welt und für die Welt absolut überflüssig.

Was könnte das bedeuten, »Adventsgemeinde zu sein«, Gemeinde, der Wartenden und Hoffenden, Gemeinde, die betet »Dein Reich komme!«?

Ich nenne dazu ein paar Denkanstöße:

a) Fatalismus verboten

Im Gespräch mit einem älteren Christen kam seine Sorge heraus: »Ich werde ja wohl nicht erleben, was auf uns zukommt, aber ich denke mit Schrecken an meine Enkelkinder!« Ein junges Ehepaar — beide sind Christen — überlegt: »Können wir es verantworten, Kinder zu zeugen und zu gebären in diese immer unregierbarer werdende Welt hinein?« — So gewinnt unterschwellig Entmutigung und Resignation auch bei Christen Raum. Was antworten wir?

Christen glauben an den lebendigen Gott, den Schöpfer, nicht an ein Es, nicht an das Schicksal, nicht an ein Fatum. Unser Gott heißt nicht »Futur«, und sein Handeln mit dieser Welt läßt sich nicht durch

Computer vorausberechnen. Er ist der Herr aller Termine. Er bleibt souverän!

Es gibt im Alten Testament jenes erregende Wort von der »Reue Gottes«. Immer wieder wird berichtet, wie Gott dabei ist, vernichtend dreinzuschlagen, und dann doch sozusagen mit dem einen Arm den anderen abfängt und das Gericht aufhält. Zugespitzt könnte man von der »Bekehrung« Gottes sprechen — zu sich selbst, zu seiner Treue! Weil wir einen lebendigen Gott haben, von dem es in der Bibel immer wieder heißt: »Da gereute ihn des Unheils, das er geschworen hatte«, deshalb wäre es ein gottloser Satz zu sagen: »Es *muß* so kommen.« Nein, Gott kann auch ganz anders! Er kann seiner Menschheit noch Frist schenken, kann z. B. noch unentdeckte, ungenützte Energiequellen erschließen. Von Ostern her sind Christen Todfeinde aller Trauer, aller Resignation, sagen Nein zu allem Fatalismus.

Andererseits ist es uns Christen verwehrt, in den rosenroten oder ruchlosen Optimismus einzustimmen, der schreit: »Es wird schon klappen!« Wir Christen — Wesen in der »Schnittmenge« — sind gewiß die letzten, die der alten Welt ihren Bestand garantieren könnten! Wer mit der ersten Gemeinde ruft: »Maranatha! Unser Herr, komm!«, der betet eben damit zugleich: »Es vergehe die Welt.« So wenig unser irdischer Körper die Herrlichkeit des neuen Leibes fassen kann, so wenig »Fleisch und Blut« in die neue Welt kommen können, so sehr wie wir persönlich nur durch Verwesung und radikale Verwandlung in das ewige Leben gehen — so gewiß gilt das alles auch für die ganze Welt. Der alte Äon muß abgebrochen werden, um dem neuen Platz zu machen.

Darf es Christen wundern, daß die »alte Welt« sich wirklich als *alt*, rissig, baufällig erweist? Wenn wir die Gemeinde eines *gekreuzigten* Herrn sind, dann mag das bedeuten, daß wir, solidarisch mit der gesamten Menschheit, in das Dunkel zukünftiger Weltkrisen hinein müssen. Dagegen helfen keine fromm-egoistischen Entrückungsträume! Gleichwohl gilt: Kampf allem Fatalismus, aller Resignation. Wir wollen die »Feldzeichen« Jesu Christi nicht zurückstecken (das heißt wörtlich: »re-signieren«), sondern sie fröhlich in unserer Welt aufpflanzen. Denn was immer kommen mag. *Er* kommt. Und »*es*« kommt überhaupt nichts, außer *Er* schickt es!

b) Umkehr geboten!
Darin haben die Zukunftsforscher sicher recht, Umkehr ist notwendig. Gerade wir Christen haben diesen Umkehrruf zu beachten, gerade

wir nennen die Welt doch ehrfürchtig Gottes Schöpfung und sind deshalb in Verantwortung genommen. (Dazu unten bei Punkt d) und e) noch einige Bemerkungen). Gerade bei dem Wort »Umkehr« werden wir Christen aufhorchen; die zentrale Botschaft Jesu heißt doch: »Kehrt um!« (Mark. 1, 15; Matth. 4, 17). Freilich, die Zukunftsforscher meinen »Umkehr« rein innerweltlich, und auch ihr Motiv ist ein anderes: Umkehr aus Vernunft, aus Selbsterhaltungstrieb. Umkehr aus dem »Prinzip Überleben« heraus. Das wird erschreckend deutlich, wenn etwa der amerikanische Wissenschaftler Forrester das Gebot aufrichtet: »Du sollst nicht helfen!« Humanität stört das globale Gleichgewicht. Er ruft nach dem »natürlichen Regelmechanismus« (Hunger und Seuchen müssen eben die Bevölkerungsexplosion steuern; Getreidespenden oder Antibiotika dürfen eben nicht eingesetzt werden). Umkehr aus Selbsterhaltungstrieb!

Da spricht das Neue Testament eine andere Sprache. Jesus sagt: »Wer sein Leben erhalten will, der wird's verlieren.« Umkehr bedeutet im Neuen Testament nicht: »Wie bringe ich mich durch?«, sondern Umkehr heißt: »Herr, dein Wille geschehe, was immer dann auch mit mir und der Welt passieren mag.« Pastor Wilhelm Busch konnte sagen: Umkehr, Bekehrung, heißt: Ich übergebe mein Leben Jesus »wie einen Blankoscheck«. Was er darauf schreibt, wie er ihn ausfüllt, ist allein seine Sache! Umkehr heißt: »Es ist nicht notwendig, daß wir überleben, aber es ist notwendig, daß Gottes Wille geschieht.« Dann dürfen wir uns zugleich daran erinnern, daß Jesu Ruf »Sorget nicht« in die Mitte der neutestamentlichen Botschaft hineingehört (Matth. 6, 24—34). Wir haben uns vielleicht zu lange von der optimistischen Zukunftswelle emportragen lassen und stehen nun in der Gefahr, mit den anderen in den Wellentälern der Resignation zu ertrinken. »Zersorgt Euch nicht«, sagt Jesus, »was Nahrung, Kleidung, Überleben angeht. Euer Vater weiß, was ihr braucht!«

Es wird alles darauf ankommen, ob wir dem Paulus nachsprechen können: »Ich bin gewiß, daß weder Kapitalismus noch Kommunismus, weder Wirtschaftsflauten noch Wirtschaftswachstum, weder Hunger noch Umweltverschmutzung noch sonst irgend etwas in der Welt uns trennen kann von der Liebe Gottes, die in Jesus Christus ist, unserm Herrn« (vgl. Rö. 8, 38.39).

Die Bitte »Dein Wille geschehe« ist im Neuen Testament das Gegenteil von allem Fatalismus, das Nein zu einer Haltung, die passiv den »Willen Gottes« über sich hinwegrollen läßt wie eine Dampfwalze. Nein, diese Bitte ist ein aktives, bereites Sich-Engagieren: Ich will mit

ganzer Kraft und ganzer Leidenschaft, daß Dein Wille geschehe und nichts sonst — auch wenn das aller »natürlichen« und privaten Sehnsucht meines Herzens widersprechen sollte. Du wirst, du sollst allein ganz recht behalten.

c) Kopf hoch — es ist Advent

Jesus hat seinen Jüngern alle Illusionen zerstört, hat ihnen die Zukunft vor Augen gestellt wie eine schwarze Gewitterwand, aus der die Blitze hervorzucken. Von »Kriegen und Kriegsgeschrei« spricht er (Mark. 13, 7) von kosmischen Katastrophen (Mark. 13, 24 und 25). Mitten hinein aber ertönt sein Ruf: »Wenn das anfängt zu geschehen, dann erhebet eure Häupter; denn eure Erlösung ist nahe« (Luk. 21, 28). Wo wir voller Panik kopflos werden möchten, heißt die Botschaft: *»Kopf hoch, es ist Advent!«* Wenn das Gewitter hereinbricht, ist für Christen »Hoch-Zeit«.

Das ist Botschaft für eine »Entmutigungsgesellschaft«, für »Vogel-Strauß-Spieler«, die den Kopf im Sand vergraben; das ist Botschaft für alle, die den Kopf schütteln, den Kopf senken, den Kopf einziehen, ihn hängen lassen, schier kopflos werden: »Kopf hoch, es ist Advent!« Denn Jesu Wiederkunft ist das Bestmögliche, das Optimale für die alte Schöpfung. Nicht als »Kaputtmacher«, als »Neumacher« will er erscheinen (Blumhardt). Gewiß, es geht ein Stöhnen und Seufzen durch die Welt (Rö. 8). Aber es gibt zwei grundverschiedene Arten von Seufzen und Stöhnen: Das eine geschieht im Sterbezimmer und hat den Tod, das Ende, vor sich. Das andere wird auf der Entbindungsstation laut: Es zielt auf die Geburt, den Anfang neuen Lebens. Seit Ostern ist unsere Welt nicht ein Sterbezimmer, sondern ein Kreißsaal. Jetzt wird das Weh der Welt zu »Wehen«, zu Geburtswehen des Reiches Gottes. Darum: Kopf hoch!

d) Erkennen, was »dran« ist!

Was ist denn dran?

Erstes Stichwort: *Mission, Evangelisation.*

Das ist grundsätzlich gemeint — nicht als eine außerordentliche Maßnahme für unsere gegenwärtige Situation zwischen Zukunftsschock und Zukunftsverdrängung. Das wäre schlechte Theologie, wenn einer meinte: »Jetzt, wo die ›Welt‹ mit ihren Hoffnungen in Krise und Flaute steckt, jetzt ist Hochkonjunktur für das Evangelium. Diese

Generation mit ihren Ängsten — auf, ran, der Herr hat sie in unsere Hand gegeben!«— Die Aktualität des Evangeliums richtet sich nicht nach den Kursschwankungen des allgemeinen Lebensgefühls. Da gibt es kein »Floating«. Das wäre schlechte Theologie, wenn jene Schreckensgestalten aus der Offenbarung des Johannes (Kap. 6), diese »apokalyptischen Reiter« nun zu »Haustieren« für Prediger und Evangelisten würden. Man kann niemand mit dem »Höllenhund« in den Himmel hetzen. Jeder Appell an die Zukunftsfurcht wäre doch ein Appell an den Selbsterhaltungstrieb, an den Egoismus des Menschen. Er würde nur die »Mittelpunktshaltung« zementieren — nicht Umkehr bewirken.

Mission und Evangelisation ist »dran«, nicht als außerordentliche Notstandsmaßnahme, sondern grundsätzlich. Denn das ist doch »Grund-satz« unseres Glaubens: Wir leben in der Zwischenzeit, in der merkwürdigen, zwielichtigen Zeitspanne zwischen Karfreitag/ Ostern und der Wiederkunft Jesu.

Warum eigentlich dieser harte Widerspruch zwischen »Schon« und »Noch-Nicht«, diese schrille Dissonanz, die geradezu schreit nach der Auflösung im vollen Akkord? Warum folgen Ostern und Wiederkunft, Weltversöhnung und Weltvollendung, einander nicht unmittelbar wie Blitz und Donner?

Die Antwort kann vom Neuen Testament her doch nur lauten: Gott hat *Geduld*. Auch uns, die wir im 20. Jahrhundert geboren sind, will er dabei haben in seiner neuen Welt. Er will die neue Welt nicht ohne Sie und mich, ohne unsere Zeitgenossen, ohne unsere Kinder. Die Zwischenzeit hat nur eine Bestimmung: Sie gibt Raum dafür, daß Jesus Christus seine Gemeinde sammelt. Nur deswegen läuft die Welt bis heute weiter. Der Sinn der Geschichte überhaupt — nicht nur der Kirchengeschichte, sondern der ganzen Weltgeschichte! — läßt sich deshalb in einem Wort zusammenfassen: Missionszeit, Evangelisationsgelegenheit. Einzig darum steht noch die Welt. Ob Herr Breschnew und die anderen Großen wissen, wem sie ihre Zeit verdanken, ob das die Zeitgenossen ahnen? Wir haben es ihnen zu sagen! Das ist dran: Mission.

Was ist dran? Zweites Stichwort: »*Adventsethik*«.

Das bedeutet: Gesamtorientierung unseres Lebens an dem einen Ziel. Paulus hatte es in Korinth mit einer Gemeinde zu tun, deren Denken um die Frage kreiste: Was ist dem Christen *erlaubt*? Was

dürfen Christen? Da gab es eine schwärmerische Gruppe, die die Parole ausposaunte: »Alles erlaubt! Das ist ja gerade unsere neue christliche Freiheit, daß wir ohne jede Gefahr sogar ins Bordell gehen können (1. Kor. 6, 9—20), das ist geradezu eine Demonstration unserer ›christlichen‹ Stärke.« Diesen zuchtlosen »Libertinisten« gegenüber standen zitternd und ängstlich die »Gesetzlichen«: »Fast alles verboten«, flüsterten sie kleinlaut, wohl auch ein wenig neidisch über den Zaun nach dem Verbotenen schielend.

Entscheidend ist nun, daß Paulus dieses Entweder-Oder grundsätzlich überholt: Die Frage »Was ist erlaubt?« ist letztlich »unter-christlich«, ist niveaulos. Sie ist — so oder so — *seitwärts* ausgerichtet (lustig oder ängstlich). Christen aber sind *vorwärts* orientiert. Die Frage lautet deshalb: Was bringt mich dem Ziel näher, was dient der Sache — dem Bau des Reiches Gottes? Was macht ein Christenleben zum Leuchtzeichen für die Umwelt? Diese »Adventsethik« überrundet Gesetzlichkeit wie schwärmerische Unzucht. Die Frage ist nicht: Wie viel oder wie wenig darf ich noch mitnehmen, sondern was macht mich fit zum Sprint nach vorn?

Ob die »korinthische« Frage noch aktuell ist? Torkelt nicht auch unsere christliche Ethik immer wieder hoffnungslos zwischen den beiden genannten Polen »Enge« und »Weite«, trudelt wie ein steuerungsloses Schiff im Ozean? Das Schlimme bei dem Libertinismus ist die *Selbsttäuschung:* Man sagt christliche Freiheit (etwa: »Warum denn kein vor- oder auch außerehelicher Geschlechtsverkehr, wir lieben uns doch!«) und sucht ein Alibi, will Legitimation für das »Lustprinzip«. — Das Betrübliche bei der gesetzlichen Enge ist ihre *Verkrampftheit,* die heimliche Sehnsucht nach den »Freiheiten« der anderen: Irgendwo draußen schäumt der faszinierende »Strom des Lebens«, man steht am Rand, bekommt Stielaugen, kneift sie wieder gewaltsam zu, und wartet insgeheim doch darauf, wenigstens einen Spritzer vom »Strom des Lebens« abzubekommen.

Eine christliche Frau hörte ich einmal sagen: »Mein Mann und ich, wir tanzen nicht, gehen nicht ins Kino; aber wir haben ein paar Illustrierte abonniert. *Etwas* muß man doch vom Leben haben!«

Ist das alles? Ist das »Adventsethik«? Wie stolz und froh könnten Christen auftreten in einer Welt, die in ihrem Konsum- oder Sextraum und -trauma eingefangen ist: Wie gut, daß wir beschenkt sind mit den Weisungen Gottes! Wie gut, daß wir eine Perspektive und einen weiten Horizont haben! Vorwärts bezogene, zielorientierte Existenz,

Adventsethik, ist die einzige Alternative zu dem elenden Pendeln zwischen unfroher und abschreckender Gesetzlichkeit einerseits und einem fieberhaften, selbstzerstörerischen Freiheitsrausch andererseits.

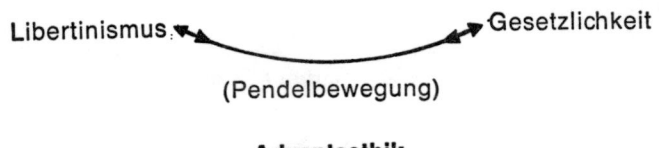

»Erlaubt-verboten«-Ethik
seitwärts orientiert

Libertinismus ⟵⟶ Gesetzlichkeit

(Pendelbewegung)

Adventsethik
vorwärts orientiert
⇧

Abb. 7

Was ist dran? Drittes Stichwort: *Diakonie.*

Dabei haben Christen in unserer gegenwärtigen Situation gewiß eine öffentliche Aufgabe. »Gesellschaftsdiakonie« ist dran! Ich nenne noch einmal die provozierenden Titel des Club of Rome: »Die Grenzen des Wachstums« — »Menschheit am Wendepunkt« — »Das Ende der Verschwendung«. Die Tatsachen liegen offen da, nur sind sie nicht öffentlich ins Bewußtsein gedrungen. In unserer »Gefälligkeitsdemokratie«, in der alle Parteien um die Gunst der Wähler bemüht sind und Stimmen gewinnen wollen für die nächste Wahl, wagt kaum ein Politiker, den Herrn Jedermann aus seinen bunten Träumen oder seiner bequemen Bewußtlosigkeit aufzuschrecken. Wer den Wähler für sich einnehmen will, wird kaum riskieren, der Ideologie der Komparative (»immer mehr, bequemer, schöner«) schroff und schonungslos entgegenzutreten und wagen, die freundlichen Illusionen schockartig zu zerstören. Ob hier nicht Christen stellvertretend ihre Stimme zu erheben haben, der hemmungslosen Zerstörung der Schöpfung Gottes Einhalt zu gebieten?

Wir können uns das leisten, weil wir eine gute, frohe Botschaft anzubieten haben. Nicht die Parole »viel, mehr, am meisten«, nicht Wachstumsideologie macht das Leben lebenswert, sondern Jesus Christus, der sagt: »Ich bin gekommen, daß sie das Leben und Überfluß haben« (Joh. 10, 11). Diese Lebensqualität überholt alle Quantitäten

weit: »Eins — Einer — ist not!«, wer den kennt, hat alles, und ohne ihn ist alles — nichts!

Aber ist solche Öffentlichkeitsarbeit, solche Weltverantwortung der Mühe wert? Lohnt das überhaupt? Damit kommen wir zum nächsten Denkanstoß.

e) Den Apfelbaum pflanzen

Von Luther soll das Wort stammen: »Wenn morgen die Welt unterginge, wollte ich heute mein Apfelbäumchen pflanzen.« Es ist wesentlich, daß dieser Satz Martin Luther zugeschrieben wird, nicht etwa Albert Camus. D. h. er entspringt nicht einer trotzigen Selbstbehauptung, die der vollkommenen Sinnlosigkeit sich entgegenstemmt, dem Absurden ein wildes »Dennoch« entgegenschreit. Er kommt vielmehr aus der »lebendigen Hoffnung« heraus. Luther ist der Überzeugung: Wenn ich heute im Namen Jesu das Bäumchen pflanze, dann werden — ich bleibe im Bild — die Früchte in der neuen Welt zur Reife kommen.

Das entspricht genau den Aussagen des Paulus am Ende von 1. Kor. 15 (ich erinnere an das vorige Kapitel!). Weil Jesus auferstanden ist, weil Gott alles neu macht, darum »ist eure Arbeit nicht vergeblich in dem Herrn«. Nicht vergeblich — lateinisch »non *frustra*«. Diese Verheißung kann uns zu Menschen machen, die Enttäuschungen gewachsen sind, die »frustrations-resistent«, »frustrations-immun« werden.

Wer sich etwa im Namen Jesu monatelang um einen Rauschgiftsüchtigen mühte und am Ende erleben muß, daß dieser trotz allem »ausflippt«, im Tode endet — dessen Arbeit war nicht vergeblich. Ostern steht über dieser Welt!

Ein ähnliches Heilmittel gegen Frustration und Resignation ist der Satz aus der Offenbarung, der den Glaubenden, die »im Herrn« sterben, verheißt: »Ihre Werke folgen ihnen nach« (14, 13). Wohlgemerkt: Sie marschieren nicht voran, öffnen nicht die Himmelstür, aber gehen doch mit hinein in die neue Welt. Im Licht der Ostersonne ist unsere Erde nicht ein Leichenfeld, sondern ein *Gottesacker:* Jeder gute Same, den wir im Namen Jesu ausstreuen, sprießt auf für die Ewigkeit.

Das macht uns Mut! Wir Christen brauchen für unser Tun nicht die Versicherung der Zukunftsexperten: »Wir werden es schon schaffen. Noch ist die Aktion so rechtzeitig, daß sie gelingen wird.« Wir haben die Verheißung »nicht vergeblich«, darum ist auch die kleine, begrenzte, zeichenhafte, vorläufige Tat sinnvoll (selbst wenn sie innerweltlich scheitern sollte!).

Ich will das an einem Beispiel deutlich machen. Der verstorbene Bundespräsident Heinemann hat sich sehr für die Friedensforschung eingesetzt. Doch es gab einige fromme Leute, die damit gar nicht einverstanden waren. Sie argumentierten: In meiner Bibel steht nichts von Weltfrieden, da lese ich von »Krieg und Kriegsgeschrei«. Daraus wurde gefolgert: Also ist Friedensforschung ein Unternehmen ohne Verheißung, ist schon von vornherein zum Scheitern verurteilt.

Doch das ist ein völlig gottloser Schluß: Sicherlich ist uns nicht verheißen, daß wir die Welt heil machen oder den Weltfrieden schaffen können. Aber wer fordert denn von einem Arzt, daß er seine Praxis schließt, nur weil ihm nicht verheißen ist, daß er alle Menschen vor dem Tod bewahrt? Wer wird denn zu einem Christen sagen: »Da du ohnehin nie sündlos wirst, laß doch den Kampf mit der Sünde gleich von vornherein sein«? Jesus, der »Kriege und Kriegsgeschrei« in Aussicht stellt, sagt zugleich: »Selig sind die Friedestifter« (Matth. 5, 9).

»Den Apfelbaum pflanzen« heißt nicht, daß wir die Welt retten, gar neu machen können, aber es bedeutet, daß wir im Namen Jesu in unserem Lebenskreis Leuchtzeichen, Positionslichter der Hoffnung aufrichten dürfen.

Das Bemühen, im eigenen Haushalt Energie zu sparen, den eigenen Finanzplan im Blick auf »Brot für die Welt« zu durchforsten, Erzeugnisse aus der »Dritten Welt« zu kaufen, auf überflüssige Plastiktüten zu verzichten, für 40 Mark ein Patenkind in Indien zu ernähren, im Garten die natürlichen Feinde der Schädlinge zu pflegen, statt Insektengifte und Pestizide einzusetzen, sich dagegen zu wehren (etwa in einer Bürgerinitiative), daß bestes Ackerland einer Autobahntrasse zum Opfer fällt — all solches Bemühen mag uns erscheinen wie der »Tropfen auf dem heißen Stein«, der sofort verdampft — aber er kühlt doch ein wenig, und: er »verdampft« in Gottes ewige Welt hinein. Darum: Heute ein Apfelbäumchen pflanzen!

f) Den einen Namen kennen
Advent heißt auch — und das darf man keinen Augenblick unterschlagen —: »Er kommt zum Weltgerichte, zum Fluch dem, der ihm flucht.«

»Wir müssen alle offenbar werden vor dem Richterstuhl Gottes.« Darüber hat man sich immer geärgert, daß der Apostel, der das »allein aus *Gnaden*« predigt, vom Gericht nach den *Werken* spricht (2. Kor. 5, 10; Röm. 2, 16; 10, 14). Immer wieder hat man versucht,

das theologisch zu »bewältigen«. Etwa: Das sind noch jüdische Eierschalen bei dem ehemaligen Pharisäer Paulus! Oder: Da ist Mangel an Logik. Oder: Das gilt nur für die Heiden. Oder: Es ist nur eine Preisverteilung gemeint. Da gibt's Medaillen: Gold, Silber, Bronze.

Aber solche Kunststücke helfen nichts. Wir haben das Jüngste Gericht nicht »theologisch zu bewältigen«, wir müssen hinein und hindurch. Wie könnte es auch anders sein? Auch jetzt heißt »Rechtfertigung« doch, daß Gott nicht etwa fünf gerade sein läßt, sondern daß er unsere Schuld aufdeckt — und vergibt. Der Eiterherd wird nicht überpflastert; er wird aufgeschnitten und so geheilt. Wie könnte das am letzten Tage anders sein?

Freilich: Jetzt erkennen (und bekennen) wir unsere Schuld nur aus der »Froschperspektive« — wir sehen nur das Nächstliegende und wenig! Dann überschauen wir sie in der »Vogelperspektive« — im Totalüberblick. Das böse Wort, das wir sagten, es hat Kreise gezogen, die wir nie ahnten. Ganze Kettenreaktionen werden vor unserem staunenden Auge sichtbar. Die verletzende Bemerkung eines Vorgesetzten hat einen Mitarbeiter so erregt, daß er bei der Heimfahrt mit seinem Wagen einen Unfall verursacht, einen Passanten tödlich verletzt. Das ist nur das erste Glied der Kette! Weitere fügen sich an: Dieser Todesfall kann eine ganze Familie ruinieren. Und der Vorgesetzte ist ahnungslos — bis zum Jüngsten Tage! »Vogelperspektive«!

Umgekehrt: der freundliche Brief, den ich — leider — nicht geschrieben habe, hätte Kettenreaktionen des Guten ausgelöst, die wir uns nie träumen ließen.

In dieser »Vogelperspektive« sehen wir alles, durchschauen alles, sind selbst völlig durchschaut. Wer will da bestehen? Wer wird auf tausend Fragen da *eine* Antwort wissen?

»Wer den Namen des Herrn anrufen wird, der soll errettet werden« (Röm. 10, 13).

Wieviel Erde braucht der Mensch? fragte einst L. Tolstoj. Genug für sein Grab, mehr nicht, war die Antwort. Wir fragen: Wieviel *Vokabeln* braucht der Mensch? — nicht um sich in der Muttersprache gebildet auszudrücken (da sind es vielleicht 50 000), nicht um sein Abitur in Englisch zu bestehen (da mögen es 3 000 sein) — wieviel Vokabeln braucht er für seine Existenz? Welches Wort trägt ihn im Leben, umschließt ihn im Sterben, birgt ihn im Gericht, öffnet ihm den Himmel? Nur *ein* Wort braucht er da, mehr nicht! *Ein* Name genügt! Zwei Silben, fünf Buchstaben: *JESUS*.

Wer *den* Namen anrufen kann, wer sprechen kann »Kyrios Jesus«

(Herr ist Jesus), der hat das Leben. Nur: Dieser Name wird dann im Gericht keinem einfallen, der ihn heute nicht schon liebt. Alle Vokabeln dieser Welt mag ich im Sterben vergessen, wenn mir der eine Name bleibt. Er ist das »Schlüsselwort« für die Ewigkeit. Vor diesem Namen werden sich alle Knie beugen, alle Zungen werden ihm Ehre geben — so oder so (Phil. 2). Die Melodie der Ewigkeit wird eine unendliche Variation sein über diesen Namen. Mit dieser »Zukunftsmusik« darf jeder heute schon beginnen: »Alles ist eitel, du aber bleibst und wen du ins Buch des Lebens schreibst.«

Zusammenfassung von Kapitel VI

Vorbemerkungen:
Der Letzte — nicht das Letzte!
1. Die Theologie spricht von »Eschatologie« = »Lehre von den letzten Dingen«. Es geht aber zentral nicht um »Dinge«, sondern um die Person des kommenden Jesus Christus. So steht nicht »**das** Letzte«, sondern »**der** Letzte« in der Mitte.
2. Nicht Beschreibung — »**Be-deutung**«!
   Die Sprache der Bibel beschreibt das Zukünftige nicht gegenständlich, sondern deutet in prophetischer Rede darauf hin, verweist darauf: einerseits positiv im Gleichnis (Hochzeit, goldene Gassen), andererseits negativ durch Verneinen des Alten (kein Tod, kein Geschrei mehr). Diese indirekte Rede wahrt das Geheimnis des ganz Neuen.

Zum Hauptteil:
Von der Standortbestimmung in der »Schnittmenge« von alter und neuer Welt ergibt sich die doppelte Fragerichtung:
A. vom Heute ausgehend: **Was bleibt?**
B. aufs Morgen blickend: **Was kommt?**

A. Was bleibt?
Wesentlich ist, daß sich die Frage (entsprechend Vorbemerkung 1) wandelt in »**WER** bleibt?« und die Antwort findet: »**ER** bleibt!«
1. »**Gesucht wird der neue Mensch**«
   Die Sehnsucht nach dem Neuen, Gültigen, Bleibenden bestimmt das Gären besonders in der jüngeren Generation. Verschiedenste Wege werden zur Schaffung des neuen, wahren Menschen eingeschlagen. Stichwort: »weißer Kittel« (Medizin, Genetik); »rote Fahne« (Weltrevolution); »Spritze« (Transzendieren des Alten im Rausch); »Taschenbuch« (Erwartungen an die Pädagogik, z. B. »antiautoritäre Erzie-

hung«); »biologisch gedüngte Kartoffeln« (Lebensstil: »Zurück zur Natur!«); »Buddhasitz und Lotosblume« (fernöstliche Meditationspraxis).

2. **»So nicht!«**

   Das Nein der Christen wendet sich gegen Ideologisierung, gegen das Proklamieren solcher Bemühungen als »Heilswege«. Das Neue der Christen entspringt einem anderswo begründeten Ja, die Negation einer Position: Die in Kreuz und Auferweckung (= Einbruch der neuen Welt)erfolgte göttliche Therapie schließt die Diagnose der absoluten, irreparablen Verlorenheit des Menschen ohne Christus ein: Wäre Selbsthilfe des Menschen möglich, dann wäre Jesu Tod überflüssig.

3. **»Wiedergeboren zu einer lebendigen Hoffnung«**

   Die Antwort der Bibel auf die Frage nach dem neuen Menschen lautet »Wiedergeburt« (1. Petr. 1, 3). Sensationell darin ist die Aussage: Der neue Mensch ist **bereits da!**

   Da ist er zunächst in Jesus Christus selbst, der den Tod hinter sich hat (»Ich war tot«). Anbruchshaft aber ist jeder mit Jesus Christus Verbundene – »neue Kreatur« (2. Kor. 5, 17).

4. **»Du aber bleibst!«**

   Auf die Frage »**Was** bleibt?« erfolgt als Antwort zunächst eine rigoros kritische Schrumpfung »**Nichts** vom Alten bleibt« (weder Leib/Seele/Geist – noch Kultur, Natur etc.). Die positive Seite aber besagt: Was im Alten (»Schnittmenge«) schon dem Neuen, d. h. Jesus Christus, zugehört, geht ein in Gottes neue Welt. Summe: »Alles ist eitel, du aber bleibst und wen du ins Buch des Lebens schreibst!«

B. Was kommt?

Auch diese Frage wird korrigiert in »**WER** kommt?« – und erhält als Antwort »**ER** kommt!«

1. **Zukunft – Wunsch- oder Alptraum?**

   Nach Jahrzehnten von Fortschrittsgläubigkeit, Wachstumsrausch, »Zukunftsekstase« erweist sich heute (vgl. die Arbeiten des Club of Rome), daß die »Grenzen des Wachstums« in Sicht sind und die »Menschheit am Wendepunkt« steht. Die These der Zukunftsforscher lautet: »Umkehr oder Untergang«, wobei die Chancen für eine weltweite Neuorientierung (weg von der Quantität) vielfach skeptisch eingeschätzt werden.

2. **»Entmutigungsgesellschaft«?**

   Angesichts dieser Sachlage ist das Lebensgefühl zunehmend gekennzeichnet durch Stichworte wie: fieberhaftes Engagement (Wir müssen – werden es schaffen!), Zukunftsangst, Verdrängung, Furcht vor einer »unregierbar« gewordenen Welt. Gehen wir einer »Entmutigungs«- (J. Picht) bzw. Neurosengesellschaft entgegen?

3. **»Advent« statt »Futur«**

   Christen sind zur Besinnung auf die Mitte des Evangeliums gerufen:

Zentral ist da nicht das Stichwort »Futur« (das, was kommt, bzw. das, was wir machen), das der Horizontalen zugehört, sondern das Verheißungswort »Advent«: die Wiederkunft Jesu Christi, die Ankunft des Reiches Gottes, das »vertikal« hereinbricht.

4. **Adventsgemeinde**

Die Christenheit ist gerufen, im Horizont des »Er kommt« zu denken und zu leben. Einige Anstöße:

a) **Fatalismus verboten!**

Christen sind nicht einem anonymen Schicksal ausgeliefert, sondern stehen vor der Souveränität des lebendigen Gottes (Stichwort »Reue Gottes«): Was kommt, kommt von ihm, dem Kommenden.

b) **Umkehr geboten!**

Weit über die von den Zukunftsforschern geforderte Umkehr — aus Vernunft bzw. Selbsterhaltungstrieb (»Prinzip Überleben«) geht der Ruf zur Umkehr als Ruf hin zu dem kommenden Herrn und dessen Zielen (aktive Bitte: »Dein Wille geschehe« — Ermutigung: »Sorget nicht!«). Nicht unser Überleben ist entscheidend, sondern die Verwirklichung seiner Ziele.

c) **Kopf hoch, es ist Advent!**

Weil Jesus nicht als »Kaputt-« sondern als »Neumacher« (Erlöser) kommt, gilt es, eine Entmutigungsgesellschaft mit Hoffnung zu infizieren: Sein Kommen ist das absolut Beste!

d) **Erkennen, was dran ist!**

aa) Dran ist — **Mission** (Evangelisation). Sinn der Weltgeschichte in der Zeit zwischen Ostern und Wiederkunft (zwischen Weltversöhnung und Weltvollendung) ist Sammlung der Gemeinde Jesu Christi.

bb) **Dran ist — »Adventsethik«**

Es gilt, Denken und Lebensgestaltung **vorwärts** zu orientieren (Leitfrage: Was dient der Sache des Reiches Gottes?), nicht **seitwärts** (Leitfrage: Was ist erlaubt?), nur so kann das heillose Pendeln zwischen Libertinismus und Gesetzlichkeit überwunden werden!

cc) Dran ist — **Diakonie.** Gegenüber Verdrängung und bequemer Bewußtlosigkeit haben Christen (auch stellvertretend für Politiker, die in der »Gefälligkeitsdemokratie« schweigen) wachzurütteln, haben Verantwortung angesichts der Zerstörung der göttlichen Schöpfung. Ihr kritischer Ruf von der Quantität weg zur Lebensqualität ist Ruf zu dem, der das Leben in Person ist.

e) **Den Apfelbaum pflanzen!**

Weil von Ostern her nichts vergeblich ist, was im Namen Jesu geschieht (1. Kor. 15, 51), die Welt von Jesu Auferweckung aus nicht ein Leichenfeld, sondern einen Gottesacker darstellt, das Weh der Welt als Geburtswehen (Röm. 8) zu begreifen ist, dürfen Chri-

sten — ohne Resignation und Frustration — kleine, vorläufige Zeichen der Hoffnung aufrichten.

f) **Er kommt zum Weltgerichte!**

Weltgericht bedeutet Enthüllung unseres Lebens aus der »Vogelperspektive«. Bestehen wird nur, wer den Namen des »Kyrios Jesus« kennt, liebt, anruft (Röm. 10, 13). Diesem einen Namen gehört die Ewigkeit.

Literaturverzeichnis

(eine sehr knappe Auswahl benutzter bzw. zur Weiterarbeit empfohlener Bücher)

Zu Kap. I—III
Bonhoeffer, D., »Schöpfung und Fall«, Chr. Kaiser Verlag, München.
Thielicke, H., »Wie die Welt begann«, Quell-Verlag, Stuttgart.
Westermann, C., »Genesis« (Kap. 1—11);
    Biblischer Kommentar, Neukirchener Verlag.
Wolff, H. W., »Anthropologie des Alten Testaments«, Chr. Kaiser Verlag, München.
Zimmerli, W., »1. Mose 1—11«, Theologischer Verlag, Zürich.

Zu Kap. IV und V
Klappert, B., »Diskussion um Kreuz und Auferstehung«, Aussaat Verlag, Wuppertal.
Lamparter, H., »Wer ist Jesus?«, Aussaat Verlag, Wuppertal.

Zu Kap. VI
Altner, G., »Schöpfung am Abgrund«, Neukirchener Verlag.
Schloemann, M., »Wachstumstod und Eschatologie«, Calwer Verlag, Stuttgart.